本书系2021年度"姑苏教育人才"项目"指向学科素养生长的小学英语协同学习（RCZZ202114）"结项成果

指向成长型思维的小学英语协同学习

郑建英 ○ 著

苏州大学出版社
Soochow University Press

图书在版编目(CIP)数据

指向成长型思维的小学英语协同学习 / 郑建英著
. —苏州：苏州大学出版社,2021.12
 ISBN 978-7-5672-3821-3

Ⅰ.①指… Ⅱ.①郑… Ⅲ.①英语课—教学研究—小学 Ⅳ.①G623.312

中国版本图书馆 CIP 数据核字(2022)第 000903 号

书　　名：	指向成长型思维的小学英语协同学习
著　　者：	郑建英
责任编辑：	杨　柳
装帧设计：	刘　俊
出版发行：	苏州大学出版社(Soochow University Press)
社　　址：	苏州市十梓街 1 号　邮编:215006
印　　刷：	苏州工业园区美柯乐制版印务有限责任公司
邮购热线：	0512-67480030
销售热线：	0512-67481020
开　　本：	700 mm×1 000 mm　1/16　印张:16.5　字数:279 千
版　　次：	2021 年 12 月第 1 版
印　　次：	2021 年 12 月第 1 次印刷
书　　号：	ISBN 978-7-5672-3821-3
定　　价：	56.00 元

若有印装错误,本社负责调换
苏州大学出版社营销部　电话:0512-67481020
苏州大学出版社网址　http://www.sudapress.com
苏州大学出版社邮箱　sdcbs@suda.edu.cn

序一：
充满教育情怀、教育智慧和教育勇气的舟山实小

2021年4月，我有幸走进了苏州的一所乡村学校——舟山实验小学，参观了学校的小创客乐园，听取了"童心向党"品格提升工程的相关介绍，深受感动。感动于一所乡村小学对儿童成长规律的敬畏和对儿童多元智能的尊重，感动于舟山实验小学管理层对儿童品格提升的重视和引领学生"扣好人生第一粒扣子"的决心。在参观、听课、听报告等活动结束之后，郑建英校长向我展示了她刚刚完成的《指向成长型思维的小学英语协同学习》的初稿。我简单地翻了翻，感觉有很多新的东西，但因为没来得及细读，难以发表更多的观点。一个月后，郑建英校长来电邀我为她的大作写序。因为那份曾经的感动，我答应了下来。

拜读了《指向成长型思维的小学英语协同学习》的书稿，我感觉这本有着新理念和新策略的论著，充满了教育情怀、教育智慧和教育勇气。

说它充满教育情怀，是因为郑建英校长及其团队以学生成长为小学英语教学的目标，不止于学科知识的获得，不止于解题技巧的提升，而是相信成长、助力成长、期盼成长，在成长型思维中办学校、做教育。即便在一线城市的一流小学，这种追求成长教育的情怀也是难得的，更何况对于舟山实验小学这样一所乡村小学，其情怀远非一般。《义务教育英语课程标准（2011年版）》指出，英语课程承担着培养学生基本英语素养和发展学生思维能力的任务。教师在培育学生的过程中，应该关注学生的全人成长，关注学生内心世界的发展。教师作为教育教学的研究者和课程的实施者，应该注重学生情感态度和价值观的形成。当学生在学习、生活中遇到困难退缩甚至放弃时，教师应教给学生克服困难的方法与策略，激发他们内在坚毅的

品质。说实话，没有那份期盼成长的教育情怀，郑建英校长不可能将德韦克的成长型思维引入学科教学。

说它充满教育智慧，是因为郑建英校长及其团队不仅将德韦克的成长型思维用于教育之中，而且将佐藤学的协同学习用于英语教学之中，并形成了具有本土实践意义的协同学习的原则、策略、流程和方案，开发了富有原创性的教学案例。首先，协同学习的智慧体现在协同上，它使舟山实验小学英语教师的教学行为变成英语备课组的合作行为，集体备课被赋予了新的高度。其次，协同学习的智慧体现在学习上，它使一位教师的教学行为变成指导学生学的行为，它使一个人的学习行为变成一群人的学习行为，它使教学行为升格为培能和育人的引领行为。最后，协同学习的智慧体现在策略上，课堂教学、校本活动和综合实践成为协同学习的应用领域，"成长日课""双语涂鸦""香山物语"等一批特色课程涌现出来，共读、对话、共编、共演、共给等合作学习的方式成为常态。学习不仅成为孩子们的一种快乐，而且成为舟山实验小学英语教学的一道风景。

说它充满教育勇气，是因为郑建英校长及其团队以"指向成长型思维的小学英语协同学习的实践研究"课题为抓手，带着英语组老师锐意改革，敢做行动派，逐步打造出一支协同共生、不畏挑战的教师团队，形成了具有成长型思维的英语教学特色。4月的舟山实验小学之行的一节英语课给我留下了深刻印象。这节课的最大特色是协同学习。课堂上，孩子们或耐心倾听，或侃侃而谈，或专心记录。每个协同小组忙而不乱，互相补充、互相鼓励，呈现出一种"抱团式"成长的良好态势。同时，在与老师们的交流中，我也欣喜地发现了他们教学观念的改变。他们积极为学生建构协同学习的平台，赋权于每一个孩子，为他们创造挑战高水平学习的机会。

通过4月的舟山实验小学之行，我发现成长型思维已经映射在创意无限的英语涂鸦墙上，活跃在精心设计的协同课堂里。相信未来的舟山实验小学之行，必会邂逅更多自信的眼神和快乐的脚步。

程晓堂
2021年6月18日

（程晓堂，北京师范大学外国语言文学学院教授）

序二:
成长的学生,成长的团队

翻开《指向成长型思维的小学英语协同学习》一书,我感慨良多。感慨于一位小学校长对学科教学的深入思考和育人初心,感慨于一所乡村小学对学科改革的前瞻引领和协同姿态,感慨于一位一线教师对课题研究的求实态度和精品意识。

郑建英校长及其团队的"指向成长型思维的小学英语协同学习的实践研究"课题,源自乡村小学英语教学的实践,缘起于她和同事们想改变乡村小学英语教学现状的愿望。由于她所处的乡村小学的学生学习英语的意识和自信心不够强烈,大班额又局限了学生的课堂参与度,大部分学生在语言学习方面耐挫能力和创造性不足。如何培养学生的成长意识?如何拓展学生的课堂参与活动?如何让乡村的学生也能有一份语言自信?面对这一系列问题和困惑,眺望着英语学科中成长型思维的诗和远方,郑校长寻找到了协同学习这一学习方式,引领团队学习、研讨、探索、反思,努力摸索着课内、课外的实践路径。

"指向成长型思维的小学英语协同学习"的课题研究让舟山实验小学的学生成长了。在课堂教学研讨的反复试验下,学生们"单打独斗"的学习方法,渐渐为"互相帮助,互相学习,互相补充,互相激励"的协同学习模式所代替。正如郑校长一直追求的"课堂 1+1=3"的美好愿景那样,学生的责任感、同伴意识得到了提升,他们的社交能力也有了进一步提升。我多次走进舟山实验小学青年教师的课堂,切实体会到协同学习促成了成长型思维在课堂上的生发,并滋润着学校每个学生的心灵。学生们积极的课堂表现、美妙动听的语言表达,对英语学习的那份激情,都让我感受到了这所乡村小学对英语教学的执着与追求。

"指向成长型思维的小学英语协同学习"的课题研究同样让舟山实验小学的教师们成长了。郑校长深知：一所学校的发展基础在教师，一个学生的成长依托在教师。如何将教师的教育生命力与创造力开发到最大化以服务学生的终身成长，是这些年来郑校长一直在思考和探索的问题。她认为，教研团队的发展也需要成长型思维的注入，以协同共读、协同共研等方式来助力。在她的引领下，学校英语教研团队办读书会，上研讨课，写教学反思。在任务驱动中，课题团队从认同到实践，从实践到深化，一步一个脚印，协同共生。

　　无论是作为学校管理者，还是英语学科教师，郑校长在工作上都全力以赴，全身心投入。她以"守正创新"理念要求自己并带领学校积极探索，朝着办高质量的精品学校的目标前行。就是这样一位有着教育初心的优秀校长，带领着一个凝心聚力、不惧挑战的团队，探索着属于他们的一方教育天地。衷心祝愿舟山实验小学在课堂教学改革的道路上越走越远，硕果累累。

何锋
2021 年 6 月 8 日

　　（何锋，中华人民共和国教育部基础教育外语教学指导专业委员会委员、中国教育学会外语教学专业委员会副理事长、江苏省中小学教学研究室英语教研员）

第一章 指向成长型思维的英语协同学习的生成理路与价值取向

第一节 生成理路／3

第二节 价值取向／13

第二章 指向成长型思维的英语协同学习的学习类型与学习原则

第一节 学习类型／29

第二节 学习原则／43

第三章 指向成长型思维的英语协同学习的应用

第一节 应用领域／67

第二节 基本流程／83

第三节 常用方式／103

第四节 方案设计／121

第五节 学习工具／146

第六节 学习评价／162

第四章 指向成长型思维的英语协同学习的特色课程

第一节 成长日课 / 183

第二节 双语涂鸦 / 188

第三节 香山物语 / 190

附录 指向成长型思维的英语协同学习的课例研究

课例研究一 / 197

课例研究二 / 211

课例研究三 / 225

课例研究四 / 240

后记 / 254

第一章

指向成长型思维的英语协同学习的生成理路与价值取向

第一节　生成理路

指向成长型思维的小学英语协同学习源起于两种方法论：成长型思维和协同学习。其中，成长型思维理念主要来自美国心理学家卡罗尔·德韦克（Carol S. Dweck）及其团队的成长型思维的研究成果，协同学习思想主要来自日本学者佐藤学的协同学习理论。在指向成长型思维的小学英语协同学习中，教师主要通过构建学习共同体，让学习者在互动、互补、互惠的学习过程中树立成长信心，培养志存高远、勇于行动、善于合作、坚韧不屈、积极乐观的综合思维素养。

一、发展脉络

《义务教育英语课程标准（2011年版）》指出，英语课程承担着培养学生基本英语素养和发展学生思维能力的任务。任务具体表现为：学生通过英语课程掌握基本的英语语言知识，发展基本的英语听、说、读、写技能，初步形成用英语与他人交流的能力，进一步促进思维能力的发展，为今后继续学习英语和用英语学习其他相关科学文化知识奠定基础。这一关注学生"整体人"发展的终极关怀要求教师关注学生内心世界的发展，注重学生情感态度和价值观的培养，教给学生克服困难的方法、策略，激发他们内在的成长潜质。

如何激发学生内在的学习动力和克服困难的意志？自20世纪80年代起，卡罗尔·德韦克及其团队针对这一问题开展了大规模的实验研究。他们的研究结果证明了人们在生活中逐步建立起来的"思维模式"（心态、心智模式）会影响他们处理问题的方式，决定他们如何解释现实并且做出反应。卡罗尔·德韦克发现，人们对自己的基本素质（智力、能力、性格等）是否可变表现出两种不同的态度：固定型思维模式（fixed mindset）（以下简称"固定型思维"）和成长型思维模式（growth mindset）（以下简称"成长型思维"）。固定型思维者相信人的基本素质是与生俱来的而且是不可改变的。真正的成功者都是天赋异禀，无须努力就能轻松获胜。成长型思维者相信人的大脑具有极强的可塑性，人的各种基本素质都可以通过自身努力得到提高。世界上充满了有趣的成长性挑战，因此，人生的任务是在做事的过程中努力让自己的能力得到提升，并让自己变得更好。

为了促进学生的全面发展，教师首先要帮助学生转变原来的固定型思维，培养学生的成长型思维，激发学生内在的学习动力和克服困难的意志。关于如何促进这一发展目标的实现，国内外学者做了一些相关研究。黄爱云和李霓通过分析成长型思维的可干预性，提出了学生成长型思维的自我培养策略，帮助学生在数学科目上增强学习自信心。① 张素卿发现合理运用成长型思维理论不仅可以提高学生的整体写作水平，还可以有效激发学生对写作内容的创作兴趣。② 但是他们对成长型思维的培养途径研究缺乏系统性和可操作性。在阅读相关路径研究主题文献时，我们发现日本学者佐藤学提出的协同学习理论可以为学生的学习提供一种新的发展视角。面对共同的问题，学生通过异质分组，交流各自的观点、见解和想法并展开讨论或辩论，从而解决问题，建构对知识新的理解。在协同学习的过程中，学生的个体差异性得到了认可与尊重。学生对待问题的态度由被动转向积极主动，他们的思维方式也得到了改变。本书基于成长型思维，通过协同学习的实践路径，阐述指向学生成长的英语学科协同学习。通过生生协同、师生协同及亲子协同等学习方式，学生在校本课程、课堂教学及社会实践等领域共读、共绘、共编、共演，学生内在的学习动力和克服困难的意志得到激发与提升。每个个体逐渐发展成为相信成长与进步，拥有积极的人生观，喜欢自己并悦纳他人，具有自信与坚毅品格的人。

二、理论依据

1. 成长型思维

成长型思维模式由卡罗尔·德韦克提出。卡罗尔·德韦克在《思维模式：成功的新心理学》（*Mindset：The New Psychology of Success*）中谈到，思维可以分为两种：固定型思维和成长型思维。她认为，持有成长型思维

---

① 黄爱云，李霓. 成长型思维：改善数学学习的新路径 [J]. 教育现代化，2019（53）：22-24.
② 张素卿. 基于成长型思维模式下的小学高年级习作评价研究 [J]. 华夏教师，2019（10）：77-78.

的人，勇于接受挑战并努力提升自己的能力。成长型思维为学生提供了学习的内部动力。持有成长型思维的个体认为，人的能力是可以通过后天不断的努力和坚持得到提升的，而人的智力像树苗一样，经过后天的浇灌与栽培，是可以不断得到发展和提升的。持有成长型思维的学生能够准确地进行认知和评价自己的能力，他们不会因为高估自己的能力而沾沾自喜，也不会因为低估自己的智力而怯懦自卑。他们懂得扬长避短，善于发现问题，勇于承认缺点，乐于接受不足。面对考试成绩时，他们既不会因为自己的分数领先而骄傲自满，也不会因为成绩落后而自暴自弃。持有成长型思维的人享受努力学习的过程，他们注重的不是结果而是在走向成功的过程中学习与成长的经历，享受思维能力提升的乐趣。持有成长型思维的人不会因为挑战而退缩，他们会把挑战看作成长与学习的过程，他们更加乐意去接受挑战，即使遇到挫折也会坚持不懈地努力，因为源源不断的努力是有所收获的必由之路，此外他们善于从批评中学习他人的成功经验。成长型思维模式鼓励人们通过积极的方式来充分发展他们的思维并接受挑战，避免限制自己的想法。因此，我们相信持有成长型思维的人取得成功的可能性更大。

在自我认知方面，成长型思维认为努力比天分更重要。一个人的智力和能力并不是与生俱来且难以改变的。后天的努力及学习可以培养和完善学生的智力与能力。持有成长型思维的人积极向上，勇于挑战，不畏挫折。他们敢于跳出自己的舒适圈，有更强的抗压力和耐挫力。他们不会因为一时失意而气馁，而是享受学习本身的乐趣，相信自己不断努力就会有所收获，而不纠结于是否有天赋。在自我管理方面，持有成长型思维的人更加注重学习的长期目标及成长的过程。他们在成长的过程中懂得自我反思、自我总结、摄取经验，并能够不断发现自己的优势和不足，从而不断探索适合自己的学习方法。他们可以很好地约束自己，不断地朝着自己的长期目标努力。在与人交往方面，持有成长型思维的人更加愿意去寻找资源及寻求他人帮助。在与人交往中，他们拥有良好的心态，能够接受他人的批评。在不嫉妒他人的成功的同时，他们还能从他人的成功中汲取经验。因此，持有成长型思维的人更加自信，他们相信自己，也相信别人，在需要帮助时，他们会及时向老师、朋友或者家长寻求帮助。

2. 协同学理论

协同学（Synergetic）是在1969年由联邦德国斯图加特大学教授、著名物理学家赫尔曼·哈肯（Hermann Haken）所创立的，意为"合作的科学"，它是一门关于"一个系统的各个部分协同工作"的科学。协同学涵盖了诸多领域的开放系统当处于启动状态时该系统中所发生的协同过程与机制的描述，认为完全不同的反应过程可以导致相同的空间模型。其中，无序与有序、序参数、自组织、涨落、相变等均为协同学中的常用概念。协同学同时表明，复杂系统中存在两个层面：一个是竞争关系，另一个是协作和共存关系。这一理论现在也普遍应用于教育教学中。学生在同一个空间中完成相同的任务时，依据协同学理论，可以与具有不同智慧水平、认知能力、思维模式的成员进行协作互补，有利于学生自信、自重情感的产生。

21世纪初，以构建"学习共同体"为愿景，在"课堂革命"的背景下，日本著名教育家佐藤学提出了以协同学习的理念来进行课堂改革。协同学习，即借助数人的交互作用而相互学习，也就是指每一个拥有独特的学习经验与生活经验的学生集合起来，以多样的学习参与为前提，共同分享认识的一种课堂学习方式。佐藤学认为，协同学习其实是一种"互惠式"的学习，这种学习能够让双方都得到幸福。他在《学习的快乐——走向对话》《学校的挑战——创建学习共同体》等著作中有所表述，他将协同学习看作小组合作的高级形态。他认为，在协同学习的氛围中，学生通过倾听他人对于问题的看法，借由别人的思想来提升自己，同时，也能帮助学习能力相对较弱的人。这也就是在教学中，学生通过异质分组，面对共同的任务，交流各自的观点、见解和想法，从而解决问题，建构对知识新的理解的学习方式。这样的学习模式，汇集每个独特个体的经验和智慧，扩展每个学习个体的思路，从而使学习者对学习和生活有更为全面与深入的认识，达成"1+1>2"的效果。学习者通过互相帮助、互相学习、互相补充、互相激励，培养起小组责任心和个人责任感，提高组员的社交能力。

3. 建构主义学习理论

建构主义来源于心理学，最早是由皮亚杰提出的。他认为，儿童从开始构建对于外面事物的认识到不断完善自己认知结构的过程都与外界密切相关，这是新知识与旧知识相互作用的结果。随后，很多学者对这一理论进行研究，其中，斯腾伯格（Robert J. Sternberg）把个体的发展与社会相关联，提出社会的发展对个体的发展具有促进作用，这是对建构主义的扩充，也突出了社会对个体进步的必要性。学生在学习过程中要积极主动地进行有意义的认知的建构，而不是机械性地、不加思考地接受别人输入的知识和信息。学生通过与同伴之间的竞争、合作、讨论和切磋，在自己已有的认知水平的基础上有选择地接收外界输入的信息，然后结合自己原有的知识水平进行适当的调整和补充，从而实现对新事物的有意义的建构。建构主义学习理论认为，学生个体的学习倾向于通过寻求他人的帮助及搜索学习材料来帮助自己形成对事物新的认知。在这个过程中，教师需要进行角色的转换，教师不再是施令者、主导者，而是学生学习过程中的引导者、帮助者。

建构主义学习理论是在认知主义理论基础上发展的，它并不是一个单一的、固定的学习理论，而是很多建构主义观点的汇总。建构主义对教与学的观点主要体现在四个方面：知识观、学习观、学生观和教师观。

① 建构主义知识观认为，每个个体对于同一个问题的看法是不同的，即使是同一个个体在不同时间对于同一个问题的看法也可能是不一样的。由于知识的条件性和情境性，学生不能不分情况地直接使用，最终还是要根据具体的情境和问题具体分析。

② 建构主义学习观认为，学习是学习者把原有的知识和原有的经验与新的信息结合并积极进行有意义建构的过程。同时，有意义的建构不仅仅是学习者个人进行知识建构的过程，还包括与其他学习者一起进行建构。

③ 建构主义学生观认为，学生是发展的，教师要意识到每个学生的差异，了解不同学生的特征和学生内心的感受。教师要重视对不同学生能力的发掘，使得学生在教师的指导下学会自主发现和探索知识，从而培养学生的学习兴趣并提高学习的积极性，使其发现学习的乐趣。

④ 建构主义教师观认为，教师不仅仅是课堂上知识的讲授者，还应该是学生在学习新知识过程中的引导者、帮助者。教师在教学过程中不再以教师为中心，而是以学生为中心，尊重和鼓励学生对知识有自己的见解，创设情境帮助学生在旧知识的基础上建构新知识，引导学生积极主动参与到课堂中，自主探究并与人合作完成学习的复杂过程。

在建构主义学习理论指导下的学习过程中，教师应把学生看作发展中的人，尊重学生的个体差异性，并在协同学习的过程中积极鼓励学生主动建构对新知识的理解。

三、内涵特征

1. 思维模式

"思维模式"（mindset）这个概念是由卡罗尔·德韦克在1988年提出的。她起先提出内隐理念，该理念指的是人们对自己的可塑性所持有的主观塑造性假设。她把该理念分为两种情况：一种是增长型智力理念（incremental theory of intelligence），即个体对自己的智力持有可控制性及可调节性态度；另一种是实体型智力理念（entity theory of intelligence），即个体认为自己的智力具有固定化不可控制性特征。后来为了优化研究，卡罗尔·德韦克在2006年将内隐理念更名为"思维模式"，并正式提出思维模式分为两种：固定型思维模式与成长型思维模式。

（1）固定型思维模式

固定型思维模式坚持认为人的智力是固定的，即使经过后天的努力也难以提升。持有固定型思维模式的人在面对生活和学习中的困难时，往往下意识地抱着消极的情感态度，通常表现为逃避困难或踌躇不前，因为他们没有勇气迈出走出困境的第一步。同时，他们又过于关注周围人对他们的评价，一旦周围人否定或者批评他们，他们就容易产生强烈的自我否定感。而一旦周围人对他们不予理会，他们又会产生被他人超越的恐惧感，从而进一步萌发出自责或焦虑的不良情绪。

在现实的教学活动中，我们可以观察到持有固定型思维的学生在学习中往往呈现出一种消极状态。在遇到学习上的问题时，他们缺乏主动面对和解决的积极性，往往内心会产生一种强烈的无力感和自我否定倾向，因为在面对那些比自己优秀的同学时，他们会持有智力先天论。

（2）成长型思维模式

卡罗尔·德韦克认为，持有成长型思维的人乐于接受挑战，并积极地去拓展自己的能力。成长型思维可以说是学生积极发展的内部动力。

成长型思维模式是指个体可以通过坚持、努力及专心致志的学习，来改变个体智力发展的信念体系。持有成长型思维的人坚信"神经可塑性"，也就是说，他们认为自己的大脑具备为了生命发展的需要而发生内部改变的能力。在此信念意识的支撑下，持有成长型思维的个体积极通过有意识的、成系统的训练，进一步提升个人发展能力，最终促成个体智力的进一步发展。

具备成长型思维的人相信世界上的所有事情都是动态的、变化的，包括人们与生俱来的智力。他们相信每个人的智力都是可以通过后天的努力和坚持得到发展与提升的。在遭遇挫折时，他们更愿意将挫折当作促使自己智力获得发展的驱动因素。因此，持有成长型思维的学生在成绩出现问题或者取得好的成绩后，既不会自暴自弃，也不会骄傲自满，而是不断地学习、不断地成长，享受努力带来的乐趣。

成长型思维是相对于固定型思维而言的一种"相信成长与进步，拥有积极的人生观，喜欢自己并悦纳他人，具有自信和坚毅品格"的思维模式。在英语学科教学中，教师应努力做到让每位学生可持续地相信自己和同伴的语用能力及素养能够得到提升。

2. 协同学习

（1）协同学习的内涵

协同学习，即借助与他人的交互作用而相互学习，也就是指，每一个拥有独特的学习经验与生活经验的学生集合起来，以多样的学习参与为前提，共同分享认识的一种课堂学习方式。

佐藤学认为，协同学习其实是一种"互惠式"的学习，这种学习能够让双方都得到幸福。我国教育家钟启泉先生认为，通过数人的交互作用相互学习谓之"协同学习"，这里的"协同"有合作、协作之意。"协同"是以成员之间的异质性、活动的多样性为前提，通过与异质的他者交互作用而形成的活动状态。但是，协同学习和协作学习及合作学习却有本质上的区别。它们三者有着上下义的关系。协作学习是一个广泛的概念，它表示的是一种小组学习形式。合作学习只是小组学习形式的其中之一。而协同学习则是学习系统各要素之间形成的一种学习场，它是一种新的学习框架。表1-1通过结合王佑镁对协同学习的分析①来直观阐述三者之间的关系。

---

① 王佑镁. 协同学习系统的建构与应用［M］. 北京：中国社会科学出版社，2013.

表 1-1　小学英语不同学习方式之间的关系

特征	合作学习	协作学习	协同学习
学习过程	建组分工	建组分工结构化	主动建组分工结构化
小组结构	非结构化	结构化	结构化
教师角色	主导者	主导者	协调者
学生角色	合作的	合作的、异质的	合作的、异质的、一致的
学习目标	培养合作意识	培养优化合作意识	培养学生主动学习能力、优化学生主动合作意识

处理协同学习与协作学习、合作学习的异同问题，应积极借鉴佐藤学提出的观点。佐藤学把协作学习分为三种：第一种是源自1930—1960年的集团主义、集体主义的小组学习，这是一种"班学习"式的小组学习，通常由6人组成，设有小组长。第二种是基于合作学习的"互相说"的学习，学生之间相互"表达"自己的"已知世界"，而"学习"应该是对未知领域的探究，所以无论"互相说"得多热烈都很难实现"相互学"。目前进行得比较多的协作学习就是第二种。第三种协作学习就是"协同学习"，是对目前协作学习方式的一种升级。组员们不一定在大声说话，表面看起来不一定活跃，但是他们在相互"倾听"，发言时的只言片语和轻声嘟囔中交织着多样思考。简而言之，在协同学习中，一个人可以达到的水平在第二个人的帮助下会提升，在第三个人的帮助下会更高。

综上所述，协同学习是学生通过异质分组，面对共同的任务交流各自的观点、见解和想法，从而解决问题，建构对知识新的理解的学习方式，最终使学习者对学习和生活有更为全面与深入的认识，达成"1+1>2"的效果。

（2）指向成长型思维的协同学习

指向成长型思维的协同学习是指教师通过构建学习共同体，让学习者在互动、互补、互惠的学习过程中树立成长信心，培养志存高远、勇于行动、坚韧不屈、积极乐观、承担责任、善于合作、不断成长等综合思维素养。这里的群体是个体的共同体，协同学习不排除个体之间的竞争关系，但更强调个体在磨合中能互补、相长与认同，通过求同存异的群体合作方式获得客观全面的知识，群体最终形成新的认知结构并塑造成长型思维。

在小学英语教学中，我们所研究的指向成长型思维的协同学习主张培养自信和坚毅的成长型思维，以及采用互动、互补、互惠的协同学习方式，其均适用于小学、中学和大学段的学生发展。将指向成长型思维的协同学习方式引入小学英语教学是积极价值引领的对话式教学的要求，是核心素养框架下小学英语教学的发展趋势。指向成长型思维的协同学习要求小学英语教学不能仅停留于工具理性而要走向人文关怀，不能只停留于探究普适性的教学规律而要寻求情境化的教育意义，即将小学英语教学纳入成长型思维的模式之中，通过协同学习的方式建构相信成长并悦纳他人的小学英语合作学习范式，在英语教学中引导和帮助学生实现英语学科素养和综合素养的"抱团式"成长。

（3）协同学习分组原则

通过阅读文献和观察课堂实践案例，我们可以发现大多数的分组都依据"组内异质，组间同质"原则。该原则是指综合考虑学习能力、情绪情感、人际关系等因素，把学习成绩、性别、性格、能力等不同背景的学生，相对均衡地分配到小组中，使得组与组之间的差异缩减至最小。这样均衡化的资源配置，有利于小组间的竞争与合作。

第一，民主性原则。学生可以根据自己的意愿选择小组成员，但是教师要根据任务性质控制小组人数。通过课堂观察，我们发现大部分学生都选择平时与自己关系好的学生，或者学习成绩和自己相当或略好的学生。由于是自愿成组，小组中学习能力较强的学生对问题更深度的思考往往也更容易被其他成员接受。这样一来，组间学习氛围更好，学习效率大大提高，能更大限度地缩小组间成员的能力差异，促进成长值的最大化。

第二，合作性原则。学生在协同小组中的关系是相互合作的学习关系。对于如何建立真正意义上的合作关系，佐藤学认为，"合作学习"是凭借相互学习的联系建立的。因此，佐藤学不建议在小组内设立小组长，这样可以更好地促进不同成员之间的思想碰撞。组员根据任务性质进行自主分工，结合自己的优势与能力确定好自己的角色与任务。在此基础上，学生能够真正地在小组合作中表达自己的看法，不需要为了小组意见的统一而妥协，小组合作中的讨论环节不再是某一位学生的"个人展现"，而是"百花齐放"般的思想碰撞场景。整个小组成员朝着合作、共赢的和谐关系发展，这样协同学习的效果才能得以真正的体现。

第三，交互性原则。交互性原则要求学生面对一个共同的情景时，能发挥自己在小组中的优势去交流互动，表达自己的想法，去深度思考。为了遵循这个原则，教师应该为学生创造有利于交流互动的协同环境。课堂空间的格局设计应为学生的课堂活动展开提供一个有效的环境。课桌椅的摆放不仅要便于学生之间的交流互动，也要有利于教师观察课堂。合理地安排课堂的空间格局，也是促进协同学习的关键因素之一。大部分学校的每个班将近 50 人，对于如何优化班级座位的布置，可借鉴王蔷教授主编的《小学英语教学法教程》① 一书中详细论述的课堂空间构成的理论，如图 1-1 所示。

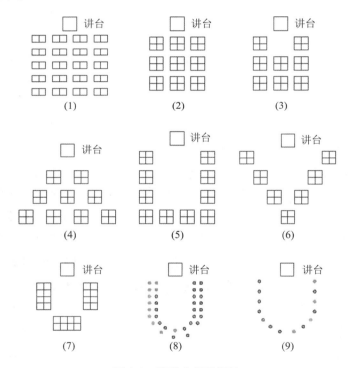

图 1-1　课堂空间的设计

教师应根据课堂设计和小组人数，灵活地摆放课桌椅。但是无论课堂空间格局如何变化，教师本人都需要时刻在教室各个位置之间流动起来。

第四，互补性原则。互补性原则对协同小组分组的过程提出两个要求：

---

① 王蔷. 小学英语教学法教程 [M]. 北京：高等教育出版社，2003.

第一，在分组前，学生之间的差异性必须被充分考虑在内，这样才能保证组内的异质性。每位学生在小组内可以提供更多角度，帮助分析问题。小组成员的差异性在协同小组成员处理问题和收获成长的过程中能发挥效用，进一步实现小组共同成长的美好愿景。因此，学生的日常学习能力、性格、性别、个人兴趣爱好等因素应该在组内尽量达到求同存异的分组效果。第二，教师在分组时应尽量安排一位综合能力较强的学生到小组中发挥好榜样带头作用。只有他善于表达、逻辑清晰，才能增加其他伙伴对他所提出意见的接受度，从而带动整个协同小组的分工与交流，进一步促进小组成员由差异性到互补性的转化。

第二节　价值取向

在小学英语学科教学中，指向成长型思维的协同学习方式的价值取向既有对来自现实诉求的回答，也有对素养培育诉求的回答和对学科变革诉求的回答。从回答现实诉求的层面上说，它是新一轮基础教育课程改革的需要；从回答素养培育诉求的层面上说，它是转变学生英语学习方式的需要；从回答学科变革诉求的层面上说，它是英语学科课程变革的需要。

一、现实诉求

（一）成长型思维的现实诉求

21世纪初期，我国开始新一轮基础教育课程改革，小学英语教育开始得到重视，也引起了乡村小学英语教育有关课程改革的争论。近年来，乡村小学英语教育发展很快，随之出现的问题也很多。例如，乡村学生不重视英语学习；家长缺乏辅导能力；英语教师的教学方法落后，不利于学生产生学习兴趣；校内外英语学习资源匮乏；等等。受以上因素的影响，乡村的英语教学效果不佳，很多学生在英语学习中产生了消极情绪，这也使得更多的乡村小学生、家长及英语教师开始怀疑学生的英语学习能力，他们错误认为，学生能否学好英语主要靠的是天赋和潜能。因此，转变学生、家长和教师的认知是乡村小学英语教育必须要解决的现实问题，成长型思维刚好为新一轮的小学英语教育改革提供了方向性的参考。

1. 学校：促进成长型思维的普及

学校应塑造以学生为中心的教育理念，树立成长型思维的校风，营造成长型思维的氛围，促进学生更加全面、健康、积极的成长。学校应通过校园环境及教育活动积极传播成长型思维理论，帮助师生形成鼓励尝试、不怕挫折、积极乐观的校园风气，鼓励学生相互学习、共同进步。

2. 家长：鼓励成长型思维的生成

学生大部分的时间是在家庭里度过的，家人的思维方式和家庭环境的质量对孩子的成长起着重要作用。然而，目前有很多家长会抱怨自己的孩子英语太差，认为自己的孩子没有别人家的孩子聪明。这些消极的固定的思维会无形之中降低学生对英语学习的热情和兴趣。所以，培养家长的成长型思维同样很有必要。只有当家长用成长型思维来教育孩子，才能帮助孩子用成长型思维来思考和解决问题。

3. 教师：激活成长型思维的形成

英语教师是英语课堂中的重要角色，他们的认知思维不但对英语学科的教育观念及实践效果产生影响，而且对学生的情感取向及认知思维具有示范作用。调查表明，大多数英语教师依然存在固定型思维。他们过多关注学生的天赋而忽视后天努力，这会使得学生降低对学业的期待，以及对自我的肯定。

教师是学生塑造成长型思维过程中非常重要的角色，应首先改变自己的固定型思维，先于学生拥有成长型思维，把成长型思维带到自己的课堂中。教师要学会用成长型思维看待学生，理性、多面地看待成绩，以便更好地激活学生的成长型思维。

成长型思维可以帮助英语教师改变根据智力天赋来评价"好学生"和"坏学生"的传统教学方式。显然，这种评判好坏学生的传统观念不太妥当。成长型思维强调所有学生在英语学习方面的智力与能力都可以得到提升。只要学生付出足够多的努力，教师和学生一起协作采用高效学习方法，并持续坚持，学生在日后的学习中就可能获得进步。教师应及时转变固有的教学方式，避免用固定型思维对待学生，并对学生的学习给予一定期待，相信以往意义层面的"坏"学生也可通过自身教学与个体努力获得理想成绩，持续提高学习与实践能力。唯有这样，学生才会愿意投身到英语学习中去。

成长型思维可以帮助英语教师改善夸赞的语言。表扬永远比惩罚更加能够鼓励学生，但是具有不同思维方式的教师，其夸赞的方式和内容也是迥然不同的。持有成长型思维的教师会肯定学生坚持不懈努力解决问题的态度、寻找合适方法的过程。研究表明，专注于对学生的智力方面的夸奖反而会阻碍学生的学习，对学生的积极性产生反向的影响。不断地赞美学生的坚持、刻苦、努力、探索、挑战等方面的品质则十分有利于学生继续学习，大胆迎接挑战，不断克服困难，对学生终身有益。

成长型思维可以帮助教师改进教学方式。教师与学生交流最多的是在英语课堂，那么英语课堂具有成长型思维的这一特色显得尤为重要。要让学生参与课堂，意识到自己不是课堂的旁观者，而是课堂的主角之一。

4. 学生：坚持成长型思维的塑造

无论是学校、家庭还是教师，这些都是外在的因素，对成长型思维的形成缺一不可。但只有学生自己才是主体，成长型思维的塑造还要学生从自身的角度采取合适的策略。

在日常英语学习过程中，很多小学生取得成功时，往往会觉得自己聪明，有学习英语的天赋。然而，当在课堂上答错或者回答不出老师的提问时，他们会难过地说"I make a mistake.""This is too hard.""I don't know."。当考试成绩不尽如人意或者英语学习遇到挫折时，他们会失落地说"I can't make this any better.""I can't speak English well.""I give up."。这正是因为缺乏成长型思维，即持有固定型思维的小学生容易产生消极情绪，学习积极性逐渐下降，陷入英语学习的困境，甚至选择逃避，过早放弃英语学习。大多数学生把自己失败的原因归于智力、能力等内在因素。

首先，成长型思维可以帮助学生建立正确的自我认知。成长型思维认为，努力比天分更重要。一个人的智力和能力并不是与生俱来且无法改变的，后天的努力及学习可以培养和提升学生的智力与能力。持有成长型思维的人积极向上、勇于挑战、不畏挫折。他们敢于跳出自己的舒适圈，有更强的抗压力和耐挫力。他们在评价自己的学习时不会因为一时失意而气馁，而是会享受学习本身的乐趣，相信自己不断努力就会有收获，而不纠结于天赋。

其次，持有成长型思维的学生更懂得自我管理。他们更加注重英语学习的长期目标及成长的过程，在成长的过程中懂得自我反思、自我总结、汲取经验，并能够发现自己的优势和不足，探索适合自己的学习方法。他们可以很好地约束自己，朝着自己的长期目标努力。

再次，持有成长型思维的学生更善于与人交往。持有成长型思维的人更加愿意去寻找资源及寻求他人的帮助。他们拥有良好的心态，能够接受他人的批评，不会嫉妒他人的成功并且能从他人的成功中汲取经验。持有成长型思维的人更加自信，他们相信自己也相信别人，所以在需要帮助时会及时向老师、朋友或者家长寻求帮助。注重当下，寻求支援，达成目标。

最后，成长型思维可以帮助学生进行自我超越。成长型思维帮助学生转变处理挫折和疑难问题的态度与方式。英语学习中有很大的应试教育的压力，学习的任务复杂且难度大，持有固定型思维的学生会更加容易出现一些负面的情绪，如过度紧张、焦虑等，面对挫折可能一蹶不振。成长型思维鼓励学生勇于跳出"舒适区"，直面挑战。所谓的"舒适区"就是学习低难度的知识，不需要多努力就能够学好，这样的学习很难让人进步。英语学习需要勇于走出"舒适区"，去挑战一些有难度的英语知识来锻炼自己的思维。接受挑战是成长型思维的关键，无论结果是成功还是失败，都是一大进步。持有成长型思维的学生认为，接受挑战是自我提升的机会，更容易坚持下去，也更容易获得优异的成绩。

（二）协同学习的现实诉求

教育部2014年颁布的《关于全面深化课程改革落实立德树人根本任务的意见》指出了课程改革所面临的主要挑战：青少年学生思想意识更加自主、价值追求更加多样、个性特点更加鲜明。在当前注重"以学生为中心"的背景下，教师需要接受学生的个性差异，理解每个学生的天性。教师要改变自身的角色，从"以教师为中心"转变为"以学生为中心"，这样才能顺应教学发展的趋势。

在21世纪"课堂革命"的教育环境下，佐藤学提出了协同学习的理念来实施课堂教学。他提出，教学要关注学生的个性差异，主张学习者合作起来建立一种新型的学习方式。这种学习不排斥竞争，学生可以在竞争中倾听他人的意见，也就是通过相互倾听的方式来实现互利互惠，从而实现学习目标。

美国学者埃德加·戴尔（Edgar Dale）1946年提出的学习金字塔理论表明，学习效果达到50%以上的大多数是主动、合作和参与式的学习，所以学生的学习方式需要有所改变。坚持协同合作是当今教育发展的必然趋势。如果学生只是一味地停留在肤浅的、表面的死记硬背的学习上，就无法真正地达到"有意义的学习"，思维也不能得到更好的发展。因此，在这个充满挑战的新时代，学生的终身学习和协同合作的能力至关重要。

1. 教师完善课堂教学行为的需要

在传统的教学中，很多教师都占据主导地位，导致教师和学生不能进行平等的交流。但是协同学习的课堂要求教师从领导者转换成引导者、学习者。

教师课堂上的行为不仅对课堂教学效果起着关键作用，还会影响每个学生在课堂上的注意力集中度及对知识的理解；也因此才会出现同一个教师教授的同一班级，在同一课堂下学生的接受与生成不一样，检测的成绩也有好有坏。所以，教师要对自身的教学行为进行反思，并且去缩小因为课堂教学行为造成的学生之间的差异。佐藤学的协同学习就是鼓励学生在差异性的基础上互相倾听合作，从而缩小学生之间的差异来实现教学目标。

2. 学生提高课堂学习效率的需要

协同学习可以促进学生之间的合作，它其实是在建立学生之间的合作关系。大多数教师没有足够地重视课堂上的合作，而是注重给学生传授重点知识。在协同学习中，不需要教师作为领导者，而是需要学生成为课堂的主人，积极参与课堂的活动，进行思维的碰撞。协同学习关注的不是找出相同的观点和想法，而是要重视在协同过程中出现的不同的观点。协同学习是以学生间的差异为前提的，这也是和传统的合作学习的差别。在协同学习的过程中，学生能在协作的小组中大胆地发表自己的看法，不会轻易地妥协于同一个观点；成员间不同的想法互相碰撞，不是一个人的演讲而是各抒己见、百花齐放。这样，学习效果大大提高，成员实现相互学习、合作共赢。

协同学习让学生在学习过程中实现互惠。在很多人共同去解答问题时，可以在自己思考的同时学习同伴的思维方式和方法，这也是每个人检查自己的答案的一种途径，有利于提高学习的效率。在小组的互相合作中，每个成员都应该贡献自己的一份力量，每个成员都可以分享自己的看法，听取别人的想法，杜绝在小组合作中"坐收渔翁之利"。如果成员只想攫取别人的思考成果，这样的协同关系是维持不下去的，这就要求所有成员共同参与、积极思考、共同受益。

协同学习可以培养学生的学习探究能力。协同学习的目的是在课堂中让教师逐步减少对课堂的控制和指导，让学生习得自主获取知识的能力，从而拥有终身自主学习的可能，让学习成为可持续的发展。在协同学习的课堂中，教师经常会设计难度高于课本内容的课堂讨论问题。这些问题的难度往往较大，学生要进行认真仔细的思考才能得出答案。这样的问题具有挑战性，学生要进行深层问题的探究。学生要在课堂上，在有限的时间内对英语教师给出的讨论问题进行分析和思考，同时协同学习的课堂需要小组成员之间相互合作讨论，英语教师适时给予引导，这样才能帮助学生进行有效的探究。学生在协同学习过程中不断进行研究，从而更高效地掌握研究问题的方法，以后在学习过程中遇到难的问题时，能够自己运用探究的方法有效解决问题。协同学习将培养学生的探究能力应用到教学实践中，这也是传统课堂难以实现的目标。协同学习充分地调动了学生学习的探究性，也让学生和教师都参与到教学中。有了实践的保障，探究的效率就大大提高了，课堂教学的效率也随之提高。

协同学习帮助学生意识到课堂中教师和学生角色的平等性。协同学习受到杜威"儿童中心论"思想的影响，致力于将课堂还给学生。提到杜威我们不难想到"民主"和"平等"。协同学习会体现师生平等和生生平等的关系。协同学习的小组讨论过程中是不需要设立"小老师"来引导大家学习的，这种情况在小组开始讨论之前就已经被预设了。在协同学习过程中，成绩差的与成绩好的、能力强的与能力弱的都在小组中有重要的作用，都有发表自己看法的机会，所以学生都是平等的，这有利于促进学生间的交流和信任，有利于协同学习的展开和学习的深入。协同学习课堂上，师生的关系也是平等的。新课标要求课堂上要"以人为本"来帮助师生形成平等的关系。在协同学习中，教师不再是中心，他们要和学生一起对问题进行探讨，并且正确对待每个学生的差异，接受每个学生的不足，这样平等的师生关系可以提高学生的自主学习能力。

二、素养旨归

1. 成长型思维的素养旨归

从学生发展的角度来说，把成长型思维运用到日常英语的教学中，可以帮助学生建立学习英语的兴趣。成长型思维有利于学生转变对英语学习的态度，从原先消极地、被动地学习英语转变为积极地、主动地学习英语。成长型思维也可以帮助学生改变一些对英语学习的错误认识，帮助学生转变英语学习的观念，从而获得学习英语的信心及成就感，让英语学习充满动力。学生学习的方式各种各样，每个学生的学习方式不同，这是因为学习方式受到思维方式的影响，同时学生个体的思维方式也会受到同伴思维方式的影响。因此，根据思维方式的不同，学习的方式也可以分为成长型学习方式和固定型学习方式，这两种学习方式之间的差异主要体现在学生在学习过程中遇到错误时处理方式的不同。持有固定型思维的学生在回答错误或者写错时会产生消极思想，他们会觉得自己能力不足，也更加偏向于机械地学习，喜欢教师"填鸭式"的教授，所以他们不擅长应对挑战，遇到困难会逃避。但是持有成长型思维的学生会从自己的错误中总结经验，从而战胜挫折。培养学生的成长型思维可以帮助学生更加坚持、努力地做事，从而享受学习的乐趣，变得更加坚毅。马克思提出了人的全面发展的理论。持有成长型思维的学生易于发现自身的价值，看到自己的可塑性，会更加努力地去寻求改变自己的方法来完善自己，这有利于激发潜能，实现人的全面发展。

从学生的英语核心素养的养成来说，中华人民共和国教育部于2014年3月颁布的《关于全面深化课程改革落实立德树人根本任务的意见》首次正式提出了"核心素养"这一概念，此后我国的基础教育开始重视核心素养的培养。教育部又于2016年颁布了《中国学生发展核心素养》，并确立了核心素养的总体框架，提出了六大素养。课程改革提出的素养教育重视促进学生的自主发展，这与成长型思维所主张的理念有很多的相似之处，都是要转变学生内在的信念，从而让学生学会自主学习。英语的核心素养是指学生在自主学习后要具备的能力要求和品格涵养。学生只有拥有了勇于挑战的进取精神和坚持不懈的意志品质，才能够顺应时代的发展，融入未来社会。自主发展就是要让学生发现自己的力量，激发学生的学习动力，从而改变他们的学习行为。培养英语学习的成长型思维有利于学生的发展，也更加有利于素养教育的落实。在课堂上渗透成长型思维，有利于增强学生在英语核心素养的养成过程中的趣味性和吸引力，这样才能丰富学生核心素养的养成途径，从而让学生的英语核心素养养成的效果更加明显。

如何将英语教学和英语核心素养的培养相结合是很多一线英语教师面对的主要问题，是一个巨大的挑战。教师要学会在自己的教学实践中培养学生的英语核心素养，并且总结出有利于培养学生核心素养的教学模式。教师应该重新思考自己的课堂教学，改变传统的教学方式，研读科研文章。教师帮助学生改变自己的英语核心素养不能仅仅依靠在课堂上教授，还要通过各种教学策略来帮助学生感悟并培养自己的英语核心素养，更要让学生在学习的过程中养成良好的思维习惯。成长型思维的教学重点是让学生意识到人的智力和能力不是一成不变的，而是可以通过每个个体后天的不懈努力来得到发展的。成长型思维还鼓励学生主动迎接挑战，跳出"舒适圈"，走出"舒适区"，克服畏难心理，从而激发学习的兴趣，让英语学习充满动力。更重要的是，它能推动学生积极主动地学习、思考，促进学生英语核心素养的养成。

2. 协同学习的素养旨归

协同学习是一种互惠式小组学习模式，能够吸引一些异质分组的学习成员在群体中找到自己的角色定位，发挥自己已有经验的价值，在小组中分享和交流自己的想法。教师通过协同学习模式激发学生的探究热情和交流积极性，让学生在自主探究中慢慢培养自身的语言能力、文化品格、思维品质、学习能力等英语学科素养。同时，教师在小组成立前设置明确的学习内容，创设与学生密切相关的教学情境，采用合理的分组策略，如随机编组、异质分组、性别分组等，多角度、全方位地促进小组的成立，并在协同过程中进行观察，掌握班级学习动态，用最短时间使学生知、情、意、行各方面均有所发展。

我们在教学实践中发现，阻碍学生更好地学习英语的首先是丧失学习兴趣和信心。丧失学习兴趣和信心的这类学生在英语学习中会怀疑自己的学习能力，从而在英语学习过程中态度消极。但在协同学习小组中，教师通过异质分组，将不同特点的学生混合在一个小组中，个性不同的小组成员在解决问题的过程中互相吸引与影响。学习热情高的学生可以感染其他组员，让其他组员在倾听与交流的过程中主动、自发地加入小组交流中。这样小组成员的学习热情和自信心就潜移默化地受到了正面引导。

在特定的语境中，学生已有的知识经验得到了唤醒，他们对于共同的学习任务有了初步的理解。虽然不是足够完整与客观，但是"脚手架"的搭建可以激发学生主动、自发地多方面寻找渠道，从而获取更多的相关信息。在信息的获取与整理过程中，学生的收集和分析信息的能力得到了加强，因此，他们能以更好的状态进入小组群体角色中，并在组内发挥不可忽视的作用。小组成员之间个性特点鲜明，学习过程往往交叉着合作与竞争，这促使学生灵活运用学习策略来提高学习效率和效果，其中包括认知策略、元认知策略和资源管理策略。学生还可以及时地反思和评价自己的学习行为，综合多方面提高自己的学习能力。

在协同学习中，小组成员的文化品格也在小组信息共享中得到了提升。我们知道英语学习注重学生的跨文化意识和国际文化视野的养成，每位学习成员的生活阅历和文化经验都个性鲜明，这在有限的课堂空间中为学生提供了一个贴近学生生活的文化交际舞台。学生在协同学习过程中获得了之前不了解的文化知识，理解了不同的文化内涵，并进行了文化异同的交流。这不仅丰富了学生对于中华文化的认知，也拓宽了学生的国际文化视野。学生之间的自然交流不仅营造了轻松自然的学习环境，也打破了教师一味进行知识灌输的单一性，最终帮助学生构建一个新的文化知识体系，让学生具备和掌握一定的跨文化沟通能力，具有良好的文化品格。

三、学科涵养

1. 成长型思维的学科涵养

英语作为语言交际和文化交流的媒介，具有很强的工具性和实用性。英语学习不仅仅是为了培养学生的语言能力，更重要的是通过语言的学习和文化的熏陶培养学生的思维品质、文化意识及学习能力，以此提高学生的英语核心素养。英语学科核心素养的培养并不是一蹴而就的，而是需要通过每个学段的扎实培养才能做到与下一学段的良性衔接。只有每一学段达到课程标准所规定的级别要求，才能达到英语核心素养对学生培养的最终目标，即使学生能够发展为健全的个体，并为终身学习、终身发展打下良好的基础。由于小学学段英语核心素养的理论基础处于萌芽状态，因此，对小学学段英语核心素养的培养便处于探索状态。小学是培养学生核心素养的关键阶段，学生学习的起点。基于小学生身心发展的特点，这一阶段的小学生可塑性极强，对学习的接受能力强，良好的引导会为学生的日后成长之路奠定坚实的基础。英语学科作为小学阶段三大核心科目之一，对培养学生核心素养最初发展应具备的语言运用能力、思维品质能力和创新能力起着至关重要的作用。教育部颁布的《普通高中英语课程标准（2017年版）》将英语学科核心素养归纳为语言能力、文化意识、思维品质和学习能力四个方面。我们总结小学生英语核心素养为：在语言能力上，需要掌握26个英文字母，能够听懂日常生活话题中的简单信息，会表达相应的问候，听懂、读懂、理解简单的英语故事，演唱简单的英语歌曲，写出简单的问句，初步形成英语感知能力；在文化意识上，能体会中外文化的些许差异，如饮食上的差别、礼仪的不同等，对英语有继续学习的兴趣，初步建立本国文化自信，理解不同文化差异；在思维品质上，能够具有基本解决问题的能力，在遇到问题能做出合理应对，初步具有批判性思维，能够区分是非与好坏，提高解决简单问题的能力；在学习能力上，在英语学习过程中能将独立思考、积极合作、主动请教相结合，利用不同学习方式学习英语知识，利用多种渠道获得英语信息，根据自己的学习状况采取适合自己的学习策略，摆脱应试教育下的死记硬背。

（1）培养学生的思维品质

思维品质是指人的个性特征，反映一个人在思维的逻辑性、批判性、创新性等方面所表现出来的水平和特点。在英语学习过程中，学生应能逐渐学会辨析语言文化中的各种知识，分析和整理各个信息之间的逻辑关系，最终结合自己的思想观点，理性客观地表达自己的想法。成长型思维理论可以帮助学生培养批判性和创新性思维能力。成长型思维为学生提供了学习的内部动力，认为人的能力是可以通过后天不断的努力和坚持得到提升的。持有成长型思维的人能够勇于接受挑战，并努力地提升自己的能力。

学生在学习英语的过程中会遇到不同程度的困难。我们发现，不同的学生对于同一个问题会有不同的归因方式和解决方式。有的学生遇到学习上的问题会归因于自己的智力和性格，会一直对自己的学习能力持怀疑和否定态度，不愿意做出学习态度和计划上的改变。而那些对学习问题持积极主动改变心态的学生，会勇于承认缺点，乐于接受不足，善于发现自己学习上的问题并积极分析和解决。因此，我们可以看出加强成长型思维的培养对于学生英语学科思维品质的培养非常有必要。这也是我们为什么要强调在日常学习生活中对学生进行潜移默化的思维方向的引导。在成长型思维理论下，英语语言的学习过程也是学生解决学习问题的态度培养过程。当学生面对英语学习任务时，教师正向引导学生客观分析自己的学习问题，多使用鼓励性评价来缓解学生对英语学习的焦虑和困惑，这样不仅可以增强学生的英语学习动力，还能从长远角度来发展学生分析和解决问题的思维品质。

（2）提升学生的学习能力

学习能力是指学生能够积极运用和主动调整英语学习策略，努力拓展英语学习渠道，积极提升自己的英语学习效率和能力。持有成长型思维的学生在英语学习过程中始终保持积极主动的英语学习态度，目标意识强，善于规划自己的学习任务和分配自己的学习时间，能够根据自己学习任务的需要多渠道获取学习资料，最终具备监控、反思和评价自己的学习情况的能力。因此，学习能力的培养有利于学生树立正确的学习目标，保持对学习的兴趣，利用多种学习资源，合理规划学习时间，选择适当的学习策略，结合其他学科的学习，提高英语学习的能力。

在实际课堂学习和课后练习中，教师指导语言学习的过程需要将外部因素刺激和内部应激反馈相结合，从而生成语言学习的目标和激发学生学习的动力。外部的刺激需要强化成长型思维的正向评价，这种正向评价不仅是教师给学生的，也是家长给子女的，甚至是学生自己给自己发出的学习信号，它是个多维度发生事件。但是，前期需要教师对学生进行成长型思维的意识引导。它可以是课堂提问的反馈评价，也可以是家庭作业的批改，或者是单元测评的试卷分析。这种思维可以渗透到学生学习和生活的方方面面，引导学生跳出自我否定的框架，尝试去接受不足，并在接受的过程中发现潜在的学习能力，逐渐去确定新的学习目标。学生在这种重新建构的过程中会逐渐提高学习兴趣，然后自发、主动地去规划学习任务和分配学习时间，并在完成学习任务的过程中积极获取学习资料，选择适当的学习策略去监控学习过程，始终怀着积极主动的心态去努力提升学习能力。

（3）激发学生的学习兴趣

学习兴趣的激发与养成会受到多种因素的影响，包括学生自身的因素、教师和学科特点，以及校外环境中父母的影响因素。从小学阶段起，教师和家长开始注重培养学生的英语学习能力，但是大部分学生学习英语都是在教师、家长的要求下被动完成学习任务，学生是否具有学习英语的兴趣、是否具有明确的英语学习目标等往往被教师和家长忽视。在现实中，很多小学生对英语学习不感兴趣，可能的原因有：① 教师授课方式单一、内容生硬枯燥等无法激发学生学习的积极性；② 学生因英语学习的困惑无法得到及时解决而产生自我怀疑和否定等。我们都知道兴趣是推动学生学习的直接内在动力，小学阶段是培养学生学习兴趣、养成良好学习习惯的关键时期，但是学生英语学习兴趣的培养问题往往容易被忽视，这直接对学生的英语学习产生了不利影响。对于如何促进学生学习兴趣的养成并保持稳定，我们首先要从源头去分析。我们采访了很多学生，经过大数据分析，总结出大部分学生之所以对英语学科兴趣不浓，主要在于他们在这门科目上没有得到很好的自我效能感。自我效能感就是个体对自己是否有能力完成某一行为所进行的推测与判断，简单来说，就是学生对自己能否学好英语持有一种怀疑的不自信倾向。那么教师在日常教学工作中，就要重视这个问题，积极引导学生产生良好的自我效能感。

成长型思维理论对学生获得良好的自我效能感起到了积极作用，该理论鼓励教师客观、积极地评价学生的学习行为。友善的师生关系对学生的学科兴趣培养具有激发作用，教师的言行举止对学生具有示范作用。因此，教师要用成长型思维去发展地看待学生的学习行为，帮助学生主动接受自己的问题现状，鼓励他们将压力化为动力去改变现状，让他们相信自己有解决问题的潜力并可以通过努力去掌握潜力。学生的自我效能感强了，对于英语学科的学习兴趣自然就提升了。

2. 协同学习的学科涵养

（1）培养学生的语言能力

在小学英语教学实践中，教师应根据学生已有的生活知识经验，创设相应的学习情境，让学生在参与学习活动的过程中进行自身学习经验的构建，养成自主学习的习惯，并利用多种学习方式进行知识经验的领会与拓展，利用问题的设置，增强问题解决意识，在活动中拓展知识体系，促进英语核心素养在生活经验的土壤中生长。协同学习需要借助每一个拥有独特的学习经验和生活经验的学生，以他们多样的学习参与为前提，鼓励他们共同分享认识。它需要学生通过异质分组，面对共同的任务交流各自的观点、见解和想法。那么带有不同的已有生活和学习经验的学生面对共同学习任务时如何擦出思想交流的火花呢？这就需要教师为学生创设情境，唤醒学生已有的经验，为接下来的知识交流与构建搭建"脚手架"。

合适的情境是开展协同学习不可缺少的影响因素。教师应在传统的课堂中融入互惠式协同学习小组模式，于教师而言，可以通过观察若干个小组的协同学习过程，了解班级学生的动态学习情况，缩短师生互动的距离；于学生而言，协同学习有利于为学生提供与同伴互相交流的课堂学习环境，学生可以主动、自发地在小组中定位适合自己的群体角色。他们在与他人交流互动的过程中，站在他人经验的基础上，进行自身的学习经验的构建，拓展自己的知识体系。

（2）提升学生的文化品格

文化品格是学习者对中外文化的理解和对不同国家的优秀文化的认同，它反映了学生在全球化背景下表现出来的知识素质和行为取向。学生在协同学习过程中获得了文化知识，理解了文化内涵，并进行了文化异同的交流，吸取了文化的精髓，最终形成了正确的价值观念和道德情感，具备和掌握了一定的跨文化沟通和传播优秀文化的能力。

我们知道每个人知识储备中的文化内涵不同，协同学习可以为不同文化提供一个自由交流与分享的平台。在教学实践中，我们可以在教授文化主题的单元内容时，巧妙设计协同学习的课堂讨论模式；可以让学生在完成共同任务的过程中，从小组成员分享的信息中获得之前不熟悉的文化知识，理解更多文化的内涵，并利用自己已有的文化知识进行文化异同的交流，构建一个新的文化知识体系。最终学生能具备接受不同文化的包容心态，掌握一定的跨文化沟通和传播优秀文化的能力，具有良好的文化品格。

第二章

指向成长型思维的英语协同学习的学习类型与学习原则

第一节　学习类型

指向成长型思维的小学英语协同学习主要包括师生协同、生生协同、亲子协同三种主要的学习类型。其中，师生协同是教师和学生在共同认同前提下的协作学习，生生协同是同学之间基于共同意愿的协作学习，亲子协同是父母与子女之间基于共同兴趣而进行的协作学习。在指向成长型思维的小学英语协同学习中，三种学习类型的基本要求及应用途径不同。

一、师生协同

中国当代著名教育家李秉德教授在《教学论》中提出了教学原则体系，包括教学整体性原则、启发创造原则、理论联系实际原则、有序性原则、师生协同原则、因材施教原则、积累与熟练原则、反馈调节原则、教学最优化原则。[①] 其中，师生协同原则是指在教学活动中，教师在充分发挥自身作用的同时，还要充分调动学生的积极性和主动性，使教学过程真正处于师生协同活动、相互促进的状态之中。其实质就是要处理好课堂活动中教师与学生的关系，教学活动中教与学的关系。在小学英语协同学习中，需要遵循师生协同的基本要求，努力开发应用的路径。

（一）师生协同的基本要求

1. 树立正确学生观，奠定师生协同基础

学生观是指教育工作者形成的有关学生本质属性和特征的基本观念体系。例如，教育工作者在学生的本质、特征、成长发展过程等方面的基本观点，这些观点形成于教育教学实践之中，受到社会的政治经济制度、文化传统、教育传统的制约，并受到教育工作者的世界观和对学生身心发展规律的认识水平的影响。在教育教学中，如果制约教育工作者对学生采取的教育教学方法，一定程度上就会影响教育教学的目的、内容和方法等。

---

① 李秉德. 教学论［M］. 北京：人民教育出版社，1991.

在传统的学生观中，教师在课堂上占据绝对的主导地位，学生则沦为被动灌输大量知识的对象。在这种情况下，学生的学习主动性和积极性被极大地打压，课堂的教学效果无法实现良性持续。因此，教师应树立正确的学生观，这对达成师生协同的理想状态十分必要。

教师应充分认识到学生在课堂上的主体地位，教育教学的过程、方法、手段都应紧紧围绕这个主体进行。教师要全面客观地认识并了解学生，理解并尊重学生，鼓励并信任学生，和学生建立起和谐民主的新型师生关系。

2. 营造和谐教学氛围，提供师生协同条件

美国心理学家罗杰斯（Carl Ransom Rogers）说过，成功的教育依赖于一种真诚的理解和信任的师生关系，依赖于一种和谐安全的课堂气氛。在小学英语教学中，教师应积极创设师生协同的教学情境，重点体现在建立民主、和谐、公平的课堂气氛上。师生关系融洽、教学气氛和谐，是师生协同进行教学活动的基本条件。

教学环境是一个由多种不同要素构成的复杂系统。广义的教学环境是指影响学校教学活动的物质与精神方面的条件，它可以是物理环境和心理环境，而这两类环境又作为相对独立的系统各自存在，并具有不同的构成要素。狭义的教学环境特指班级内影响教学的全部条件，包括班级规模、座位模式、班级气氛、师生关系等。教学环境还可以分为物理环境和班级社会文化心理环境。因此，教师要想提高教学效果，则需要为学生创设一个生动、温馨、新颖的教学环境，并从改善班级物理环境和班级社会文化心理环境这两方面着手。

小学生的情感和认知水平具有不稳定性，极其容易受到环境的影响，因此，从事教育事业的人需要重视物理环境的建设。一间拥有良好的通风、适宜的温度、充足的采光、宁静的色调和低背景噪声条件的教室更容易使得学生的智力活动和思维活动达到最佳状态，让学生更有效地接收知识。教室课桌的布置，应根据班级人数和教室大小综合考虑。打破固定的排位方式，用有利于团队协作的圆桌式课桌代替传统的秧田式课桌，增加活动板凳，提升课堂的活跃度。通过布置教室，学生能够快速地融入班级大集体中，快速结交一批朋友，学生的"朋友圈"进一步扩大。此外，随着信息技术的不断发展，教师应该做到与时俱进，合理有效地使用多媒体，将网络资源合理合规地运用到教学中去。多媒体教学可将动态的视频、图片

及音频传递到教室的每一个角落，让学生有更高的上课积极性，并更有兴趣参与到教学活动中。

班级社会文化心理环境包括课堂气氛和人际关系，是英语教学成果的决定性因素。营造舒适的课堂氛围，有利于师生之间、生生之间的交流。教师要能够有效地引领学生学习英语，同时让学生在这样的氛围中加强与同学的交流，积极参与课堂讨论，敢于用英语表达自己。假若课堂教学气氛过于严肃，学生畏惧教师，不敢参与课堂活动，那么就会减少与教师的交流，无法达到良好的教学效果。所以说，创造良好的教学心理环境有利于激发学生的学习积极性。

3. 发挥教师示范作用，促进师生协同实现

子曰："其身正，不令而行；其身不正，虽令不从。"意思为自我品行端正，即使不发布命令，老百姓也会去实行；若自身品行不端正，即使发布命令，老百姓也不会服从。这句话也可延伸到师生关系上来。著名教育家陶行知先生也说过："学高为师，身正为范。"教师的示范作用对学生具有深远的影响。

在小学英语课堂上，学生的自主练习需要依托教师的完整示范，同时，教师也需要学生独立完成对其所示范的知识内容的学习。采用分组师生协同的原则开展教学，设计表情和态势语，运用技巧讲述故事的全过程等，这要求教师充分利用师生协同的原理，把师生协同手段应用于教学实践。在具体的英语教学中，教师做完示范后要给学生留课后作业，要求学生按照示范来独立完成英语故事复述，然后由教师和学生共同当堂评定作业。在这个任务的促使下，学生为得到教师的肯定，会主动完成任务。协同学习有利于学生克服胆怯心理、强化知识记忆，有助于教师顺利完成英语教学工作。这样能使教学环环相扣、相互促进，也能将理论与实践逐步融合，最终实现教师"教"与学生"学"的共同目标。①

4. 实施个别化教学，扫除师生协同障碍

个别化教学是为个别学生的需要、兴趣、能力和学习进度而设计的教学方法。个别化教学并不意味着独自学习。当同一教材、教法不能有效针对班级教学中学生的差异时，为顾及个别能力弱、兴趣低及可能遭遇学习

---

① 王晓娜. 师生协同原则在英语教学中的应用研究 [J]. 现代交际，2019（4）：200，199.

困难的学生，教师须在教学过程中特别制订有针对性的教学计划。个别化教学与个别教学不同。个别教学仅仅是一种"一对一"的教学实施形态，它可能是个别化教学，也可能不是个别化教学，关键在于其是否为符合该学生能力需要而特别设计教学方案。

在小学英语教学过程中，学生的知识、能力水平参差不齐，这些情况阻碍师生协同状态的形成。基于此，教师应在教学中区别对待学生的学习水平，不能搞"一刀切"，在相互协作中采取有针对性的方式与方法，使每个学生都能在现有的学习基础上提高成绩。

5. 创建校本活动课程，延伸师生协同范围

活动课程是个性化的课程，能弥补学科课程不能全面发展学生兴趣爱好的缺陷。因此，活动课程对学生个性发展的重要性不容忽视。活动课程必须基于本校学生的特点。中国当代著名教育家李希贵认为，要为学生创设条件，充分挖掘本校的活动资源。而开设校本活动课程，要从以下几个方面着手：① 学校及教师在开设活动课程之前要充分了解学校学习个体的发展需求及兴趣特征；② 学校及教师要重视活动课程类型的多样性，尽量满足每个学生的课程需求；③ 学校及教师要控制活动课程的班额，实行小班化课程教学，让学生在活动课程的学习过程中有充分参与活动的机会；④ 学校及教师要保证活动课程的课时，不能为了开设而开设，要充分意识到活动课程对每个学生成长的重要性。

6. 建立良好师生关系，提升师生协同效率

学生应该树立正确的学习观，明确个人努力是建立师生协同原则的前提条件之一。建立新型的师生关系、生生关系，首先需要教师和学生、学生与学生相互认可师生协同原则。只有教师与学生达成共识，师生协同原则在教学中的有效应用才能得以实现。学生如何看待教师，直接影响教师对学生的教育态度和方式，因此，学生的观念是否与教师一致，就成为师生活动能否协同进行的关键所在。

（二）师生协同的应用途径

师生协同原则在英语教学中的运用，强调学生是学习的主体，充分发挥学生在课堂中的主体作用。从教师方面来讲，协同原则主要体现在教师对教学的主导、学生的主动及两者之间的合作关系上。这些关系不可分割，

因此，在英语教学中，教师要科学把握师生协同原则的具体运用。① 从学生方面来讲，英语学习应该是一种自觉的、积极发挥主观能动性的过程。简单来说，学生能否汲取知识，把教师传授的东西化为己有，关键在于能否克服自己的惰性，能否积极能动地去学习。

教师在课堂教学过程中可以通过暗示等途径营造良好的学习氛围，提高学生学习的效率，达到师生协同的效果。其中，暗示包括艺术暗示、体态暗示和语言暗示。

艺术暗示可分为音乐暗示和美术暗示。音乐有利于开发右脑和调动人无意识的潜能。在译林版英语二年级下册"Unit 6　Let's go shopping!"复习课的教学中，上课前，教师通过播放与服装有关的歌曲 *The clothing song* 帮助学生进入英语学习的状态，并渗透本课主题。在播放歌曲时，学生被歌曲视频中有趣的画面和朗朗上口的音乐旋律吸引，同时无意识地关注到歌曲的内容：歌词由一系列"He/She is wearing…""They are wearing…"句型组成，涉及的 a pink dress、a blue shirt、a green skirt、white hats 等服装类词汇，皆为本课重点。因此，通过音乐暗示，欣赏与主题相关的歌曲，学生在无形中提高了对学习内容的掌握度。针对小学二年级学生的学习特点，本课将学生需要掌握的很多重点句型编排成了简单且富有节奏性的 chant（说唱），如在复习完粉色连衣裙的介绍后，学生和着伴奏拍手齐唱 "Pink dress, pink dress, do you like it? Pink dress, pink dress, I don't like it!"。这不仅活跃了课堂氛围，也加深了学生的记忆。在进行一些教学环节时，教师可灵活运用背景音乐。例如，在课前导入部分的"找不同"游戏中，当学生在画面中找出不同类的衣服时可播放比较紧张刺激的音乐，这会让学生不由自主地想参与游戏，并加快游戏完成速度；在主人公 Yang Ling 选择了喜欢的裙子和朋友去参加 Charlie 的派对情境中，插入一小段欢快的音乐，营造派对的氛围；在小组讨论时，教师播放欢快且有节奏感的背景音乐，有利于提高学生讨论的积极性。而在美术暗示方面，教师可以在本课的板书设计上下一番功夫，以时装秀舞台为背景，并将标题"Unit 6　Let's go shopping!"及副标题"Let's dress up!"写在画好的派对横幅上，将一些教学过程中用得到的形容词，如 nice、beautiful、cool、cute 写在五颜六色

---

① 王晓娜. 师生协同原则在英语教学中的应用研究［J］. 现代交际，2019（4）：200，199.

的气球上，让学生在课堂的 Fashion show 环节用所学句型描述他人服装时有更强的代入感，仿佛置身于派对现场。教师可以恰当合理地运用艺术暗示，在潜意识上影响学生，向他们传递隐形课堂信息，从而提高教学效率。

所谓体态暗示，就是教师用体态语言（眼神、表情、姿势、动作、距离等非言语行为）对学生加以暗示。体态暗示手段在以语言文字为主的英语课堂言语交际中具有特殊的适用性和实用性，起到感染、传递、调控、激励等多方面的作用。教师的一个目光、一个手势，往往就能使某个学生乃至全班学生产生某种微妙的心理变化，形成某种心理状态，因而能有效地提高课堂教学的效果。例如，在复习课中，教师要求学生能运用句型"Look at… It's… I like it! /I don't like it!"组成一段完整的语段表达，分别描述 Yang Ling 和妈妈在购物时看见的三条裙子，同时加入相应表情和动作。在介绍红色短裙，说到"Look at this skirt. It's red and cute. I like it!"时，学生上台用手指向屏幕上的裙子进行描述，最后微笑着双手比心来表达对这条短裙的喜爱。同样，在介绍 Yang Ling 不喜欢的两条连衣裙，说到"Look at this dress. It's pink/green. I don't like it/green!"时，学生在最后连连摆手，摇头并显露出不喜欢甚至讨厌的神情。通过这些体态暗示，学生对所描述的内容有更深的印象。在 Yang Ling 选完裙子和参加派对的环节中间，学生齐唱歌曲 Dress up 作为过渡，在唱到"This cute dress for you. That nice shirt for me."时，可用双手指示 you 和 me 这两个对象，接下来在重复"Let's dress up."时，做出一些打扮自己的动作，最后演唱到"Let's go to the party!"时，稍走几步，产生"去参加派对"的真实感。教师应通过表情、手势动作等对学生进行暗示，在潜移默化中加深学生的学习记忆。

语言暗示中的语言，主要指课堂教学用语。课堂教学用语是小学英语教学活动中的一个重要组成部分，却往往被教师忽视了。课堂上，教师把大量的精力用于知识的传授而忽略传授的主要媒介——教学用语。糟糕的教学用语会使教师的教学效果大打折扣。相反，如果教师在提高课堂教学用语质量这一方面下足功夫，教学活动会进行得更加顺畅。要让教师的教学语言有所改进，可先从语调入手。语调是指句子里声音的高低变化和快慢轻重，它能表现出真实或强调的信息，并且强化言语的内容。不同的语调可以强调不同的内容，对听者产生不同的效应。当词语以柔和、神圣或命令的声调表达时，容易达到暗示效果。低沉的、有节奏的、模糊的暗示可能比直接命令更具影响力。

此外，师生关系并不意味着双方处于不平等的地位，对话是建立在双方互相尊重的基础上的，师生双方作为整体的、独特的个人相遇并进行交往，在对话与理解中接纳对方。过于强势的教师和过于纵容的教师都不可能与学生建立真正的对话关系。在教学活动中，教师应该尽可能地选择一些有利于和学生平等交流的教学用语。例如，在想了解学生是否理解所讲内容时，教师可以用"Do I make myself clear?"来代替"Do you understand?"，虽然两种问法得到的回答是一致的，但前者相比后者，语气更为温和，少了些教师的威严，有助于拉近师生之间的距离，营造良好的课堂氛围。在选择对学生的评价用语时，教师除了可以说"You are very good!""Excellent!"之类的普遍适用的夸奖词以外，还可以因人而异进行表扬。比如，A同学之前总是在某个语法问题上犯错误，但最近都能回答正确，可见他为了克服这个困难付出了努力，教师可以说"You have made great progress! I hope you can continue to work hard."，以此来肯定学生的进步并鼓励他继续努力。

教师在课堂实践中合理利用艺术暗示、体态暗示、语言暗示等，能极大提升学生学习英语的积极性，从而催化师生协同的理想状态的形成。

二、生生协同

生生协同，指的是学生之间的相互作用和相互影响，包括共同讨论、互相评价、互相反馈、互相倾听、互相激励、互为师生、合作与竞争等活动手段。教师借助生生协同充分调动学生学习的积极性和主动性，培养学生合作互助的精神，增强学生学习的自主性，提高班级中每一位学生掌握和运用知识的能力。

小学英语教学过程中，生生协同不仅能提高学生在课堂活动上的参与度和与他人协同合作的能力，也能使学生更加容易理解并掌握所习得的知识。生生协同的基本要求和应用路径如下。

（一）生生协同的基本要求

1. 小组成员的分配

生生协同通常以同桌两人一组或多人小组的协同合作形式开展。进行小组协作之前，教师应先对小组成员进行合理的安排与分配。

在传统的分组活动中，如学生在课后表演故事，教师通常安排学生自行选择小组成员，或直接将座位靠近的几名学生分为一组。这两种划分方式都存在较大的问题，前者主要是玩得较好的学生成为一组，容易将学习变成游戏，不符合小组分配的民主性与学习的公平性要求；而后者较为机械，没有根据学生的特点、学习习惯等进行合理划分，其小组合作的学习效率也不高。此外，小学英语小组合作学习过程中，部分教师没有真正明确其重要性与作用，只是将小组合作学习看作课堂教学的形式，没有考虑学生与教学目标的需求关系，因而无法达到预设的合作学习效果，浪费大量课堂学习时间。①

小组的科学划分需要根据学生的学习特点和知识水平等进行。在前期的课程讲解阶段，教师通过分层型分组方式，对学生设定有针对性的教学目标与方案，这样能有效增强学生的课堂学习效果。在分组中，教师仍需要考虑班级学生的不同学习情况，将具有不同学习能力的学生归为同一小组，以保证每个小组内部都具有一定数量的优等生、中等生与学困生。这样，无论在何种形式的教学活动中，小组内部的各成员间都能形成较为明确的帮扶机制。小组内学习能力强的学生可以帮助学习能力较弱的学生解决一些实际问题，或者给予他们一些学习的经验与思路，又或者树立榜样。这样就能使学习能力较弱的学生在学习过程中努力向优等生看齐，努力学习文化知识。因此，这种均衡型的分组方式不仅能构建和谐的班级环境，形成公平的小组间竞争氛围，还有利于小组内部帮扶机制的形成，促进学困生学习能力的提升和学优生学习成绩的质的飞跃，从而整体提高小组学习的效率。另外，针对小组合作学习过程中成员之间工作的分配情况，教师可以进行适当的引导，以及帮助小组明确各个成员的责任与工作。在进行小组分配之后，教师应使各组内成员意识到协同合作在小组活动中的关键性作用，可适当采用奖罚措施，为协同合作较好的小组提供小奖品，对未能达成协同合作的小组实行小惩罚，当然惩罚应当带有激励学生、团结互助的性质。

---

① 俞彬．小学英语小组合作学习中的问题及对策研究［J］．都市家教，2017（7）：137．

2. 小组任务的布置

教师在组织学生参与课堂教学活动时，应制定详细的小组协同合作学习流程，设置一定的学习探究任务，并在活动过程中适当引导小组成员，培养学生的协作能力。

教师所设置的任务应体现均衡性，以实现课程教学目标，保证教学进度。小组之间的合作学习倘若过于简单，学生能够独自处理，也就没有任何协同的意义。然而如果任务难度超出学生的基础和认知能力范围，又或者任务流程过于烦琐，导致团队在短时间内也难以有进展或者根本无法解决，这样的任务就会直接打消学生学习英语的积极性和自信心。若要达到学生取得进步的要求，就应当安排困难适宜的任务，例如，去除一些学生本身无法单独思索完成的任务，而选择只有经过学习小组相互研究，组员各抒己见，将知识结合在一起才能够完成的任务。此外，为了达到提高学生基础知识水平和认知能力的要求，并与实际生活联系，任务安排要具有代表性。我们应当参考学生的需要和接受知识的能力，结合小学生实际生活中相对熟悉而又不反感的情境，将学习和生活综合在一起研究。最后，影响学习的关键性因素是学生的非智力原因，即兴趣。我们应当关注任务的多元化，吸引学生的注意力，积极带动他们踊跃参与学习。①

3. 小组协作能力的提升

组内成员应具备一定的协同合作能力，与教师共同打造高效的英语教学课堂。因此，教师在进行教学时要注重训练学生的协作能力。一是培养学生收集、处理材料的能力。协作中的信息量较大，学生除了要在课堂上收集自己小组的信息外，还要收集其他小组的信息，然后进行归纳整理，得出结论。教师可以结合英语文化开展第二课堂，在课后有意识地锻炼学生的信息归纳整理能力。二是培养学生的语言表达能力。在协作过程中，学生要分享信息，加强沟通交流。良好的表达能力是协作的必备能力之一。教师在课堂上应对学生多加鼓励，给予学生具体的指导，避免学生因英语表达困难而学习积极性不高。

---

① 张茂. 小学英语教学中如何实现学生之间的合作学习［J］. 都市家教，2013（12）：26.

4. 小组协作成果的评价

小组协作成果的评价要把过程评价和学习结果评价相结合。同时，教师要恰当把握评价标准，坚持正面表扬和以激励为主的原则，鼓励学生深入集体中，主动参与小组活动，使每个学生在小组协作中能够发挥自己的优势。除了教师对小组成员的评价外，还可进行学生的自我评价、小组内部的相互评价、小组与小组之间的评价，进而充分发挥学生在课堂上的主体作用，促使学生在生生协同中得到更好的发展。

（二）生生协同的应用途径

1. 小组讨论

有些学生在英语课堂上有着强烈的害羞、怕教师的心理。实际上，这样的学生参加集体活动的意愿很强烈，这时教师应该多给他们一些鼓励，邀请他们从最简单的问答开始，逐步帮助他们树立起自信心，帮助他们接受更大的挑战。通过采用小组讨论的教学模式，学生在小组内面对面地交流与讨论，能够充分锻炼自己的英语思维能力，并能有效地克服害羞、怕犯错的心理，树立起自信心。①

2. 小组共演

英语课本剧是在将戏剧与教育相结合的基础上，把领域聚焦在英语学科内的课本剧。开展课本剧教学活动是课堂逐渐延伸出来的一种新型教学模式，这种教学模式类似于情境教学中的口语交际场景，主要通过学生的表演再现故事情节。学生通过扮演角色，身临其境地感悟故事情节，理解语言内涵，真切地体会英语交际的实用性与有效性。②

在译林版英语五年级上册"Unit 1 Goldilocks and the three bears"一课的教学中，教师让学生运用本课重点句型"There is…"来描述小熊一家为外出野餐准备的水果，各小组借助水果道具通过共演来操练"There is a pear in Daddy Bear's hand.""There is an apple in Mommy Bear's hand.""There is a banana in Baby Bear's hand."等句子，加深记忆。在学习完整个故事后，小组成员进行共演活动，在此过程中，不仅故事的趣味性得以加强，而且学生的语言表达能力也得到了极大的提升。

---

① 周春燕. 小学英语小组讨论口语教学模式研究［J］. 小学科学（教师论坛），2011（4）：120.

② 陈晓艺. 课本剧在小学英语教学中的应用研究：以重庆市N小学为例［D］. 重庆：重庆师范大学，2016.

3. 小组竞赛

在小学英语课堂管理模式中，小组竞赛模式有着关键性的作用。首先，它以游戏化的竞赛形式吸引众多学生。小学阶段的学生容易对枯燥的课堂教学失去兴趣，而他们对游戏、比赛有着天然的好奇心，所以竞赛模式更能激发学生的兴趣。其次，小组竞赛的课堂管理模式有利于提升教学效率。它讲究的是集合学生的智慧进行教学，引导小组把所有学生的建议综合到一起，当所有学生的智慧被综合到一起时，教学效率自然也就得到了保证。最后，小组竞赛的课堂管理模式对于班级氛围的创建起到了关键性作用。在传统的小学英语教学中，教师往往采取的是填鸭式教学，课堂氛围沉闷，师生关系不融洽，而小组竞赛的模式则讲究的是学生自主讨论、学习，每位学生为了保证自己不拖小组的后腿，都会积极地参与到讨论中来，班级的氛围自然而然活跃起来，师生的关系也能达到和谐状态。①

4. 小组作业

教师在完成单位时间内的教学内容后，应结合教学内容和学生实际水平，布置层次分明（指学生个体层次、知识层次）、结构合理（指题型）、题量适中（指大题目数、小题目数）的同步作业。教师要从学生的实际情况、个别差异出发，按优、中、差三个学生层次来精心设计或选编练习、布置作业，让不同层次的学生用适合自己的练习来巩固和发展原有知识，找到自己的位置，树立信心，从而有所收获，不断提高英语水平。全部由个人完成的作业，难以培养学生的合作精神，所以必须是将个人独立完成的作业和小组协作完成的作业相结合。小组协作之前必须为个人提供独立思考的时间，或先分工再合作，每个组员呈现自己准备的部分，再由组长整合。②

三、亲子协同

亲子协同，顾名思义，是一种发生在家长和孩子之间的相互促进的理想状态。在和谐的家庭学习氛围中，家长通过倾听、沟通、合作等方式，激发孩子的学习兴趣，使其养成良好的学习习惯。亲子协同既能让孩子在

---

① 张冶. 小学英语小组竞赛课堂管理模式探析 [J]. 神州，2017（6）：122.
② 钟丽清. 小组合作学习在农村小学英语课堂教学中的应用 [J]. 课程教育研究，2017（9）：82-83.

课堂以外的地方学有所得，同时也有益于提高家长和孩子之间的亲密度。亲子协同的基本要求和应用路径如下。

（一）亲子协同的基本要求

1. 创设良好的家庭学习环境

学校课堂是孩子获取学科专业知识的主阵地，而家庭教育对孩子产生的重要影响也不容忽视。中国近代教育家蔡元培先生曾在《中国人的修养》中提到：家庭者，人生最初之学校也。一生之品性，所谓百变不离其宗者，大抵胚胎于家庭之中。习惯固能成性，朋友亦能染人，然较之家庭，则其感化之力远不及也。朱庆澜先生在他所著的《家庭教育》一书中也提到了"家庭气象的教育"这一概念，指的就是家庭环境、风气的影响。家里是个什么样子，小孩一定变成什么样子。家庭气象好比立个木头，小孩好比木头的影子。木是直的，影一定直；木是弯曲的，影一定弯曲，一点儿不会差的。他认为，家庭成员自身的行为和家庭风气，比说教的影响还要大，还要深刻。父母哪怕天天教小孩和气，如果家里风气乖张（不讲情理），小孩一定有乖张的脾气；哪怕天天教小孩勤谨，如果家里风气懒惰，小孩一定懒惰。"教子必先治家"，这充分体现了家庭学习环境对孩子的重要性。

中国著名儿童教育家、儿童心理学家陈鹤琴教授认为，应该创设良好的家庭教养环境，包括物质的环境与人的环境，而人的环境尤为重要。家长应为孩子选择和创设良好的教育环境用以支持他们的模仿，诸如良好的精神环境、游戏环境、艺术环境、阅读环境等。父母应随时注意自己的眼神、表情、语言、行为举止、性格表现、作风习惯、对孩子的态度等，这些都在无形之中给孩子以很大的积极或消极影响。

为营造良好的家庭学习氛围，家长可从改善"硬件"环境和"软件"环境两方面入手。"硬件"环境包括孩子在家学习的固定场所，如书房，以及场所的相关因素，如桌椅、灯光、文具等。此外，如今是"互联网+"时代，线上教学逐渐走进了大众的视野，一些需要依托于网络平台的学习任务也向家长提出了网络设备和网络环境的硬性要求。在"软件"环境方面，有关调查表明，家庭的文化氛围对孩子的学习也有重要影响，尤其是父母的习惯对孩子影响深远。孩子的不少习惯是潜移默化地从父母那里"移植"或学过来的。父母热爱学习，把读书、学习当作业余生活的最大爱好，把谈论学习当作家庭的重要话题，孩子就会在不知不觉中提高对学习的兴趣，不自觉地模仿父母，认真学习。因此，家长只有在孩子面前树立一个学习的好榜样，孩子才能潜移默化地受到影响，养成热爱学习、自觉学习的好习惯，激发浓厚的学习兴趣。①

2. 关注孩子的身心发展情况

朱庆澜先生在《家庭教育》中运用了一个形象的比喻：教人的（即教育者），不跟着教的人（即受教育者）的程度走，好似主人请个吃素的客，却预备了一桌山珍海味，主人只管费了事，客却没有地方下箸。"教育定要跟着小孩的程度"，不可太过放松宽容，也不可急于求成。正如在学校教学中应遵循有序性原则，即教学工作要结合学科的逻辑结构和学生的身心发展情况，有次序、有步骤地开展和进行，以期使学生能够有效掌握系统的科学知识，有效地促进学生的身心健康发展。在家庭学习生活中，家长也应密切关注孩子的心理状态、知识水平、接受能力等各项情况，循序渐进，量力而行。

3. 提高自身的教育能力水平

教育部印发的《关于加强家庭教育工作的指导意见》中提到：

① 依法履行家庭教育职责。教育孩子是父母或者其他监护人的法定职责。广大家长要及时了解掌握孩子不同年龄段的表现和成长特点，真正做到因材施教，不断提高家庭教育的针对性；要始终坚持儿童为本，尊重孩子的合理需要和个性，创设适合孩子成长的必要条件和生活情境，努力把握家庭教育的规律性；要提升自身素质和能力，积极发挥榜样作用，与学校、社会共同形成教育合力，避免缺教少护、教而不当，切实增强家庭教育的有效性。

② 严格遵循孩子成长规律。学龄前儿童家长要为孩子提供健康、丰富的生活和活动环境，培养孩子健康体魄、良好生活习惯和品德行为，让他们在快乐的童年生活中获得有益于身心发展的经验。小学生家长要督促孩子坚持体育锻炼，增长自我保护知识和基本自救技能，鼓励参与劳动，养成良好生活自理习惯和学习习惯，引导孩子学会感恩父母、诚实为人、诚实做事。中学生家长要对孩子开展性别教育、媒介素养教育，培养孩子积极学业态度，与学校配合减轻孩子过重学业负担，指导孩子学会自主选择。

---

① 李玲群. 家庭学习环境对英语学习的影响［J］. 小学教学参考（综合），2012（24）：54.

切实消除学校减负、家长增负,不问兴趣、盲目报班的现象,不做"虎妈""狼爸"。

③ 不断提升家庭教育水平。广大家长要全面学习家庭教育知识,系统掌握家庭教育科学理念和方法,增强家庭教育本领,用正确思想、正确方法、正确行动教育引导孩子;不断更新家庭教育观念,坚持立德树人导向,以端正的育儿观、成才观、成人观引导孩子逐渐形成正确的世界观、人生观、价值观;不断提高自身素质,重视以身作则和言传身教,要时时处处给孩子做榜样,以自身健康的思想、良好的品行影响和帮助孩子养成好思想、好品格、好习惯;努力拓展家庭教育空间,不断创造家庭教育机会,积极主动与学校沟通孩子情况,支持孩子参加适合的社会实践,推动家庭教育和学校教育、社会教育有机融合。

(二)亲子协同的应用途径

为实现亲子协同,家长可以参与多种形式的亲子活动,如和孩子共读、共演、共编绘本。绘本,就是以图文并茂的形式,反映儿童生活的儿童图书。书中的图与文有同等的重要性,有时候图画的重要性甚至比文字要来得大。绘本的主要特色就是提供给读者——尤其是年轻读者——在视觉方面的真实的或是美的体验。而绘本的内容常具备简单的故事大纲,有时候也会集中呈现某种简单的意义和结构。就英语绘本来说,押韵或是反复句型是最常出现在其中的。这两种行文方式也最能让年轻的读者察觉和掌握英语文字与其声音的特性。绘本的题材极为丰富,较为广泛地涉及了儿童情感教学、日常生活教育、数学教育、成长励志、生命教育等内容,可以满足儿童成长的各个阶段的要求,适应不同儿童的心理需求。绘本教学,不仅有助于小学生增强自我意识,而且对于培养学生个性化发展有着重要的作用,它能够促进儿童形成正确的价值观,帮助儿童塑造积极乐观的性格。因此,家长可以通过和孩子共读绘本来引导孩子养成良好的学习行为习惯,激发孩子的自身潜能,更好地促进孩子进步与成长。①

共读完绘本后,家长可以和孩子一起交流在阅读过程中体会到的乐趣,以及从绘本故事中学到的道理。如果时间、道具等各方面条件允许,还可

---

① 胡逸曦. 小学英语绘本教学的现状分析及对策研究:以吴江地区小学英语绘本教学为例[D]. 武汉:华中师范大学,2016.

以共同进行演绎、续编故事等开放性活动。在小学阶段，孩子一般都具有很强的表现欲，对表演故事这类活动充满兴趣。家长可以多给孩子创造一些表演的机会，这不仅能锻炼孩子的口语表达能力，还可以增强孩子的自信心，使孩子在英语学习上获得成就感，从而和孩子达到亲子协同的状态。

第二节　学习原则

指向成长型思维的小学英语协同学习是学习目标、载体、路径和方式的统一体。它既是儿童的一种成长指向，也是儿童的一种学科成长方式和路径；它既是一种引导学习的理念和模式，也是一种评估学习的观点和方法。其中，思维成长是学习目标，小学英语是学习载体，活动是学习路径，协同是学习方式。因此，它遵循指向成长、协同建构、项目优先三个基本原则。

一、指向成长

指向成长原则基于成长型思维的理念：相信成长、勇于成长、不断成长。卡罗尔·德韦克研究证实，持有成长型思维的学生认为智力具有可塑造、可增长和可调控的特性。这类学生认为，自身的能力不是不可改变的，就算是天才也需要有所努力才能有所成就；他们坚信通过努力、改进方法、向他人求助等建设性的学习策略可以学会之前不会或者是不擅长的事情；他们倾向于追求能够提升自身能力、富有创造性和挑战性的学习目标，会不畏困难，勇于接受挑战。持有成长型思维的学生会把失败当作学习和提升的机会，遇到失败和挫折时会表现出掌握取向反应，即保持积极情绪和正确的自我评价，不会因为暂时的失败而否定自身能力，会通过努力去提高表现水平；他们在学习过程中会更加懂得利用学习资源，遇到困难时懂得向同学或教师求助；他们树立的是学习目标，但他们会更享受学习本身，从中获取信心和乐趣，会通过调整策略去追求更大的成功。① 指向成长原

---

① Carol S. Dweck. Self-theories: Their Role in Motivation, Personality, and Development [M]. Philadelphia: Psychology Press, 2000: 20-38.

则既是协同建构的目标,也是过程评价的要求,更是协同建构得以可持续的保障。

(一) 指向成长原则的内涵

指向成长,是指教学活动的设计和开展都以相信学生成长并促进学生成长为主旨,以将人看作一个能够不断成长的个体的成长型思维为指导,反对把人看"死"的固定型思维。在教学中,固定型思维会因主体不同而表现为两种类型:其一,教师的固定型思维。持有固定型思维的教师往往容易片面看待学生,把学生区分为优生和差生、聪明学生和笨学生,将关注点搁在学生智力高低和是否聪明的判定上,忘却或忽视了引导措施的具体落实和改进。相关研究表明,这种倾向于突出智力差异和聪明差异的评判方式只会让被比较的学生觉得自己笨、不聪明、不够好,不但不能解决问题,还会让学生更加焦虑和自卑。其二,学生的固定型思维。持有固定型思维的学生往往会显现出"自己看不起自己""破罐子破摔"的思维。他们深信天赋论观点,认为能力是固定的。他们讨厌失败伴随的威胁感,遭遇失败时容易出现无助反应,所以会选择简单的任务从而避免失败的可能性。他们倾向于追求表现目标,渴望获得他人的肯定和赞许;关注他人对自己能力的评价,他人的批评和否定会导致他们自我否定;他人的成功对他们来说是一种威胁,他们惧怕被超越,并容易将他人的成功归因于运气、天分等原因,从而产生自责、失落、焦虑等负面情绪,而不会享受学习过程。

指向成长是一种成长型思维的具体表现和应用,通过具体化的方法让学生看到成长进步轨迹,改变以往的错误观念和策略,认可努力、方法和资源的成长价值。指向成长是一种以态度促动机的正向迁移表现,以提升学习的积极性和效度。因此,成长型思维对学习动机具有激发作用。卡罗尔·德韦克和杨滨认为,影响认知任务操作和学习效果的关键不是能力,而是动机过程对认知任务的影响及心理因素起的重要作用。[1] 卡罗尔·德韦克和陈强研究证实,儿童追求的特定目标会对其面对失败和成功的反应、认知操作的质量产生影响。[2] 以上观点指出了心理动机过程对学生学业表

---

[1] Carol S. Dweck,杨滨. 动机过程对学习的影响 [J]. 心理发展与教育,1987 (4):51-54.
[2] Carol S. Dweck,陈强. 影响学习的动机过程 [J]. 心理学动态,1987 (3):26.

现和社会交往会产生积极作用，因此，持有指向成长型思维的学生会更多地具有内部学习动机，他们对学习本身充满了兴趣，会主动寻找更多的方法、策略、资源去解决问题，实现自我突破。指向成长的另一层意思是指向成功。张咏梅、方平、郭春彦在成就目标的研究中证实了成就目标和学习策略、学业成绩之间存在正相关。[①] 沃建中、黄华珍、林崇德对中学生的成就动机进行了研究，结果证实了自我效能和掌握目标对中学生会起到动力作用，指向成长的目标，指向成长的过程，指向成长的评价。[②]

（二）指向成长原则的效能

认知神经科学研究证实，人类大脑的发展不是保持匀速的状态，而是会因学习的深入、训练的加强或经验的增加而发生变化，具有可塑性，且中枢神经系统在儿童期可塑性最强。心理学的关键期理论认为，人一生中有多个成长期，且各个时期与特定的行为活动相对应，这说明特定行为活动在关键学习期会取得更好的效果。此外还有研究表明，大脑的发展随着年龄的增长而呈递增趋势，在小学阶段尤为明显。这也说明了在小学学段对学生的大脑发展进行成长型思维方向的引导与培养是意义深远的。如果在小学时期培养了学生的成长型思维，不仅会取得事半功倍的效果，而且也将会影响学生今后的学习和生活。

指向成长原则的贯彻有利于培养学生的成长型思维，使他们关心学习过程的收获和成长，一切挑战和挫折都被他们视为有助于学习和成长，从而他们愿意选择具有挑战性、能够锻炼能力、可以收获知识的学习任务。

指向成长原则的贯彻能够正面影响学生应对挫折的方式和能力。在面对繁重和高难度的学习任务时，他们能够把挫折看作自我提升的契机，提高学业方面的抗挫性和坚持性。

指向成长原则的贯彻能够提升学生的心理弹性，促进其身心健康发展。在面对学业挑战和困难时，持有固定型思维的学生更容易出现紧张、焦虑等负面情绪。指向成长则是让学生相信能力和智力是可以增长的，也让学生明白努力、策略、资源等才是收获进步和成长的秘诀，因此，会更加强

---

① 张咏梅，方平，郭春彦. 成就目标分类及其动机模式的实验研究 [J]. 心理科学，1999 (5)：463-465.

② 沃建中，黄华珍，林崇德. 中学生成就动机的发展特点研究 [J]. 心理学报，2001 (2)：160-169.

调努力的作用。

指向成长原则的贯彻有助于挖掘小学生的潜能，实现人的全面发展。人的全面发展意味着人的体力和智力的充分、自由、和谐的发展。指向成长原则能够引导学生更加认可努力的价值，看到自身的可塑性，会主动通过改进方法、挖掘资源、付出努力等方式提升能力，从而实现全面发展。

（三）指向成长原则的要求

1. 指向成长的教学设计

教学设计是在分析教学需求与问题的基础上，进一步确定解决教学问题的计划和方案，其目的是提高学习效率和教学质量，使得学生能够在单位时间内学到更多的知识，更大幅度地提高多方面能力，获得更好的发展。一般来说，教学设计的优劣需要通过评价和反馈来检验。指向成长的教学设计需要根据教学对象的特征来设计教学目标，确定合适的教学起点与终点，将教学诸要素有序、优化地安排，形成相信成长并助推成长的教学理念。具体而言，指向成长的教学设计应具有以下特征。

第一，指向成长的教学设计是把教学原理转化为教学材料和教学活动的计划。教学设计要遵循教学过程的基本规律和学生成长的基本规律，选择教学目标，以问题为导向引导学生成长。

第二，指向成长的教学设计是实现教学目标的具有计划性和决策性的活动。指向成长的教学设计以发展性的计划和布局安排的形式，对怎样才能达到教学目标进行创造性的决策，以解决怎样发展性地教的问题。

第三，指向成长的教学设计是以系统方法为指导的。教学设计把教学各要素看成一个系统，分析教学问题和需求，确立解决的程序纲要，引领学生的素养生长和能力生长。

第四，指向成长的教学设计是提高学习者获得知识、技能的效率和兴趣的技术过程。指向成长的教学设计是教育技术的组成部分，依靠技术生成一个完整的系统体系，使之成为一种可操作的程序。

2. 指向成功的教学实施

为实现成功教育的目的，必须切实树立正确的发展观念，并致力于完成多方面的发展任务。

第一，知识的发展。知识包括科学基础知识、生产技术知识、生活伦理知识、文化娱乐知识、审美健体知识等。对于这些知识，教师不仅要让学生接受和理解，还要引导他们在理解的前提下通过自己的方式予以输出和传播。不管是学生知识面的扩大，还是借助于学生的生产和传播所带来的知识的影响面的扩张，无疑都是一种发展。成功的教育工作者决不能忽视学生该方面的发展内涵和发展作用。

第二，能力的发展。能力的发展是发展的核心，这些能力包括分析理解能力、沟通交往能力、实践操作能力、学习研究能力、探索创新能力、控制调节能力等。教师主导的教育职能就是要针对各类学生及其不同能力发展的状况，采取最优化的引导举措并实施相应的强化手段，进一步挖掘学生潜在的诸多能力素质，为学生不断走向成功创造有利条件和提供动力支持。

第三，人格的发展。生活在社会中的人要有高度的责任感与进取心、鲜明的自主性与自信心、浓厚的兴趣与多方面的需求、丰富的情感与顽强的毅力、强烈的竞争意识与友善的合作性、自觉的反思习惯与批判意向，这也正是教育工作者面对的最艰巨的人才培养任务。唯有切实出色地完成了这一任务，才能达到使学生既成才又成人的目标，此时教育才算真正走向成功。

同时，指向成长的协同学习过程有以下几个基本要求。

一是营造民主的课堂氛围。教育是民主、友爱、合作的交往方式，应革除一切不平等和不公正的现象，将人格尊重融于严格要求之中，让学生始终享有对自身价值充分肯定和认可的感受。

二是制造激发学生参与活动的各种契机。成功的教育工作者经常设置并利用多种激发学生创造欲望的诱因，尤其注重知识本身的趣味性和发挥示范榜样的作用。

三是以长扬长，实现成功突破。任何一个学生，都蕴积着成功欲望和发展潜能。只是某些学生的这种欲望为多次失败体验所浇灭，其潜能也为不当的教育方法所压制罢了。所以，要使全体学生在进德修业中不断进步，就必须采取以长扬长的策略，努力发现、赏识或培养每一个学生的兴趣、优点和特长，让他们先从这些方面实现突破，由此尝到成功的喜悦，发现自我价值，激发起追求更多、更大成功的热情和自信心。

总之，成功教育的影响要素决定了学生的成功行为，这有赖于宽松、自由、民主、和谐的外部学习环境。因此，在成功教育课题实验中，教师的首要任务就是要牢牢把握影响学生成功行为的三大要素，即期望、机会和评价，积极创设有利于学生不断尝试和探索成功的外部环境。

3. 指向发展的教学评价

发展性评价是指通过系统地搜集评价信息和进行分析，对评价者和评价对象双方的教育活动进行价值判断，实现评价者和评价对象共同商定发展目标的过程，旨在促进被评价者的不断发展。

（1）着眼于被评价者的发展

发展性评价基于一定的培养目标，这些目标显示了被评价者发展的方向，也构成了评价的依据；这些目标主要来自课程标准，也充分考虑了被评价者的实际情况。发展性评价将着眼点放在被评价者的未来，包括大众教育和终身学习的需要上。

（2）注重评价的诊断功能

发展性评价的根本目的是促进被评价者的提高。评价过程中，对被评价者的现状、发展特征及发展水平的描述和认定必须是评价者和被评价者共同认可的，如果要通过评价等级去描述某种特征，也必须是被评价者认可的。这些描述或评定只用于分析被评价者的优势和不足，并在此基础上提出具体的改进建议，不应具有"高利害性"，即对学生的评价标准和结果附以相应的利或害。

（3）突出评价的过程

发展性评价强调收集并保存可以表明被评价者发展状况的关键资料，对这些资料的呈现和分析能够形成对被评价者发展变化过程的认识，并在此基础上针对被评价者的优势给予鼓励，对被评价者的不足给予激励或者具体的、有针对性的改进建议。

（4）关注个体的差异

个体的差异不仅指考试成绩的差异，还包括其生理特点、心理特征、兴趣爱好等各个方面的不同特点。发展性评价通过细致的观察，准确地判断每个被评价者的不同特点及其发展潜力，为被评价者提出适合其个人发展的建议。

（5）强调评价主体的多元化

评价主体的多元化是指在发展性评价中，评价者应该是参与活动的全体对象的代表，以对被评价者进行全方位的评价。以评价学生的某次学习活动为例，评价者应该包括教师、家长、学生、学校领导和其他与该学习活动有关的人。

二、协同建构

协同建构原则基于人的群体性、认知的社会分布性和学习的建构性。人的群体性，也叫人的集群性或者人的社会性，是任何作为社会人的个体的基本需要，是人的本质属性。人是集群性的动物，人类生活在各种各样、不同规模、不同类型的群体中以满足自己的各种需要。认知的社会分布性，即个体间的认知不平衡性，是认知功能的中介和认知结构的差异互补。知识在个体头脑中的分布是非均匀的，神经科学和认知科学的模块理论支持这一说法。萨凡纳认为，人脑在结构和功能上都是由一些高度专门化并相对独立的模块组成的，它们复杂而巧妙地结合，构成实现复杂、精细的认知功能的生理基础和心理基础。每个个体的大脑发展是不平衡的，除了遗传因素外，还受环境、教育、刺激反应度、动机、风格等多种因素的影响。个体的认知结构、认知能力、认知方式不尽相同，知识在个体间的分布是不均匀的。这样，个体间就有了交流的需要。学习的建构性是指学习者对外部的理解是自己积极主动地选择、加工与建构的结果。学习不是教师向学生传递知识、学生被动接受知识的过程，而是学生主动建构知识，通过新经验与原有知识的反复、双向的相互作用，来充实、丰富和改造自身知识的过程。因此，作为一种学习过程，协同学习具有建构性，是主动的、适应的和发展的。

1. 协同建构的内涵

协同、协作、合作是三个既有区别又有联系的概念。"合作"是"二人或多人共同完成某一任务"①，它不需要任务设定的限制条件，具有充分的开放性。它本身就是一种社会生活，合作作为理性的实现即价值理性在生活情境中的展开，是对协作的扬弃和超越。而"协作"是"若干人或若干单位互相配合来完成任务"②。一方面，协作具有相对封闭性，其范围、内容、程序及规则都是明确的；另一方面，协作具有排除性，协作者的快

---

① 《新华汉语词典》编委会. 新华汉语词典［M］. 北京：商务印书馆，2004：396.
② 中国社会科学院语言研究所词典编辑室. 现代汉语词典［M］. 第7版. 北京：商务印书馆，2016：1449.

作共事能力、契约精神和诚信记录都需要被考虑。"协同"一词来自古希腊语，含有协和、同步、和谐、协调、协作、合作之意。"协同理论"最早由德国物理学家赫尔肯提出，他指出，任何物质都属于一个系统，每个系统又都可以被分解成多个子系统，协同就是各个子系统相互协作，重构原来系统所不存在的新的特质。协同只在系统条件下存在，必须具备系统内主体的多元、流程的无序与非平衡、系统内外能量的流动等条件。协同的实现有助于整个系统的优化升级，能结构性地放大系统的效益，创造出各个子系统或者子系统简单相加所不具备的功能。协同的关键变量是系统的网络、协作与整合，其影响因素应包含网络关系结构中的利益状况、协作机制中的互动、整合功能下的制度。由此可见，协作同合作的工具理性形态，协同兼具合作的工具理性和人文精神。由合作到协作再到协同的过程，基本可以被认为是一个从 1.0 版到 2.0 版再到 3.0 版的升级过程。

协同建构是指为完成特定的学习任务，教师引导学生在自愿自主原则下，建立小组，进行主动学习，形成社区知识的一种集体学习方式。例如，在小学英语教学中，学生寻找志同道合的伙伴进行学习，构建出小组的单词、句型、语法知识，用思维导图表示文章结构框架，用自己的话表述人物形象和故事的脉络，编写文本的后续故事，演绎文本故事，等等。学习不再是学生的个体行为，而是每位学生贡献自己的观点，在交互式的探究和讨论过程中共同理解文本，习得某种程度的知识体系。建构意味着学生不仅是主动的，而且是以自己原有知识经验为基础，通过自我协商、相互协商、文本交互等一系列活动来解决问题或完成项目的。在协同建构中，个人的学习只是副产品，在这个过程中培养交流能力、协作能力、创新能力、思维品质显得更为重要。

2. 协同建构的效能

（1）深度互动

在英语学习的基础阶段，多数教师认为，小学生的词汇量小、语法知识欠缺，无法开展自主学习。于是，教师在课堂上以自己为中心一讲到底，这既忽视了学生的"最近发展区"，也导致很多学生对知识的掌握只停留在识记和理解层面，忽视了知识的应用和迁移。在这种教学方式下，学生与学习内容只是简单交互。协同建构为小学英语教学提供了一种新的方法。它是一种建立在自愿自主基础上的建构活动，因而能够形成小组内伙伴的深度合作与互动。

深度互动指的是互动的全维机制,尤其强调内容之间的互动。① 它能够提供充分促进学习者学习的方法,从而助力学生积极投入建构活动。互动在教育中得到积极的评价。

(2) 共建共享

共建共享,即学习过程的集体建构和学习结果的共同享有,这是协同建构的又一个作用。共建共享的诉求与人们对学习的理解相关,是从行为主义发展到建构主义后出现的学习观。行为主义教学观强调的是以教师为中心的授受型教学,学生处于被动学习之中。建构主义教学观尊重教学传播系统中的学生主体地位,实现社会化互动。共建共享既可以是信息的共建共享,也可以是记忆的汇集共享。信息的共建能够有效地改善教学。布鲁纳的认知交互理论认为,多数背景下的学习都是一种文化分享过程,我们碰到的社会现实不是我们的绊脚石,不会把我们碰得鼻青脸肿,它们具有一定意义,我们只要分享人类的认知,就能获得这些意义。② 记忆的共享也能够有效地促进学习。利用群体认知和群体记忆,将充分发挥群体在学习和知识建构中的作用和优势,实现集体智慧。

3. 协同建构的要求

(1) 同趣异质

同趣异质,即学生根据自己的兴趣和不同的知识结构,在教师的指导下组建学习共同体的一种做法,是协同学习区别于一般合作学习的特征。同趣异质的初衷在于改善学习团体的形式性、平庸性、粗犷性的现状,形成同趣化、异质化、集约化的态势。同趣化,即志趣相投;异质化,即智能互补;集约化,即高质量合作。在教学实践中,我们发现,一方面,具有同种性质的学生更愿意组合在一起,智能结构有时会出现同质,致使小组成员难以形成互补关系,不利于问题的解决;另一方面,教师的指定或学生根据座位关系的随意组合会导致智能互补但没有志同道合的情况出现。因此,协同建构既需要考虑学生的自愿选择,又要考虑教师的调控指导。

---

① 王佑镁. 协同学习系统的建构与应用 [M]. 北京:中国社会科学出版社,2013:168.
② 布鲁纳. 布鲁纳教育论著选 [M]. 邵瑞珍,张渭城,等译. 北京:人民教育出版社,1989.

学生自愿选择是指在教师的指导下，学生根据自身兴趣爱好和学习任务，自由选择学习小组成员的过程。学生的自愿选择是为了解决所建学习小组的形聚而神散的问题，追求一个"同"字，它有利于改进传统的教师示范讲解、学生模仿练习的单一被动状况，充分发挥学生的主动性和积极性，促进学生自学和自练能力的提升，增强其责任感和使命感，提升教学效果。自愿选择一般需要两个步骤：首先，教师根据班级的人数和任务规定小组的人数，一般为3—4人，由学生自荐或民主选举产生组长领取相应任务。其次，由小组长公开招募小组成员，形成初步人选。自愿选择能够满足学生不同的学习和心理需要，有利于调动学生学习的积极性和主动性，激发学生"为自己的选择而做"的责任感和"为大家的共同选择而为"的集体荣誉感。当然，自愿选择也可能会产生思维同质化问题，需要教师进行宏观的指导和调控。

协同建构中的教师指导相当于市场经济中的政府调控，是教师为了帮助学生更好地完成学习任务而对自由组合的小组成员进行异质化调控的行为和过程，其初衷在于避免小组成员的同质化问题，追求一个"协"字。小组工作戏剧性地改变了教师的角色，当小组在进行合作活动时，在一定范围内获得了"自治权"，而教师需要不停地监督和检查学生的学习情况，以帮助学生逐渐达成"自治"。协同建构需要教师高屋建瓴的指导以建立具有高效能的学习组织。教育优质与否的决定性因素少不了教师，小组协同建构也一样，没有教师的指导则容易偏离方向或流于形式。教师的调控指导是指教师对协同建构的组织的一种调节和控制，对于建立职权关系、合理配置资源、提高运行效率具有非常重要的作用。在学习组织建立伊始，调控主要是一种事前控制，主要包括学习组织的建设与分工、共同目标的设置、时间进程的调控等。

（2）集体思维

集体思维是小组、团队、组织、社区以至于整个社会进行学习，大家集思广益地去解决问题，计划未来，理解和适应内部环境和外部世界的能力。[①] 协同建构强调学习者个体与学习者群体间的双向互动，而思维互动是双向互动的内在本质，是形成集体思维、构成信息加工和认知的主要途

---

① 王佑镁. 协同学习系统的建构与应用［M］. 北京：中国社会科学出版社，2013：183.

径。集体思维是集体决策的决定性环节，是协同建构的关键，能够促进学习和知识的建构。促成集体思维的路径具有多样性，比较常见的路径包括群体性共享、结构化引导等。

群体性共享是分布式个体智能的有效组合，是个体思维的凝聚和联结。群体性共享的哲学依据是部分与整体的辩证关系。这一哲学原理认为，整体由部分构成，部分的功能及其变化会影响整体的功能，整体统率部分，具有部分所不具备的功能。一般情况下，整体功能大于部分功能之和。一方面，群体性共享肯定个体思维的独立性和功能性，要求在志同道合的层面上充分发挥个体的积极建设作用；另一方面，群体性共享肯定个体思维在认识事物中的交互性，追求系统要素的优化整合以形成有序的结构，实现"整体功能大于局部功能之和"。

结构化引导是指教师站在整体高度，遵循启发性原则，引导学生对问题进行结构化思考，以完善自己和集体的认知结构，全面理解和分析问题。梅里尔指出，采用结构化思维引导教学，形成结构化的内容将有助于学习。在教学中，教师要有意识地从系统的高度引导学生分析问题，即结构化分析。结构化分析就是把系统看成是一个过程的集合体进行自顶而下的逐层分解，通常可以把一个大问题分解成若干个小问题，由简至繁、由低至高。比如，在小学英语教学中，我们可以引导学生从"是什么""为什么""怎么样"三个层面对某一问题或主题进行结构化分析。

（3）多场协调

多场协调就是教师对学习者个体和群体的多维潜能和多种状态进行协调，从认知、情感、意动等方面激发学生的参与状态，并加以价值引导。多场协调是整体观原则对教学的要求，协同建构过程中的多场协调旨在实现群体认知、情感和意动的优化整合。整体观教育源于对行为主义盛行的反思，其哲学与心理学基础是人本主义和人本教育。有意义的学习必须包含概念及其情感的全人学习，而全人的教育或者说作为整体的人的教育是实现认知、情感、意动等三个场域的协同。

第一，认知协调。认知是知识的习得和表征，是关于客观世界和事实的代表性联系。认知协调是指教师根据过去对班级成员的认知情况的了解，对小组成员、合作过程、合作结果进行调节，以获得群体成员观点和态度的方向性一致。认知协调的理论来源包括海德的平衡理论、纽科姆的对称理论、奥斯古德的调和理论及费斯廷格的认知失调理论。海德认为，如果我们喜欢我们所拥有的和拥有我们所喜欢的，那么这样的情境便是平衡的。① 纽科姆的对称理论预测，A 越是被 B（一个人或一个群体）吸引，则 A 越有可能向 B 所持的立场转变。奥斯古德的调和理论是海德的平衡理论的一个特例，他认为，能预测态度改变的方向和程度、变化的方向，总是与主导参考结构进行更多的调和。费斯廷格认为，态度、知觉、知识、行为这四项认知元素中的任何两项间会存在无关、失调和协调三种关系。失调产生心理上的不适感，有了失调后，除了努力减少它之外，人们会主动避免可能增加失调的情境和信息。失调可以来自逻辑的不一致、文化习俗、过去的经验，或者是由于一个特定的观点被包含在一个更普遍的观点中等。

第二，情感协调。情感过程基于客体对事实的接受或者拒绝，是对世界的一种评价关系。情感协调是指为了达到共同的目的而努力创造的一种保持一致的情感双向或多向交流意向。情感协调是协同建构中成员间心理协调的基础，是教师和学生之间、学生和学生之间学习与交流的桥梁、润滑剂。此处的情感协调不仅是指对教师、对个人的情感进行调节，更主要的是指对群体的情感进行整体性调节。皮格马利翁效应是成功进行情感调节的典型例子，教师的关心和肯定一定会带来良好的循环效应。爱因斯坦也说过，如果把学生的热情激发起来，那么学校所规定的功课就会被学生当作一件礼物领受。

第三，意动协调。意动过程，即动机的活动过程，是机体目标的状态，与外界具有一种行动上的联系。意动过程包括感知、关注、投入、参与和超越。动机分为内部动机和外部动机，内部动机比外部动机更持久和稳定。最近的研究表明，人的内部动机和外部动机可以并存，两者相互联系并在一定条件下发生转化，共同对任务产生作用。而这主要取决于外部动机的内化或自主程度。动机协调就是要让个体的内部动机与小组的共同动机协调一致。一旦内部动机成为学生学习的主要动力，学生就可以在没有任何外力的情况下自觉投入到学习活动中去，并持续学习下去，形成良性循环。但对于一个孩子来说，长时间没有任何外部支持，容易出现内部动机衰减。教师需要将外部动机作为辅助手段，维持和巩固内部动机。在协同建构中，

---

① 利昂·费斯汀格. 认知失调理论［M］. 郑全全，译. 杭州：浙江教育出版社，1999.

教师的作用之一就是帮助小组形成以内部动机为主、以外部动机为辅的良好动机状态。在这种状态下，内部动机与外部动机协调一致，共同作用，形成持久而稳定的建构活动。

协同建构作为小学英语教学一种新的方法，是一种建立在自愿自主基础上的建构活动，能够形成小组内伙伴的深度合作与互动。因此，在课堂开展协同学习，可以充分利用群体认知和群体记忆的优势，充分发挥群体在学习和知识建构中的作用和优势，实现集体智慧。此外，学生的认知、情感、意动在协同过程中会得到激发，此时教师如果进行成长型思维的价值引导，将会促进学生向更深层次发展。

三、项目优先

协同学习不仅要重过程，而且要重结果；不仅要有育人内涵，而且要有育人成果，要让学习被看得见。由此推论，具有成果形式的项目学习是协同学习中最为重要的学习方式，需要把它放在教学设计和实施的优先级上来考虑。项目学习是建立在建构主义、情境认知、元认知、分布式认知等理论基础上的一种深度学习方式。项目学习是问题驱动的内源性学习，是基于项目的整合性学习，强调学生的整体建构和综合理解，把学科知识与实际生活中的问题有效统整起来，建构完整的知识体系及知识背后意义的过程。项目学习是鼓励学生实践参与的实践性学习，必定需要在真实的情境中去解决问题，是置于情境中的"行知交互"。项目的完成离不开小组合作，需要突破个体取向的知识观，代之以社会取向的知识观，代之以基于学习共同体的多向交互和协作建构。

（一）项目优先的内涵

项目优先是指把项目式学习作为优先考虑和实施的学习方法。"项目"一词的英文为 project。美国项目管理协会认为，项目就是创造独特的产品或临时性的服务。北京师范大学教育技术学院副院长董艳教授认为："项目是指生产一件具体的、具有实际应用价值的产品或完成一件可展示的作品，包括方案、图纸。"[1] 在小学英语教学中，项目就是等着学生去解决的一个

---

[1] 王晓波，陈丽竹. 重识"项目式学习"：访北京师范大学教育技术学院副院长董艳教授[J]. 中小学信息技术教育，2017（6）：28-30.

现实生活中的问题，并且解决问题的最终方式是以作品的形式呈现出来，包括仿写、创写、演讲、朗诵、辩论、方案、图纸等。

项目优先具有五个方面的特征：一是实践参与优先。项目式学习的基本理念是在实践参与中去学习，将学生所学与生活所用结合起来，让学生亲历一个现实的问题，尝试去解决问题，让学生"在做中学"，懂得"任何真正的人生总是遇见"。二是整合优先。项目式学习正是依托一个项目把学科知识与实际生活中的问题有机整合在一起，以培育学生的学科核心素养。三是内在动机优先。项目式学习正是在一个实际的问题驱动中去学习，因此，能够很好地满足学生的内在需要，能够极大地激发学生学习的积极性、主动性和创造性。四是合作探究优先。项目式学习是在学生自己独立思考的基础上进行合作探究。一个项目的完成，除了自主思考外，还离不开小组成员的合作探究，它能够让学生在合作探究中进行更为深入的思考。五是作品导向优先。项目式学习解决实际问题时，最后一定是有作品呈现出来的。

（二）项目优先的效能

首先，项目优先有利于帮助学生转变学习方式。项目式学习对于学习方式转型的作用主要表现在：从被动学习到主动学习、从知识获得到实践参与、从表层知识到学科本质。项目式学习具有强烈的内源性，能够克服机械学习、被动学习的缺点，极大地提高学生学习的主动性，让学习发自学生的内心。此外，项目式学习还能培养学生搜集与处理信息的能力、获取新知识的能力、分析与解决问题的能力及交流与合作的能力。① 项目式学习倡导从学生的现实生活需要出发，引导学生在真实的情境中感受、理解、体验，综合运用各种知识去解决实际问题，提高学生参与社会的实践能力。从学习结果看，项目式学习更强调让学生学到学科本质，引导学生深度建构学科知识。

其次，项目优先有利于帮助学生提升学习质量。项目式学习具有从学用分离到学用合一、从零散理解到综合理解、从脱离情境到情境认知、从被动机械到自主建构的转变功能。项目式学习强调学用合一，强调让学生在学中用、在用中学，使学生运用知识解决实际问题。项目式学习能够改

---

① 李松林，巴登尼玛. 新课程教学设计原理与方法［M］. 北京：人民教育出版社，2014：2.

变以往学生理解知识的碎片化现象，促进学生对知识的统整性理解和综合性应用。项目式学习注重情境认知，它依托一件具体的事情，依托一个与社会生活密切相关的问题，让学生在实践参与中学习。项目式学习强调学生的自主建构，强调让学生自己去发现、解决和创造，会极大地调动学生学习的主动性。

最后，项目式学习能够培育学生的核心素养。核心素养正在成为基础教育课堂改革向纵深推进的顶层理念和指导方向。理论和实践研究表明，项目式学习对促进学生深度学习，培养学生的核心素养和21世纪技能具有重要作用。李松林教授认为，促进学生深度学习的问题解决学习又有两种操作方式：一是课题式学习，二是项目式学习。① 项目式学习以学会建构为目标，着力培育学生的综合理解能力和实践创新能力，这便是对学科核心素养培育的一种生动践行。

（三）项目优先的要求

1. 项目式学习的模式

在课堂教学中，项目优先呈现以下两种模式。

（1）知识先行模式

知识先行模式（图2-1）是让学生先学知识，再应用知识，后迁移知识形成作品的一种项目式学习模式。知识先行模式适用于单篇阅读教学中的一个课时。首先教师引导学生围绕本节课目标先学习知识，然后设计一个小项目，以这个小项目整合学科知识与实际生活中的问题，通过问题驱动，让学生分析、思考、解决问题。其教学程序为：学习知识—设计项目—应用迁移。

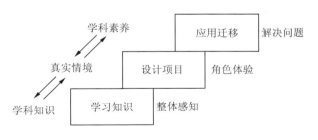

图2-1　知识先行模式

---

① 李松林. 基于深度学习的课堂变革［J］. 四川教育，2018（1）：21-22.

环节一：学习知识。这一环节主要是在教师的引导下，学生整体感知教材上的知识，为生活化的应用做准备。

环节二：设计项目。打通生活与知识之间的联系，将知识应用于真实的情境中，让学生在情境中进行角色体验。

环节三：应用迁移。项目是通过问题驱动的方式实施并通过作品方式来呈现的，在这一过程中学生将知识应用迁移到实际问题的解决中。

（2）案例再构模式

案例再构模式（图2-2）就是教师呈现典型的案例，从案例中总结方法、规律，应用到真实情境中去形成或创造作品，解决问题。案例再构模式较适用于单元阅读教学中，其操作顺序为：呈现案例—分析案例—设计案例。

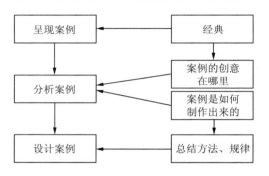

图 2-2　案例再构模式

环节一：呈现案例。教师首先呈现经典的有代表性的案例，为学生分析案例、设计案例奠定基础。

环节二：分析案例。教师引导学生从两个方面进行分析：案例的创意和案例的制作。

环节三：设计案例。教师引导学生利用案例分析中获得的规律、方法进行案例的再构或创作。

2. 项目学习的策略

（1）情境认知策略

在小学英语教学中引进项目式学习就是为英语教学提供真实情境，将知识的意义镶嵌于特定情境和特定情境中的实践之中，以激发学生的内在动力，打通英语学习与实际生活的联系，使得学生在阅读过程中联系实际生活，学会应用迁移，提升学习能力，培养学科素养。

（2）角色体验策略

小学英语教学中的项目式学习注重教学的体验环节，强调学生对学校生活和社会生活的参与，让学生体验其他角色的意识与品质，强调学生的身份建构。

（3）实践创新策略

实践创新策略就是让学生在实践参与中进行创新。创生性是项目式学习的一大特征，实践性和综合性是英语学习的特点。在小学英语教学中引进项目式学习，最终的结果是一定有作品和方案的呈现。在小学英语教学中创新生成的作品一般以创编、方案、演讲、演绎等形式出现。

三、案例分析

指向成长、协同建构和项目优先原则在小学英语协同学习中具有纲领性引导作用。比如，在译林版英语五年级上册"Unit 4 Hobbies"教学过程中，整堂课的设计理念为"思维品质与语用能力共生"，教师将教学过程分为四个环节：Free talk、Sound time、Song time、Cartoon time。在 Free talk、Sound time、Song time、Cartoon time 四个环节中共同贯彻了指向成长、协同建构原则，在 Song time、Cartoon time 环节采用了项目学习原则。

1. 语用性接力游戏，让儿童的思维敏捷性和语用能力共生

语用性接力游戏是一种以接力方式进行语用学习的游戏活动，具有语用、接力和游戏的三重功效。首先，它是一个语用活动的过程，通过师生、生生之间的语言问答，提升儿童的语用能力，完成语言学习的教学目标；其次，它是一种多人参与的接力活动，通过语言的即时传递和应答，培养儿童思维的准确性和敏捷性；最后，它是一个儿童游戏节目，利用游戏性动机效应使外部的教学要求转变为儿童内在的学习动机，在愉快的学习氛围中实现学习的主体化转变，提高学习的效率。因此，语用性接力游戏不仅能够激发学习兴趣，完成学科教学的任务，而且能够培养合作的能力、健全的人格，实现自我价值。

皮亚杰的认知游戏理论认为，儿童的认知水平决定了儿童的游戏阶段。小学生的认知水平决定了他们普遍处于认知发展的"具体运算阶段"。与此相对应，小学阶段的游戏适合采用规则性游戏，即一种外显的规则和内隐的角色相统一的游戏。游戏中，教师要明确活动方法，做好活动准备，预

设活动过程，以顺利达成活动目标。比如，在"Unit 4 Hobbies"教学中，教师可在 Free talk 环节采用语用性接力游戏的教学方法，让儿童思维的敏捷性和语用能力共生。该活动的知识载体是本单元重点句型"—What do you like doing? —I like…""—What does he/she like doing? —He/She likes…"。

该环节的教学过程如下。

  游戏方式：

  抛玩具娃娃（学生十分喜欢的 Yo Yo）

  游戏过程：

  T：What do you like doing?（教师把娃娃丢给学生1）

  S1：I like eating nice food.（该学生接过娃娃并回答）

  T：What does she(S1)like doing?

  Ss：She likes eating nice food.

  S1：What do you like doing?（学生1把娃娃丢给学生2）

  S2：I like playing football.（该学生接过娃娃并回答）

  S1：What does he(S2)like doing?

  Ss：He likes playing football.

在这个过程中，学生的注意力是高度集中的，因为他既要关注娃娃是否被抛给他，又要不断地跟随流程辨别时态以便能够准确回答问题。所以，在这个兼具导入、复习和热身功能的游戏中，学生既是紧张的，又是快乐的。游戏活动既有效巩固了本单元上一课时的重点句型，又发展了学生的思辨能力，锻炼了学生的思维敏捷性。

2. 语用性说唱活动，让儿童的思维逻辑性和语用能力共生

语用性说唱活动在小学英语中又称作 chant。《义务教育英语课程标准（2011年版）》要求小学生掌握韵律歌谣，作为韵律歌谣的一种形式，chant 具有音乐节奏感强、语言生动、结构简单、内容重复率高等特点，能够在高频复现中巩固学习内容，使学生体会知识间的内在逻辑。首先，在节奏和韵律中把握语音、语调，获得语感；其次，在明快的节奏和旋律中调节情绪，获得快感；最后，在语用的嵌入、拓展和创编中理解语言的句式和结构，培养思维的逻辑性。

根据说唱内容的复杂程度及教材内容的关系不同，chant 可分为嵌入

性、拓展性和创编性三种类型。嵌入性 chant 一般适用于低年级学生，教材知识通过说唱方式呈现，让学生借助节奏、韵律，重复掌握相应内容；拓展性 chant 一般适用于中高年级学生，通过教材内容在本框以外的知识或经验中的延伸，以说唱方式拓宽学生的语用范围，使学生举一反三地掌握相应内容；创编性 chant 一般适用于高年级学生，是将语言或语用技能迁移到新的情境中，以提升语用能力，培养创造性思维。

根据学生的年龄特征，教师可采用不同难度的 chant 游戏。由于学习"Unit 4 Hobbies"的是小学五年级学生，因此，教师在本课的 Sound time 板块采用拓展式的语用说唱游戏，承接 Free talk 环节，设计了如下的教学过程。

教师问：这个娃娃是谁（是学生很熟悉的 Yo Yo）？她喜欢做什么？

学生答：Yo Yo 喜欢穿漂亮的衣服。

教师问：What colour does she like wearing?

在学生发挥想象进行一番猜测过后，教师引导学生提问屏幕中的 Yo Yo。

Ss：Do you like wearing yellow?

屏幕中 Yo Yo 回答：Yes!

此时出现 chant：Do you like wearing yellow? Yellow? Yellow? Yes!

学生随着节奏欢快的音乐自然而然打起节拍说唱这一段 chant 内容。

教师问：What does she have?

学生根据各自已有经验进行回答：She has…

教师引导学生看屏幕，看 Yo Yo 到底有哪些黄颜色的服饰，屏幕中传出 Yo Yo 的声音：I have yellow shoes, a yellow hat and a yellow dress!

此刻出现 Sound time 板块的第二段 chant 内容：I have yellow shoes, a yellow hat and a yellow dress!

学生跟着节奏拍着手说唱该段内容。

两段内容完整呈现，将 chant 内容整合，学生进行完整说唱。

由于教材所附的 chant 只覆盖了部分单词和句型，因而教师在原 chant 的基础上进行了拓展创编，形成了不刻意、不突兀、节奏感强、学生能充分展示肢体语言的说唱节目。说唱操练的反复性有利于熟练掌握单词和句型，而其前后的关联性（包括因果性或递进性）则有利于培养学生的逻辑思维。

3. 语用性项目学习，让儿童的思维创造性和语用能力共生

"项目学习是指教师指导学生围绕一个项目进行自主学习、合作、探究的教学模式。"[①] 项目式学习强调"做中学"，是学生在理解知识基础上的知识和技能的输出与建构，具有实践性、探究性和创新性的特征。项目式学习通常在一个学习小组中进行，学生的学习是通过自己的思考和推理来实现的。相对于通过一个既定的方法来解决问题，项目式学习更强调学生在试图解决问题过程中发展出来的技巧、能力和思维品质。因此，它有利于激发学生主动地"做"，在"做"的过程中培养学生的自主探究能力和创造性思维品质。正因为如此，项目式学习成为当前国内外普遍认可的一种提升能力、培育素养的教学方法。将项目式学习引入小学英语教学的语用活动之中，有利于打破传统课堂教学观念，帮助学生在完成语用项目中激发语用兴趣，提升语用能力，培养思维的创造性。

语用性项目学习的类型多样，但都强调"做中学"。一般需要四个基本步骤：明确目标—设计方案—实施项目—形成作品。首先，要明晰目标和确定项目，这是顺利完成项目式学习的前提；其次，要布置任务和制定方案，这是完成项目式学习的起点；再次，要动员组队和实施项目，这是完成项目式学习的关键；最后，要在场评价和总结成果，这是让项目式学习可见和可持续的保障。

在"Unit 4 Hobbies"教学的 Song time 环节，为承接 Sound time 环节，教师继续以 Yo Yo 为主题开展项目式学习，教学过程如下。

[教学过渡]

教师问：Yo Yo 除了喜欢穿漂亮衣服外，还喜欢干什么？

同时屏幕上给出一些相关信息。

学生答：Yo Yo 还喜欢唱歌。

---

① 石慧. 小学英语课堂项目式教学初探［J］. 英语广场，2020（2）：124.

此时，屏幕播放 Song time 环节歌曲 *We all like climbing*。

　　教师问：What do they all like doing?

　　学生答：They all like climbing, dancing and swimming.

　　[项目学习]

　　教师将学生分组跟唱三段歌曲，引导学生组成 3 人小组协同创编歌曲。

　　屏幕上出示一些表示运动和爱好的短语图片，学生小组创编歌曲。

　　教师邀请部分小组上台以歌唱的方式展示小组协同创编的成果。

　　创编结束，教室传出 Yo Yo 与学生的互动声音，对学生创编的歌曲做出简单的发展性评价。

在这一过程中，歌曲创编项目融创、编、评于一体，学生能够在"创"中锻炼思维的创新品质，在"编"中提升英语的语用能力，在"评"中获取持续发展的力量。由此可见，语用性项目学习是一种能够发展语用能力和高阶思维能力，培养深度学习习惯和创新思维品质的教学策略。

4. 语用性主题叙事，让儿童的思维系统性和语用能力共生

主题叙事是指围绕一个预设或生成的主题叙述事情的一种表达方式，可以是书面形式，也可以是口头形式，具有主题性和语用性的特征。主题性的特征要求表达者具有系统性思维，聚焦一个主题，进行系统化思考；语用性的特征要求表达者具备语言应用的能力，进行规范化表达。因此，主题叙事兼有培养学生的思维系统性和语用能力的功能。

在教学过程中，主题叙事有不同的内容和形式。从叙事内容的广度来说，包括语篇内容的再现式叙事和拓展式叙事。再现式叙事较为简单，适用于对语篇内容的概括性复述；拓展式叙事较为高级，一般要求应用语篇中所学的语用技术于新的情境之中并进行叙事，培养学生的建构或迁移能力。从叙事内容的难度来看，包括微小型的主题叙事和中大型的主题叙事。微小型的主题叙事适合中低年级的学生，中大型的主题叙事适合高年级学生。不同年龄段的孩子具有不同的智力水平，因而不同学段的教学、不同学情的班级需要采用不同级别的主题叙事方法，从而营造相应的"最近发展区"。就小学中低年级（3 年级及以下）的孩子来说，在内容和方法上适

宜采用微型的主题叙事或完整的主题叙事方法。

"Unit 4 Hobbies"是小学五年级的教学内容，适宜采用的主题叙事方式较为灵活多样，可以是再现式也可以是拓展式，可以是微型叙事也可以是中大型叙事。在Cartoon time板块，教师可设计Do a report环节。比如，可以出示Yo Yo的一些爱好、喜欢穿的衣服、喜欢唱的歌、喜欢看的动画片，通过屏幕上Yo Yo的询问引导学生进行小组内的关于Our hobbies的相互调查、采访和交流，完成主题叙事的任务单，并在班内进行主题叙事。主题叙事任务单如图2-3所示。

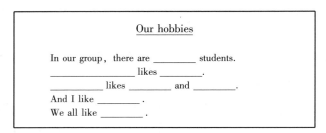

图2-3 主题叙事任务单

主题叙事不仅是一个项目学习的方式，而且是一个项目学习后的汇报过程。Our hobbies主题叙事过程是学生完成一个微项目的过程，是所学语言知识的应用过程，也是组内相关情况的简明汇报过程，是思维系统性和语用能力相互融合共生的过程。

共生现象是自然界的一种良好生态，也是教育领域值得普遍培育的一种良好生态。在小学英语教学中，思维品质和语用能力的共生是儿童智力发展的需要，也是《义务教育英语课程标准（2011年版）》的要求，是语言学科教学的双赢之策。接力游戏、说唱活动、项目学习和主题叙事是小学英语教学中促成思维品质和语用能力共生的四种常态的、有效的协同学习策略。

第三章

指向成长型思维的英语协同学习的应用

第一节 应用领域

指向成长型思维的英语协同学习可用于课堂教学、校本课程和综合实践活动。在课堂教学中，通过学生和教师、教师和小组、小组和小组、资源环境和小组之间的融合共生与协同共进来进行协同学习；在校本活动中，通过单元拓展、乐创学习、线上互动等项目学习和融合学习方式进行协同学习；在英语学科综合实践活动中，通过英语小记者、英语广播站、跨文化研究等真实的情境化活动进行协同学习。

一、课堂教学

（一）课堂教学中的"协同学习"概念

作为一门新兴的学习理论体系，课堂协同学习是通过学生和教师、教师和小组、小组和小组、资源环境和小组之间的不同配合来进行的教学。在相互配合的教学状态下，教师与学生的立场出现了转换，教学的概念也发生了改变，从"以教师为中心"变成了"以学生为中心"。

佐藤学的教育观点认为，现有的课堂教学不应该只满足于当前课本的理解，教师应该设计具有挑战性的课题让教学的内容更具探究性，这个时候学生对于学习的真正思考才会产生，学习的思维才能够得以碰撞，如同交响乐一般百花齐放，而不是看似"热闹"的争先发言实则是一团乱哄哄，学习的效果自然而然地得到提高。在协同学习环境的氛围中，学生以倾听他人的观点为台阶，帮助自己达到对于问题的深入理解。换而言之，协同学习注重的是同伴间的相互倾听，包括学生与教师之间的相互交流，这是一种互惠式的学习，学生能够借由他人的思考来提升自己的学习高度。而教师的课堂教学行为的重点应该是以学生为中心，教师自身也应该以学习者的角色进入课堂教学中来，与学生一同构建互相协助、互相倾听的学习环境，提高学生主动思考问题的能力，最大化地提高学生的学习水平。

协同学习方式是对目前学习状况的一个重大改进：在价值、感情、行动、知识及信息之间创建起有效的、共同进步的关系；在交流互动方面，采用的是让学生和内容之间拥有更深层次的交互；在通信构架方面，采用的是信息集中的方式；在信息加工方面，采用的是让学生通过相互认同与配合完成思维建构的过程。我们把协同学习的基础概括出来，即为多场协调、合作建构、集体思维、信息汇聚及深度互动。

（二）课堂教学中的协同学习特征

对于教师而言，对"协同学习"理念的理解很容易与"合作""协作"等同，以致在课堂实施环节存在各种偏差与误解，这是对协同学习认识的错误体现。诚然，协同有合作之意，但也只是其中的一部分特性。对于协同学习而言，它主要包括了合作性、互惠性、探究性、平等性等几方面的特性，它需要我们对其特性有系统性的认识和理解，这样才更有利于协同学习课堂教学。

1. 合作性

协同学习的第一要义就是建立学生之间的相互合作学习的关系。对于如何建立真正意义上的合作关系，佐藤学认为，"合作学习"是凭借相互学习的联系建立的，而且相互学习是"若无其事的优势"的联系。但是，大部分教师对互教和互学的关系重视不够，在合作学习中太过看重互教。就学生作业情况而言，大部分教师都主张让学习成绩好的学生去教学习不好或者是一般的学生。而在这种课堂上，是不适用"协作学习"的。一定要让教师的教学模式发生改变，变成"成绩不理想的学生可以适当去咨询周边的同学，不要总是一个人学习"。在协同学习中是不需要领导者的，它需要的是每一个人的多样学习的相互碰撞。在教导小组协作学习的时候，教师不能只重视小组间那些相同的思考方式或者是意见。协作学习注重的是学生间不同的看法和意见，学习不是一个人能完成的事情。学习是要在有差别的情况下才会出现的。佐藤学所强调的合作性的学习恰恰以小组成员之间的差异，也可以说是异质性为前提条件的。这就区别了以往传统的小组合作学习中以"小老师"为主体，追求小组内对问题统一的见解，每个人都有各自明确的角色与分工，地位有高低之分，重视学习的共同性和对问题达成的共识。而在协同学习中，合作学习被赋予了新的意义，学生能够真正地在小组合作中对问题表达自己的看法，不再为了小组意见的统一而妥协，思维的火花得以碰撞。小组合作中的讨论环节不再是千篇一律的某一位学生的"个人演讲",而是"百花齐放"般的热闹讨论场景。学习的效果得以真正的产生,也削弱了小组成员间相互竞争的关系,转变成相互学、相互问的合作共赢的关系。

2. 互惠性

协同学习是一种"互惠学习"。在很多同伴一起解答一个难题的时候,对于个人而言,可以学习其他伙伴在解答问题时的方式方法。因为看法与思考模式不一致,所以可以在一定程度上确定其解答问题的正确性。对于个人来讲,这也是一个可以审视自己思考方式是否正确的机会。这样,协同学习中会因为参与学生的差异性而产生多种不同的知识,进而提高时效。前面提到的互学关系表示的是在学习的氛围中,学生在一起解决相同难题时相互尊敬,在小组中确定自己的任务,一起克服难题。在实现目标的过程中,小组团体的进步与个人的进步,都是需要被重视的。而且,互惠的合作关系一旦确定,学生就会认为,想要实现小组的胜利,小组内部的每一个成员都要贡献出自己的力量,而不应该不作为。当团体学习中的某位成员对小组做出一定贡献时,其他成员也应给予一定的付出。每个成员都是不同的独立个体,对于同一问题,每个人都有属于自己的答案。大家可以分享自己的看法,听取别人的建议并且要尊重别人的不同看法,不可以在小组讨论中"滥竽充数",如果自己总是单方面索取别人的成果,这将会导致协同关系的破裂。对于协同关系而言,必须是以双方共同的努力为基础建立的,这也在一定层面上指出了"互惠性"是协同学习的最为重要的基础特性,它是协同的前提条件。试想一下,谁都不想与一个只索取不懂回报的人一起学习,在学习中是这样,在日常生活中亦是如此。

3. 探究性

在协同学习的课堂上,我们经常会听到有关"挑战性课题"的声音,即教师在设计与课本同等难度的课堂讨论问题的同时,也要设立高于课本难度的课堂讨论问题。这类问题都具有一定的难度,对学生而言,是要进行更为深入的思考才能探求其中的规律进而得出问题的答案的,这时学生就需要进行探究性学习。何为探究性学习?简而言之,探究性学习类似于科学研究者通过对研究对象的具体特征的各种猜测和规律的总结,进而发现研究对象的一般规律性的研究方法。但又不同于科学探究的是,学生需要在课堂上较短的时间内对教师提出的问题进行分析和归纳总结,这就需要小组内其他伙伴的共同合作，同时教师也要在学生进行探究性学习的过程中起到"引导者"的作用，这样学生探究的效率就得到了提高。探究学习的目的是让学生自己能够掌握问题研究的方法，这样在以后学习过程中遇到疑难问题就可以运用探究的方法对问题进行有效的解决。协同学习提升了学生的课堂探究能力，而传统课堂中教师对于学生探究学习的能力培养是较为缺失的，这是因为探究性的问题常常具有一定的难度，课堂留给学生进行问题探究的时间往往又很有限，教师又不懂得如何指导学生进行问题探究。因此，教师往往在临近下课前就对探究性问题的答案进行讲解，学生这个时候可能才刚刚对要探究的问题进行思考或者才思考到一半，学生的思维跟不上教师的讲解思维。教师讲解完后，把问题的探究性环节留到了课后，而这往往到最后都流于形式。所以，协同学习充分调动了学生进行探究性学习的积极性，也让教师参与其中，实践得到了保障，探究的效率自然就能提高，学生的学习效果得到提升，教师的教学效率也得到了提高。

4. 平等性

协同学习理论来源的阐述中已经提到了杜威的民主主义的教育思想。一提到"民主"，我们就很容易联想到"平等"。在协同学习的课堂上，平等性主要体现在生生关系和师生关系这两个方面。在小组讨论中，成员间是不设立"小老师"的。在传统的小组讨论中，一般都会有"小老师"指导大家一起学习，而在协同学习中，这种情况从讨论开始就被教师杜绝了，无论是学习能力较强的优等生还是学习能力较弱的后进生，都有机会发表自己的见解和看法，这是一种学生之间平等、民主的体现，有利于促进学生之间的交流和信任，也有利于讨论的展开和学习的深入。

协同学习课堂中，平等性的体现最为明显的是师生间的关系。在课标的要求下，教师通过"以人为本"的人本教育思想来促进新型师生关系的形成，这也就促进师生间的平等关系的形成。"尊师重道"是中华民族的优秀传统，而部分教师过于注重自身权威的体现，使得师生间平等交流的机会变得很少。教师太过于看重"教"，而忽视了"学"，即忽视了学生在学习上的主体地位。在协同学习的教学中，教师不再是教学专家而是学习专家，教师与学生一起探讨对学习的认知，重视学生的学习权利，包容每个学生的差异性，接受每个学生不同的特点，成为学生"学习"的教育专家。

教师与学生的关系不再是"高高在上"的讲台和学生课桌间的高度差的体现，教师走下讲台，与学生一起学习、一起成长，在平等的关系中教书育人，培养学生。

(三) 课堂教学中的协同学习操作方式

1. 始于倾听

要构成有效的学习行为，就必须学会倾听，通过倾听，才能真正了解对方的想法，与对方进行交流，协同合作，从而达到期望的目标。在传统教学中，教师往往不善于倾听学生的发言，对学生的发言有时会采取忽略的态度，这是因为教师秉持着教学领导者的态度，这是一种不平等教育思想的体现。实际上教师和学生都是课堂的主人，同时也都是学习者，因而彼此间应是相互对话的关系，在相互交流中促进自己对问题的理解，进而对问题的探究进行有价值的思考。学生在相互对话中深化了对问题的理解和对知识的吸收，教师也在相互对话中加深自己对于教学理念的理解，从而弥补教学的不足。

（1）做学生发言的倾听者

倾听并不是单纯地竖着耳朵去听，它是建立在相互尊重的基础上的，要耐心、虚心听取别人的言语和肢体语言表达。佐藤学认为，教师行为中最重要的是"倾听"。倾听儿童的言论也就表明了在以下三种关系中需要接受其一：一是知道此言论是由书中哪句话所激发的；二是知道此言论是受哪位儿童的语言所激发的；三是知道此言论和儿童之前的言论是否有关系。教师只要在这三种关系中倾听任何一位儿童的言论，就可以把课本作为载体，将任何一个言论当作线条一般编织起来。可以说，倾听是协同学习中学生互学关系的基础，也是教师开展协同学习的教学的基础。

（2）做学生发言的串珠人

对于学生的发言，教师要进行相应的归纳：哪些是有用的发言；哪些是与课堂关联性不强的发言。在传统的课堂教学中，教师往往只对有用的课堂发言进行串联分析，常常忽略了那些跟课堂关联性不大的发言，具体的表现就是不认真倾听学生的发言，还有就是中途打断学生的发言，直接插入自己的观点。这种"串珠"方式显然不是协同学习所倡导的。佐藤学认为，教师在教学过程中应该将儿童和教材资料联系起来，将儿童和儿童联系起来，将不同的知识联系起来，将要学习的知识和已经学习过的知识联系起来，将讲堂上的知识和社会上发生的事情联系起来，将儿童的未来和此刻联系起来。从这些联系中能感受出课堂教学串联的关键性不在于挑选学生发言的"好"与"坏"，而是教师要把学生对自己以前的发言和现在的发言、以前对课本的认识和现在对课本的认识进行串联，让学生在串联中得到更好的提高，这才是价值所在。对于每个学生的不同声音，教师应积极地串联，给予不同的回应，这样的教学才会取得建设性的效果。

2. 衷于研究

在协同学习的教学课堂上，教师是以儿童的学习行为为主体开展教学工作的，因此，加强对儿童的研究有利于教师更好地提升协同学习的教学质量。

（1）尊重儿童内心

尊重是触及灵魂的教育源泉。要走进儿童的内心，了解他们的想法，首先就应该尊重儿童。儿童虽然年龄小，从表面上来看，好像不是很懂事，但是他们的内心更为脆弱，更需要被认同和尊重，特别需要教师的精心呵护。教师要有目的、有计划地认识儿童，承认并关注每个儿童的个体差异，尊重他们在各方面不同的表现形式，关注他们内心的想法，站在他们的角度去看问题、思考问题、处理问题，了解他们的内心需求，时时刻刻为他们着想，尊重他们的想法、意愿，用欣赏的眼光去善待每一个儿童。

美国心理学家罗森塔尔（Rosenthal）曾经做过一个关于学生与理想成绩的实验[①]。他对学校中的一个班级进行了实验，最后把一份"最有前景"的名单交到了校长的手里，而后校长又把此名单交到了所挑中班级的班主任手里。8个月后，罗森塔尔又回到了之前的班级，结果发现当初名单上面学生的学习都有了很大程度的进步。仔细询问之后，发现教师的内心认同与尊重是让这些学生进步的核心原因。那么儿童的想法我们怎么能知道呢？有一个很简单的办法就是教师要学会换位思考，要想儿童所想，爱儿童所爱，发自肺腑地主动去体会儿童的感受，站在他们的角度去考虑：他们需要什么？需要教师怎么去做？这既是教师做好教育工作的重要保证与

[①] 1968年的一天，罗森塔尔一行人来到一所学校，在一至六年级各选了三个班的儿童进行了"预测未来发展"的测验，然后实验者将认为"有优异发展可能"的学生名单告知教师。其实，这个名单并不是根据测验结果确定的，而是随机抽取的。它是以"权威性的谎言"暗示教师，从而调动了教师对名单上学生的某种心理期待。

前提，也是让儿童得到尊重、得到信任、得到鼓励、得到进步的最好途径。教师，要用"儿童的心灵"去感受、用"儿童的大脑"去思考、用"儿童的情感"去体验、用"儿童的兴趣"去爱好，这样才能更好地读懂儿童的内心。

（2）激发儿童学习的兴趣

在协同学习的课堂上，学生是课堂的主体，教师的教学目标不再是追求教学的硬性指标——考试成绩的提高，而是要激发学生的学习乐趣，引导学生真正的学习，这一切的前提都是建立在学生的兴趣上的。教师的课堂教学设计需要联系儿童的生活经验和学习经验，将课本知识的讲解与儿童的这些经验相结合。教师不应该将自己的兴趣与想法"强加"给儿童，对于儿童自己在探究学习过程中产生的想法应给予积极的、正面的评价和引导。同时，儿童经过对问题的思考而总结出的想法，也是乐于去思考和探索的印记和成果。佐藤学所倡导的协同学习更加注重学习的本质，即儿童由学习所激发的乐趣。教师在教学中要有一双慧眼，去发现学生感兴趣的东西或者话题。做一个善于发现的教师，懂得了学生的兴趣爱好，就可以有的放矢，抓住他们的兴趣促进其实现多方面、多维度的全面发展。比如，对于班级里爱读书的学生，我们教师要去发现并加以关注，让他们成为榜样，培养学生养成爱读书的好习惯，可以在班级里也开办类似《朗读者》这样的节目，这样教师就可以通过学生的兴趣，培养他的特长，从而去辐射班级里的其他学生。教师研究儿童的兴趣，有利于打破课堂教学以教师为主体的现状，更有利于教师对儿童进行进一步的研究，弥补这一领域研究的空缺。教师在研究儿童的过程中潜移默化地将协同学习的理念植入自己的内心，更利于协同学习课堂教学的开展，从而提高学生的综合素养。

（3）关注儿童学习的成就感

基于课程改革对儿童学习的成就感的重视，教师又该怎么去关注儿童学习的成就感呢？教师课堂中的哪些部分能让儿童拥有成就感？儿童学习的成就感的指向标是什么？教师所任教的学科能让儿童拥有什么样的学习成就感？这都是值得教师研究的问题。在课堂教学中，学生其实是很容易获得成就感的。在教学中，教师要学习维果茨基的"最近发展区"理论，善于根据学生的年龄特点，设计他努力一下就能解决的问题。在每一次努力后，学生都获得了成功，那么他就愿意去尝试，并不断尝试，从而获得更多的成就感。这种成就感的获得，会促使学生去思考、去努力。

3. 精于设计

（1）异质的分组

理想小组的构成基础是有能够提出包罗万象的提案并能围绕这些提案充分交换见解的成员。因此，组合异质的成员能提高小组活动的有效性。只有同样的见解不可能展开活跃的讨论，最后只能以达成浅层次的效果告终。要集纳多样的见解，人数多当然是好的，不过，人数太多会导致众说纷纭、莫衷一是，成员之间的意见就难以归纳，因此，理想小组适当的规模是4—6人。起初以2人或3人为宜，这有利于帮助他们学会讨论的方法、清晰地表述自己的见解、倾听对方的发言、促使小组得出某种结论等。

（2）协同的氛围

确立与维持成员之间能安心展开对话的氛围是重要的，因此，必须建构起相同的、彼此尊重的价值认同。也就是，所有学生必须认识到与他人一起探讨交流的价值——互惠协作关系的形成，建立个人责任与共同责任相协同的有效机制，达到成员之间的相互尊重。在小组协同学习的最初阶段里，教师要让儿童具有这样的信念：重要的不是求得自己的提高，而是求得全员的提高。重要的是，教师不仅要教会学生学科的知识内容，而且要教会他们小组学习的方式。小组学习的指导中应当有"关于讨论的指导"与"关于参与、合作的指导"。前者是讨论技术的指导——把自己的疑问传递给他人、申述见解的话语方式；后者是协同的重要性与协同方式的指导——认识协同学习的重要性、倾听他人思考成果的重要性。即便是讨论技术的指导，倘若不教授协同的意义与方法，作用也难以充分发挥。

（3）适切的内容

课堂教学设计中，教学内容的难易度也很重要。倘若过易，小组讨论没有必要；倘若过难，多数成员就会丧失积极性，探究活动只能局限于部分成员和教师。理想的状态是难易度适中，并且是能够出现多样见解的话题。这样，对于学生而言，课时、话题、目标、责任都明确，能够调动每个人的积极性；对于教师而言，也更清晰了评价标准。

（4）善于反思

在协同学习的课堂中，教师是及时反思的执行者和带动者。教师在教学中需要反思自己的教学设计、教学质量和教学成果，这样才能不断地提高自身的专业素养，促进自己的专业发展。学生在教师的带动下也会开始反思自己对课本知识和问题的理解程度。这时候教师与学生不再是处于"教"与"学"的关系，而是在"互学"关系中共同进步，教师的"教"得以真正地升华，学生的"学"也在反思之中得以产生。

二、校本课程

在学校教育中，我们谈到最多的是相关国家课程的教育教学活动。国家课程是国家有关部门自上而下编制、实施和评价的课程。地方课程是指地方各级教育主管部门根据国家课程政策，以国家课程标准为基础，根据地方经济、政治、文化的发展水平及其对人才的特殊要求而开发、设计、实施的课程。此二类课程具有广泛性、通用性，但因不同地区、不同学校所面临的外部、内部条件很不相同，迫切需要对其进行改编、整合、再加工。经过改造以后，这些课程将更符合本校学生的特点和需求，也就是我们所说的"国家课程校本化"。在本项目的研究中，我们所指的校本活动由补充型、体验型和实践型三类活动组成：一是以国家课程为基础，通过个性化整合而形成的主题成长项目活动；二是学校结合自身办学特色及地方资源全新开发的乐创项目活动；三是结合网络社区打造的线上互动项目活动。学校在充分评估本校学生特点和教学实际并对课程资源进行充分考虑的前提下，以本校学生为主体，以成长型思维培养为导向，设计开发丰富的、形式多样的、具有针对性的协同学习项目活动。

在传统的英语课堂上，教师往往采用讲授式教学模式，做到了对课本、试题具体内容的单一、碎片化讲解，忽视了对语言所承载的文化知识及文化内涵的深度介绍；关注了教师的单方面讲授，忽视了学生在课堂中的主体性；关注了对学生英语听力、阅读能力的培养，忽视了学生口头与书面表达能力的提高。在这样的教育模式中，学生处于被动接受的状态，他们缺乏对语言知识的理解、体验和应用，对于语言背后的社会生活、文化内涵不甚了解，英语综合能力低，没有对知识的自我加工，而是一味地接受教师已经"咀嚼"完成的知识碎片。而在提倡核心素养及学科核心素养的今天，开发高质量的英语校本活动势在必行，只有构建并优化校本课程的目标、结构、内容、教学方式和评价，从重视"综合语言运用能力"转向了英语学科核心素养，才能更进一步培养学生的语言能力、文化意识、思维品质和学习能力，而这也是培养学生协同能力，生成成长型思维并最终指向核心素养生成的重要方式之一。在校本课程中，指向成长型思维的协同学习遵循以校为本、以协同为依托的原则。

校本课程作为对学校常规教育教学的补充，其开发和实施首先需要符合国家的教育目的、教育方针。因此，本研究中所开发的校本活动不与国家课程相互割裂，而是相互配套的，二者在课程目标上是相辅相成、一脉相承的；同时，积极关注国家课程和地方课程的改革、发展新动向，并结合学校具体实际，进行补充研发；认真分析学校自身所处环境、办学定位、教学设施、师资力量、学生学情等各方面因素，以使校本活动的开发和实施真正符合本校的教学实际，并对本校学生英语综合能力的提高有较强的针对性。

校本课程的开发，应围绕学科核心素养的四大目标来进行，应朝着提升学生的听、说、读、写等各方面英语综合能力，发展学生的成长型思维品质，引导学生积极运用和主动调适英语学习策略，拓宽学生的英语学习渠道，提升学生的英语学习效率，深化全球化背景下学生对中外文化的理解和对优秀文化的认同等目标进行，最终指向的是形成志存高远、勇于行动、坚韧不屈、积极乐观、承担责任、善于合作、不断成长等的成长型思维模式。

在校本课程的开发和组织过程中，必须使协同学习基于活动任务的解决，陪伴、引导学生积极投入挑战性课题研究，通过讨论、思考和探究过程实现学生间的互学、互惠和互利，从而促进学生的语言知识习得、语言技能发展、文化内涵理解、多元思维发展、价值取向判断和学习策略运用。协同式活动实践样态的建构和创生是英语学习从"控制论"走向"互动论"的必然选择，教师陪伴、引导，同伴合作，在协同中发展英语学科核心素养是协同学习的价值旨归。

协同学习应遵循以下的实施路径。

（一）整合单元 Project 补充拓展

译林版小学英语每一册教材均有两个 Project 主题，单元教学的目的在于通过形式多样的综合语言实践活动，引导学生思考、调查、讨论、交流和合作，综合运用前几个单元所学的语言知识和语言技能，完成学习任务，展现学习成果。Project 单元突出语言使用的综合性、灵活性、实践性，重在培养学生用英语做事情的能力，以及学生的开放性思维、合作精神、创新意识等。然而在大多数的教学中，教师只是将这部分内容作为一节期中或期末复习课来进行，并未将其真正的作用挖掘出来。通过研究和开发，我们对 Project 单元教学进行了梳理与整合，开发出符合学生学情、有利于学生进行协同学习的校本活动。下面以 My school life 为例分析。

1. 活化教材，任务分层

四年级下册"Project 1 My school life"是由 My day、My school subjects、My timetable、My school 这四部分内容组成。板块内容各有侧重，有些板块对学生的要求过易或过难，如果教师只是按部就班地根据教材板块的要求去设计教学任务，最终将很难实现 Project 单元的价值和功能。在本课的教学设计中，我们首先将学生进行分组，学生自行选择分组，随后小组成员先商定组内的时间表，然后分工找资料、配画、配英文、涂色、书写等，在组内自查、修改的基础上组织全班交流，学生练习说一说自己在学校一天的活动时间。在对 My day 这一单元内容复习的基础上，适当拓展，加入一些我们学校特有的活动，借助教材，利用学生的真实生活，将语言活化运用，激发学生学习英语的兴趣。随后，将 My school subjects、My timetable 的内容合并成一首 chant：

Chinese, Maths, meet every day.

English, PE, happy all the day.

Monday, Art, I can draw.

Tuesday, Music, I can sing.

Wednesday, LECHUANG, can do everything.

Thursday, Friday, both great day！

第一遍，学生边听教师说 chant 边打节奏。第二遍，学生 4 人为一小组，自己打节奏，尝试说一说 chant。第三遍，教师打节奏，节奏逐渐增快，学生跟着教师的节奏，一起操练 chant。通过这样的反复练习来复习 My school subjects 这一板块的内容。在此基础上，介绍学校的特色——LECHUANG（乐创）课程，让学生在操练语言的同时充分感受学校课程的多样和有趣，从而能在真实的生活情境中活化运用语言，有话可说，能真正地将语言运用于生活，提高学习英语的兴趣和语言运用能力。最后，通过组内共绘的形式，学生组内合作，就自己所画的校园一景进行问答交流，随后生成校园各个区域的名称及相应的简要介绍。小组内选出优秀英文小导游，带领其他组别成员参观校园，真正做到学有所用。学生通过共制时间表、共编 chant、共绘等不同形式的活动，层层递进，有效操练了这四个话题内容的句型，最终能够以小组协同的形式，顺利地完成介绍 My school life 的语言项目，达到教学目的。

2. 巧设情境，协同演绎

在一定的语境中，通过各种活动，可以更好地提高学生的语言操练的效果。在本单元教学设计中，我们创设了澳大利亚友好学校来校参观的情境。情境的创设，提高了学生学习英语的兴趣，并且让他们在真实的语境中运用语言，同时也将校本活动"模拟创业小导游"和教材内容进行巧妙的整合。创作"小导游礼仪之歌"活跃课堂气氛，也让学生进一步投入角色。

Stand straight. 1，2（站直）。

Bend over. 1，2，3，4（弯腰）。

Welcome to our school. 1，2，3，4。

Stand straight. 1，2（站直）。

This way, please. 1，2，3，4（请走这边）。

Follow me, please. 1，2，3，4（请跟我走）。

Attention. 1，2（立正）。

"小导游礼仪之歌"使得语境更加真实，可以更加有效地将教材与校本课程相结合，也可以更大程度地提高学生学习和运用语言的兴趣。同桌合作，就自己所画的校园一景进行问答。结合新知识、新句型，复习运用校本课程中学过的校园景点介绍；利用前四单元的重点句型，再次复习介绍校园景点。同时，在课前学生亲手画了校园美景图，结合自己所画图画来介绍校园美景，可以将学到的语言用于生活，增加了语言的输出，从而获得学习成就感。校本课程的加入，使得本单元内容更加真实有趣、贴近生活。以学生的兴趣和直接经验为出发点，与学生生活密切联系，能够为学生提供更广阔的发展天地和更多的锻炼机会。

通过以上策略，学生积极探究、主动实践，在循序渐进的语言任务中形成主体意识、合作意识和实践意识，同时培养了自己的开放性思维和创新能力，从而有效达成 Project 单元的教学目标。

（二）研发乐创学习清单，协同体验

社团活动具有灵活性强、活动方式多样、学生参与度高等内在的特点，在帮助学生达成成长型思维的过程中，扮演着重要的角色。在活动类校本课程中，学生是学习活动的主体，这有效地还原了学生在学习活动中的应有角色，让学生从后台走到了前台，从被动地学习和接受语言知识转变成主动寻求和运用语言知识来解决问题。在这个过程中，知识与能力自然融为一体，知识转化成了能力，能力又反过来促进了知识的获得。我们所设计的乐创社团，包括成长日课、双语涂鸦、香山物语、模拟小导游等特色课程。在活动的实施过程中，教师要对主创学生团队进行培训、引领、督导和修正，保证参加活动的所有学生都得到充分且全面的发展。教师既要把课程还给学生，又要保证课程按照既定目标实现。同时，教师还要顾及活动类课程的生成性，要善于抓住有利时机，生成更加有效和深入的活动类课程，使活动类课程实现育人效果。总之，任何一项活动课程的设计、生成和实施，都要从不同层面、在不同程度上指向学生语言能力、文化意识、思维品质、学习能力等学科核心素养的发展。英语活动类校本课程的活动时间相对比较灵活，可以按一定时间规律定期开展，也可以根据活动需要不定期开展。

当然，学生的发展，在很大程度上是自我选择的发展，归根结底是知识内化、自我润养、自主发展的过程。因此，相对应地，需要有某种辅助性的课程形式，为学生提供自主发展的空间，让学生能够自主地、自由地、自觉地、多向地、全面地提升自我。这类课程，不拘泥于形式，也不拘泥于内容，可以是显性的，也可以是隐性的。需要强调的是，这类由学生完全自主的课程，要求教师把握好自己的角色，既要相信学生自主发展的可能性，给予学生充分的自主空间，又要追踪学生的发展轨迹，在适当的时候给予一定的评价和指导意见，从而保证学生向着理想的教育目标发展。

（三）创生线上互动家园，协同实践

线上互动家园是线下教学的补充，采用了以钉钉为线上教学平台工具、以腾讯会议为直播工具、以 QQ 群为辅助互动平台的教学方法，帮助家校师生打破空间的局限性，开发出最优化的网络学习小组形式，以形成网络协同的学习模式。

建立4—6人学习小组，将其归类在多个组别之中，而在成组过程中，教师不做过多干预，只是进行记录和小组创建。成组后，每天都会有相应的线上互动任务，例如，线上朗读、线上背诵、绘本故事分享、线上难题互助等。首先，教师需要帮助学生加入相应的平台，以钉钉为例，加入各自的钉钉群组后就开始线上协同之旅。其次，小组中的每个成员都要根据教师所布置的线上任务，在群里进行分享、任务打卡及点评，每一次任务的完成和每一次求助、帮助及点评，都是对自己能力的一种提升。最后，教师需要根据布置的任务进行相关数据的统计和分析，如学生是否积极参与、学生的线上互动感受是什么、学生是否真正觉得有帮助等。及时汇总数据，月汇总分析也要及时推进。学生是否在背诵、默写、阅读理解等相关环节有所进步是教师要记录、观察和反馈的。

三、综合实践

《义务教育英语课程标准（2011年版）》指出，英语课程的学习既是学生通过英语学习和实践活动，逐步掌握英语知识和技能，提高语言实际运用能力的过程，又是他们磨砺意志、陶冶情操、拓宽视野、丰富生活经历、开发思维能力、发展合作和提高人文素养的过程。通过感知、体验、实践、参与和协同合作等方式学习实践，可促进语言实际运用能力的提高。而英语的课外综合实践活动就可以成为培养学生语言运用能力的有效途径。同时，它也可以对课堂教学进行知识方面的拓展和延伸、内容方面的补充和完善，以及能力方面的检测和应用。

建构主义学习理论认为，人的学习过程就是学习者在一定的社会情境中，经过与同伴的互相合作，在合作中对知识形成主动认知和重新构建的过程。而在综合实践活动过程中，知识的意义就能通过学生参与和体验的过程实现主动建构，体现出学习的自主性。学生还能在综合实践活动过程中，通过对知识的建构，实现根据自己的需要不断地探索与发现新知识的意义，从而充分体现出学习的探究性和主动性。同时，在综合实践活动过程中，学生既需要同伴的协同，也需要教师的引导，从而形成对知识本身及学习过程的探究欲望和挑战动能。英语综合实践活动作为一种以协同理论为指导，突出学习的自主性、探究性、合作性和情境性的学习方式，有利于学生对知识意义的真正理解，培养学生发现和探究问题的能力，提高学生的学习兴趣，促进学生形成积极的情感和健全的人格。全国综合实践活动项目组负责人、华中师范大学教授郭元祥认为，综合实践活动包含了人与自然、人与社会、人与自我等方面的内容，而我们所研究的英语综合实践活动是指英语教师在完成课堂教学任务的同时，有目的、有计划地组织学生进行多种多样的综合性协同学习活动，它具有灵活性、趣味性、开放性、可操作性的特点，同时，它也是英语课堂教学最好的辅助形式之一。

（一）设计原则

在英语学科综合实践活动中，设计活动并不等同于以往的某一个单一的主题综合实践活动，它是在全校多年级范围内开展的一个在日常教学和实践活动中联合实施的研究型综合实践活动。在活动中要充分利用小组协同的形式，要尽可能地让每个学生充分参与并有所贡献，无论是语言操作还是能力辅助，都要保证消除"搭顺风车"的现象。

1. 与学生的能力锻炼相结合

英语是一门语言类学科，而根据《义务教育英语课程标准（2011年版）》的要求，在小学阶段，英语学科的主要目的是让学生对英语学习产生兴趣，保持对英语学习的积极性。因此，小学英语教材内容大多以日常生活用语为主。而参加英语学科综合实践活动的各个学生则可以在协同学习的过程中，真正锻炼到学习品格和具体的协同能力，例如，团队内的合作分工，资料的搜索、整理、文字处理，多媒体工具的使用，等等。在英语学科综合实践活动中，教师会根据学生的个性差异，充分尊重学生的意愿，在协同中帮助学生找到定位、发挥长处，目的在于让学生在具体的合作中都能有用武之地，能在小组内出力并获得成就感。

2. 与小组内的协同合作相结合

英语综合实践活动的开展，一定是在合理分组的组内协同的基础上进行的，绝不是教师主导、学生配合的形式。学生分小组进行任务认领、前期设计、资料收集、资源创造、数据统计、演示交流这一系列的项目操作。每个学生都有自己的任务，在小组内发挥自己独特且不可或缺的能力。

3. 与社会生活相结合

综合实践活动的主要目的之一就在于让学生能够通过活动的开展，走出课堂去了解社会、了解世界、了解时代，让学生能够根据亲身体验，联系自身的生活实际。因此，英语综合实践活动的设计需要以学生的生活经验为核心，让学生贴近社会，使他们能够将抽象的概念具体化，并在实际体验后，用英语进行总结、汇报和演绎。

（二）设计模式

教师应在活动伊始，收集有关英语学科的最新教育信息、政策要求等，了解英语学科综合实践活动最前沿的信息，找到与学校英语学科实际情况相关的资料，但资料必须符合学生学情，能够促进学生英语学习兴趣、能力的生成，最终达成成长型思维的生成。在选题时，教师需要与学生共同商议完成。教师要对活动的可行性进行分析。活动的可行性包括时间、地点、人员安排等条件是否满足，学生是否对活动感兴趣，活动内容是否具有协同操作性，以及活动完成后能否促进学生成长型思维的生成，活动成果能否得到保存，等等。教师在前期准备阶段必须充分考虑学生的理解能力和兴趣点，在布置任务的时候要充分考虑学生任务分组的匹配度，保证学生能够顺利进行协同合作。下面主要以三个英语综合实践活动为例来阐释（图 3-1、图 3-2、图 3-3）。

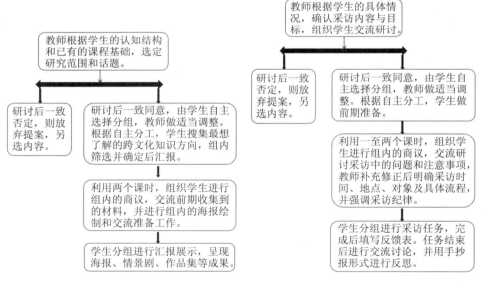

图 3-1 英语小记者实践活动流程图　　图 3-2 英语广播站实践活动流程图

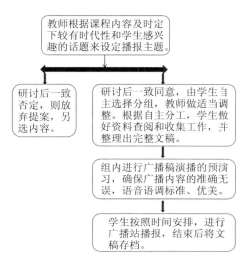

图 3-3 跨文化研究实践活动流程图

英语综合实践活动是学生学习英语的一种新途径。它的实践性、趣味性、主题性及综合性使英语课程呈现出一定的魅力，能充分发挥教师的主导性、学生的自主性。要想有效开展小学英语综合实践活动，实现协同成长的教学目标，必须给予学生充足的时间进行综合实践活动，使每一位学生积极参与综合实践活动，将所学知识应用到实践中去，以保证高效开展综合实践活动。同时，还要求学生在综合实践活动过程中有所思、有所得、有所创新。

英语综合实践活动的开展需要教师更新教学观念，不断实践和总结适合学生的活动方式，以便学生在协同合作中不断得到成长，最终达成成长型思维的提升，而这具体表现为对中外文化的理解和对优秀文化的认知，是在全球化背景下表现出来的包括知识、观念、态度和行为的品质。

第二节 基本流程

指向成长型思维的小学英语协同学习是与新课改精神相符合的高级的学习方法。协同学习的正常开展需要遵循"建组—分工—合作—评价"的基本流程。建组的目的在于建立相互信任、互相合作、共同成长的学习机制，分工的目的在于发挥各自的优势完成任务，合作的过程是分工的实施过程和任务的完成过程，评价的过程是学习保鲜和可持续发展的过程。

一、建组原则

协同学习小组的建组即在学生之间建立相互信任、互相合作、共同成长的学习机制。分组的成功与否，会直接影响协同学习小组的学习效果。分组是组织学习的一个关键步骤，好的分组意味着成功的开始，合理的分组也是发展学生成长型思维的重要条件之一。组建协同学习小组应遵循以下原则。

1. 组内异质、组间同质原则

组内异质是在综合考虑学生小组活动表现的基础上，将不同水平的学生进行搭配分组的一种分组方式。在进行协同分组时，要考虑学生之间的差异，而学生之间的差异主要表现在性别、年龄、性格、认知能力、知识水平、人际关系等几个方面。分组前，教师需要充分了解学生之间的差异，保证组内成员的异质。因为只有当组内存在差异时，才能形成互学关系，才能有助于小组成员之间的信息交换和协作，进一步发展学生的成长型思维。

组间同质是在差异性原则的基础上，进行公平分组的一种分组方式。每个小组之间要进行同质分布，只有这样才能保证小组之间的竞争是公平的。

2. 自主建组原则

建组时，教师要给予学生充分的自主权，让学生可以自主选择共同学习的伙伴来形成协同学习小组。此外，小组成员之间的融洽关系，可以为协同学习提供良好的学习氛围。当学生自主选择小组同伴时，他们往往乐于选择那些相处融洽的伙伴。他们互相了解，彼此信任，能敞开心扉，乐于与小组伙伴分享自己的知识。因此，在协同学习过程中，学生不用重新认识、了解对方，协同小组活动可以立即进行，并且学生可以较为顺利地进行沟通交流。协同小组学生之间的融洽关系可以形成良好的信任与互学，组内学习能力较强的学生对于问题往往会有更多样、更深入的思考，这对于小组内的其他学习伙伴也能起到一定的促进作用，更有利于有效互学关系的形成。学生自主选择共同学习的伙伴可以很好地发挥小组内互帮互学的效能，提高学习效率，进一步增强协同学习的效能。

3. 交互性建组原则

这里的交互是指协同学习小组同伴之间进行有效协作所需的必要交互。教师在建组时必须保证小组成员之间能进行充分而有效的交互，如果不遵循交互性建组原则，每个小组的成员之间就不能进行正常有效的交互，就会直接影响协同小组的学习过程和最终效果。而交互性建组原则主要体现在小组成员的数量上。约翰兄弟（Johnson，D. W.，Johnson，R. T.）在有关小组规模与协同学习效果的研究中证明：3—4 人的小组更为有效。[1] 协同学习小组的成员人数应控制在 3—5 人，4 人是最理想的人数。因为随着小组成员人数的增加，小组成员的讨论、交流、沟通的复杂性也会随之增加，人数太多会使小组内沟通不够广泛、充分，严重影响协同学习的效果，而人数太少则会降低沟通的水平，不能很好地达到协同学习的效果。

4. 教师协助调整原则

教师在协同学习小组建组中应该是一个协助者。教师不能强迫学生进行"好""坏"搭配的分组或强迫学生分成某种模式的小组，否则就会破坏协同学习小组的自主性和学生参与小组活动的积极性。在协同学习小组活动的过程中，当某位小组成员的学习进度比小组平均学习进度快时，教师可以对其进行表扬，并让其对小组其他成员进行帮助；而当某位小组成员的学习进度比小组平均学习进度慢时，教师就要提示并督促他花更多的时间进行学习，并建议其向已经学完的学生寻求帮助。

二、任务分工

协同学习小组的任务设计是小学英语课堂教学的一个非常关键的步骤，合理的学习任务是达成良好学习效果的重要条件之一。学习任务包括学生个体的学习任务和学习小组集体的学习任务两个部分。教师怎样设计学习任务，小组内如何进行任务分解、任务分工、任务协调、任务汇总，对于能否完成教学目标至关重要。

---

[1] Johnson，D. W.，Johnson，R. T. Learning Together and Alone：Cooperative，Competitive，and Individualistic Learning（5th Ed）［M］. Massachusetts：Allyn and Bacon，1999.

（一）设计协同学习小组任务的影响因素

协同学习让学生以小组为单位，每一个组员不仅自己要主动学习，还有责任帮助组内其他伙伴学习，以全组每一个组员都学好为目标，力求达到"1+1+1+1>4"的效果。教师在设计协同学习任务的时候要考虑以下几方面的因素。

1. 课时教学目标

课时教学目标的设定与单元总目标相关，针对不同的教学内容，教师也会有不同的教学目标。在设计协同学习小组任务的过程中，教师需要考虑课时的教学目标，甚至单元的教学目标。

2. 学生学习水平

在一个协同学习小组中，每个人的学习状况是不一样的，有的学生学习能力较强，接受能力也比较好，而有的学生学习能力则相对较弱，接受能力也较弱；有的学生沟通能力好，善于表达，而有的学生则比较内向，不善交流。这些都是教师在设计协同学习小组任务时需要考虑的问题。

3. 小组之间的竞争

协同学习过程中，学生被分成若干个学习小组，教师要根据各个小组的表现进行奖励。因此，各个协同学习小组之间存在着竞争关系。要保持自己小组的领先地位或者要追赶上其他小组，就必须要不断地增加学习任务，让小组成员保持一个良好的学习势头。

（二）协同学习任务的设计

小学英语课堂教学中，基于任务的语言教学中的"任务"是指学生在课堂内外参与的有目的、有意义的、能促进其语言学习进程的活动。基于任务的语言教学以任务为组织单位，而课堂教学又由一系列的任务构成。基于任务的教学关注英语学习的过程，强调生生之间及师生之间的多边互动，学生通过用英语对话、交流和情景意义创设等方式，完成一系列根据其发展需求而设计的教学任务，进而达成学习目标。学生在完成任务的过程中，通过有意义的磋商与交流，以及做事来使用英语，从而发展自身的英语能力。[1]

任务驱动的协同学习通过分组活动的形式，以具体任务为学习动力，

---

[1] 郝丽霞，刘春阳. 基于任务的大学英语协同学习［J］. 中国冶金教育，2011（2）：30-32.

展示任务成果，体现教学成就。协同学习中的认知差异性是协同学习的重要因素，小组成员在交流过程中，认真倾听组内其他成员的观点，同时分析、整合他人的观点，进一步培养了学习的自我责任感和主动性，有利于稳固知识结构的形成。

基于任务的协同学习设计主要围绕课文主题开展，着重训练某项或几项语言技能，任务的设计要有针对性、趣味性、激励性、创新性，还要具体、可操作。整个学习过程都由教师组织，任务都由教师布置，而教师的任务应包括任务描述，以及学习目标、任务标准、起止时间的设定。此外，有效的协同学习是基于同一任务的。教师确立学习目标，布置学习任务，学生利用学习资源协作学习，构建基于任务的协同学习设计。协同学习任务的设计应注意以下几点。

1. 任务应有明确的目的

协同学习任务的设计必须是以达成课时教学目标为指向的。经调查发现，交际双方在没有明确任务目标的自由谈话中，为对方提供的负面反馈信息不如在有明确的任务目标的活动中多。因此，教师在设计协同小组任务的时候首先应让学生清楚要做的事，使他们在完成任务的过程中带着明确的目的，尽可能多地让"互学"关系在协同学习小组中发挥作用，并使语言交际进行下去，最终完成任务。

2. 任务应具有真实意义，即接近现实生活中的各种活动

在设计协同学习小组任务的时候，任务中所使用的材料应贴近学生的生活实际。语言情境、语言形式等要符合语言在实际生活中的运用和规律，所拟定的话题也要和学生的现实生活紧密联系，应贴近学生的生活、学习经历，且能引起学生的共鸣和兴趣，以激发学生参与协同学习小组活动的积极性，使学生在一种自然、真实或接近真实的情境中感知语言、掌握语言和运用语言。

3. 任务应涉及信息的分配、接收、处理、传递等过程

协同学习通过激发学习情境中的多个场域空间，使学习个体和群体在相关通信机制的支持下进行知识加工，有效地实现信息的重组、知识的聚合、智慧的生成和素质的发展。[①] 学生在获得所需学习资源的基础上，以

---

① 王佑镁. 协同学习系统的建构与应用 [M]. 北京：中国社会科学出版社，2013：10-15.

小组为单位进行协同学习活动，每位参与者必须提供自己所拥有的且别人不知道的信息，因为只有大家轮流交换信息，才能完成任务。在协同学习小组任务的驱动下，组内学生进行任务的分配和知识的加工、重组、聚合，由此可让组内每一位学生都参与到小组任务中，进而实现自身能力的提升和思维的发展。

4. 学生应在完成任务的过程中使用英语

传统英语教学最大的不足之处就是语言形式脱离语言运用，学生虽然学会了不同的语言句型、语言形式，却不能在适当的时间、地点准确地表达。教师在设计协同学习小组任务的时候，要考虑完成小组任务的每一个环节学生所使用的语言都是英语，这样可以将语言形式和语言运用相结合，使学生在掌握语言形式的同时，培养自我运用语言的能力。教师设计的每一阶段的任务都要具有一定的导入性，并激发学生参与小组活动的积极性。

5. 学生应通过做事情完成任务

这里的事情指的是学生参与任务时所使用的方法，典型的小组活动方法有游戏、角色扮演、项目、采访、头脑风暴、问题解决、做决定、观点交流等。大量研究表明，这样的任务会产出大量的真实性语言，使学生积极参与并应用二语习得交际技巧。协同学习小组内的组员通过这种做事情的方式来达成语言学习的目的，进一步培养学生的综合语言运用能力。

6. 完成任务后一般应有一个具体的成果

小学英语课堂中，协同学习小组任务的成果可以是多种多样的。它既可以是能直接呈现的图纸、作文、海报等，也可以是精彩的对话、表演、演讲等。

7. 协同学习任务要有相应的评价

学习评价不仅要对学习成果做鉴定，更重要的是对学生的学习进行反馈、激励和改进，形成以评促学的动力机制。对于协同学习的评价主要包括两个方面：学生个人评价和小组整体评价。[1] 前者指组内学生个体间根据积极性、努力程度、个人任务作品、对小组任务完成的贡献展开的自评、他评；后者指针对小组整体表现和任务完成情况的自评、他评，连同教师对学生表现和任务完成情况的评价一起，作为协同小组评价方式，然后以

---

[1] 刘黄玲子，黄荣怀. 协作学习评价方法 [J]. 现代教育技术，2002 (1): 24-29+76.

其平均值作为学生的成绩。

（三）协同学习小组策略

协同学习小组策略是达到良好学习效果的重要保障。学习小组成员为了共同的学习目标组合在一起，形成一种积极的相互依存的伙伴关系，目标是全组每个学生都能学会、学好，这需要彼此合作、相互帮助来促进学习目标的完成；然而，组内各个学生之间的水平是有差异的，彼此之间需要一些区分，也就是要给他们确定不同的角色，使协同学习小组更加有序。因此，在协同学习小组生成后，教师需要确定协同学习小组的学习策略。

1. 推荐请教对象

学生在学习过程中遇到困难时，需要在小组内寻找请教的对象，以帮助其克服困难。为了避免学生盲目求助，教师需要为学生推荐合适的请教对象，进一步提高协同学习小组的学习效率。教师在推荐请教对象时可以采用如下策略：

① 获取小组内各个成员的知识水平；

② 对小组内其他学生的知识水平进行比较，如果知识水平高于其他的成员，则将其加入请教对象列表中；

③ 选择其他小组中知识水平最高的学生，获取知识水平与其进行比较，并将知识水平高于他的学生加入到请教对象列表中；

④ 把教师放入请教对象列表。

在协同学习小组中，知识水平一般的学生总是可以在组内找到请教对象，而知识水平最高的学生则不能，他们需要到其他小组请教其他学生。在选择其他小组学生的时候，为追求效率只需与其他小组的最优者进行比较即可。如果在所有请教对象中没有找到可以请教的对象，则要把教师加入到请教对象列表中，以此告诉他可以向教师求助。

2. 确定角色及角色任务

协同学习活动以某种任务的完成来进行。在完成任务的过程中，活动参与者之间的交际处于一种互动的状态，通过意义共建增进语言习得。[①] 从信息交换的形式上看，分组活动的任务分为双向型、单向型和决议型。

---

① 郭建红，黄田. 英语自主学习模式与教师的角色转换 [J]. 株洲工学院学报，2006（3）：125-126.

双向型又称为信息轮流交换型，要求每位参与者必须把自己所拥有的且别人不知道的信息提供出来，只有大家轮流交换信息，才能完成任务。单向型又称为信息自由提供型，参与者拥有的信息量是相同的，是否提供信息由活动参与者个体决定，参与者的信息并不是完成任务所必需的条件。决议型指参与者主要通过阐明各自观点和论据来试图做出一种决定，这些观点和论据的提出有利于所有或大部分参与者统一意见，而最后是否做出决定并不重要。

协同学习活动的成功取决于角色期望和角色任务的传达。在进行协同小组学习时，大多数情况下，各小组成员被分配进行专门的角色活动。在对学生进行分组时，教师必须保证每个学习者根据自己所扮演的角色进行活动，互相配合，这样才能保证协同学习小组任务顺利完成。

3. 确定学习任务的调整

协同学习小组任务的调整是协同学习策略中非常重要的部分。在有了新的教学目标的情况下，教师可根据不同情况制定如下两个策略。

① 当协同学习小组还没有完成前一个教学目标的时候，教师应督促小组尽快完成；完成前一个学习目标后，直接根据新的教学目标，生成新的学习任务。

② 当协同学习小组处于已完成前一个教学目标，正在完成无教学目标的学习任务的阶段时，教师要停止目前的学习，并测试学习效果，根据测试结果，记录新的学习进度，重新生成新的学习任务。

三、小组合作

这里的小组合作指的是协同学习小组在得到一个协同学习任务以后，在组内进行讨论、学习的过程。小学英语课堂采用的协同学习模式主要是合作、角色扮演等。在这一过程中，协同学习小组内同伴之间的关系、教师的角色和话语等有至关重要的影响。

（一）组内同伴之间是互信的

美国语言学家克拉申（Krashen）提出过"情感过滤假说"（the Affective Filter Hypothesis），这个假说认为：第二语言习得（intake）的过程要受许多情感因素的影响，语言"习得"必须要通过情感过滤，如果学习者具有较强的学习动机，能够自信地投入到学习环境中，并处于情感状态较为放松的状态，就较易获得更多的语言输入。①

根据克拉申的情感过滤假说，一个状态良好的学习者必然能够更快、更好地习得语言。所以，学习者之间形成的互信、互赖的协作关系会促使学习者相互交流各自的观点，这是成为一个状态良好的学习者的第一步。当遇到问题而困惑不解的时候，小组内可以互相启发和鼓励，问题也就迎刃而解了。学生之间在小组内互相协作，他们互信、互赖的关系是协同学习的基石，可以产生更高的学习效率，让学生对新知识产生好奇心和更深刻的理解。对于这种自然形成的互信关系，教师要去发现，并利用这种关系去组建学习小组，让协同学习事半功倍。

（二）组内同伴之间是一种互学关系

佐藤学认为，"互学关系"是互相关爱的关系，是每一个学生都作为主人公相互协作学习、共同提高的学习关系。这与"互相教的关系"不同。"互相教的关系"由学习者独自构成，而"互学关系"是建立在对话的基础之上的，这种对话式的交流以倾听为基础。教师可以从以下几个方面入手，帮助学生之间形成互学关系。

1. 设立共同的学习准则

在开展课堂协同学习实践之初，学生对于这种课堂的学习方式是比较陌生的，因此，教师要通过建立共同的学习准则，帮助学生建立互学关系。当学生慢慢习惯了这种课堂学习方式，并乐于与同伴共同学习，这些规则就会自然而然地内化在学生的课堂学习行为中。

（1）既要相对独立，又要互相依赖

学生共同学习时常常会出现这样的问题：有些学习能力较差的学生不参与协同学习任务，想"不劳而获"；有些顽皮的学生破坏课堂纪律，干扰同伴的讨论；等等。所以，教师要告诉学生，在协同小组学习中每个学生都是独立的学习个体，即每个人都需要独立完成小组内某一项共同的任务；同时，他们在小组内又是一种相互依赖的关系，他们要先了解同伴的想法，获得一定的启发，进而模仿组内同伴的想法和做法去努力达到个人更高的水平，这对于培养学生的成长型思维是非常有帮助的。特别是对于那些学

---

① 郭洋. 克拉申情感过滤假说对对外汉语教学的影响及启示 [J]. 中国文房四宝，2014（5）：231.

习有困难的学生，教师不仅要教会他们如何去寻求组内同伴的帮助从而走出学习困境，而且还需要让他们知道，大部分的学习都是从寻求帮助开始的。他们与同伴之间的学习关系是一种互学关系，即互相取长补短，携手共进，有所成长。① 可是，在我们的英语课堂中，我们往往会发现，学习越困难的学生，就越不会主动寻求同伴的帮助。因此，教师要让学生明白，同学间是可以相互依赖的，要相信同学，相信同伴，主动地去问同学。长此以往，协同学习的氛围就会形成，学生在协同学习的过程中也会得到成长。

（2）建立平等和尊重的互学关系

在平时的英语课堂中，我们可以发现一些成绩比较突出的学生，由于长时间受到教师的表扬和同学的推崇，他们的"优越感"会特别强，表现在协同学习小组内就是，当不如他的其他同学在表达观点的时候，他们会产生一种不耐烦的情绪，强行打断他人或插入自己的观点。久而久之，小组内那些成绩较差的学生在协同学习的时候就会变得默不作声，甚至觉得无趣进而谈论一些与任务无关的话题，影响到课堂纪律。可见，建立互相尊重、平等的互学关系至关重要。教师要培养学生的成长型思维，增强学生之间互相尊重、平等待人的意识，这是同伴间互学的基础，可具体表现为认真倾听小组内每一个同伴的发言，不歧视成绩较差的同学。

2. 指导学生学会倾听

佐藤学认为，学习者要通过不断的对话来得到新的东西，在此过程中，就要学会倾听。所以，学生之间建立互相倾听的关系是进行课堂对话的前提，也是建立互学关系的基础。但是，在我们的英语课堂中，学生不会倾听是一个非常普遍的现象。我们经常会看到学生在英语课堂上讨论得很积极，课堂也很热闹，但是学生们好像不是特别关心别人在说什么，他们只在乎自己想要说什么。那么，教师应该如何帮助学生学会倾听呢？

（1）营造倾听氛围

在"倾听着"的课堂氛围中，学生借助倾听，达成心心相印、彼此支持及心理自由。② 因此，首先，教师要让学生尊重身边的每一个人，虽然有些同伴的学习能力较弱，知识面不够宽，表达水平也一般，但是如果听

---

① 佐藤学. 基于协同学习的课程改革［J］. 教育研究与评论，2012（6）：21—27.
② 佐藤学，于莉莉. 基于协同学习的教学改革：访日本教育学者佐藤学教授［J］. 外国中小学教育，2015（7）：1—7.

得够仔细，并且经过相互交流、探讨，总会有所启发，或发现其独到之处。其次，教师应该鼓励所有学生畅所欲言，特别是那些能力较差的或者不够自信的学生，让他们不用担心被嘲笑。最后，教师要让学生专注于倾听内容，学会分析、思考、总结和反思。在这样的课堂中，成长型思维的培养也就无声无息地被浸润在点点滴滴的细节之中。

（2）培养记录的习惯

记录的习惯不仅可以帮助学生养成倾听的习惯，而且会帮助他们参与小组内的交流。教师可以鼓励一些倾听有困难的学生将他们听到的或有启发的内容记录下来，虽然记录的内容源自其他人的思考，但是能促进其自身的思维活动，进而培养他们的成长型思维。

3. 指导学生学会提问和求教

佐藤学曾明确区分了"互相教"和"互相学"的关系。"互相教"的关系是单方的权力关系，是由独白构成的；"互相学"的关系是建立在对话的基础上的。因此，他不建议教师"会的同学教一下不会的同学"，而建议说"不会的同学问一问其他同学"。① 协同学习小组内的同伴相互提问是学习活动的触发点，特别是对于那些学习能力较弱的、完成任务有较大困难的学生。教师要鼓励他们在仔细倾听同伴的发言后提出问题，或是向同伴请教一些没明白的地方。

（三）教师角色和话语引导

在小学英语课堂上，英语教师优雅又恰到好处的语言示范能够很好地引导学生展开对话，帮助营造良好的课堂语言环境，促使学生"互听"，激发学生"互学"，那么在学生进行小组协同学习的时候，英语教师应该扮演什么样的角色，又该使用什么样的课堂话语促进小组内生生对话和师生间的对话的生成呢？

1. 教师角色定位

《基础教育课程改革纲要（试行）》中明确提出，教师在教学过程中要处理好传授知识与培养能力的关系，注重引导学生质疑、调查、探究；教师应尊重学生的人格，关注个体差异，满足不同学生的学习需要。② 因

---

① 佐藤学，于莉莉. 基于协同学习的教学改革：访日本教育学者佐藤学教授[J]. 外国中小学教育，2015（7）：1-7.

② 教育部. 基础教育课程改革纲要（试行）[Z]. 教基〔2001〕17号.

此，教师的角色在当下的英语课堂上已经发生了非常大的改变。在指导学生进行协同学习的过程中，教师应如何定位自身角色才能帮助学生养成成长型思维呢？

（1）教师是倾听者

佐藤学强调，"倾听"正是教学中教师活动的中心。① 教师要善于倾听课堂上学生的对话、提问，帮助学生形成互信、互赖的倾听关系。在我们的英语课堂中，有些学生由于基础比较薄弱，害怕发音不准确或表达错误，不敢大声发言或参与小组活动。教师不能忽略这些学生，应该不断耐心地倾听和鼓励他们，让他们相信即使犯错也是一种成长。

首先，教师要平等地接纳每一个学生的发言。教师应该信赖每一个学生，即使他不够优秀。教师在倾听时，对每一位学生要有同样的期待，这是一种积极热情、耐心真诚和发自内心的真实情感。对于那些不着边际或是不连贯的口语表达，教师都要耐心倾听，再给予引导和指正。其次，教师要学会欣赏和赞赏学生的发言。一个善于倾听的教师，能够迅速而准确地听出学生的思想、情感和需求，并在教学时做出及时、恰当的回应，给予学生欣赏和赞扬。学生在一次次的肯定中，更加有自信参与小组活动，也乐于去表达自己的想法，进而促进自己的成长型思维的养成。

（2）教师是观察者

崔允漷、沈毅提出课堂观察主要从以下四个维度进行，即学生学习、教师教学、课程性质和课堂文化。② 在协同学习小组活动中，教师可以从以下几个方面进行课堂观察，观察学生对于小组学习任务的达成情况。

① 准备。学生在任务前是怎么准备的？这些准备对于完成任务有何帮助？学优生和学困生的准备有何差异？

② 倾听。有多少学生能够认真倾听教师和同学的发言？学生在倾听发言时表现有何不同？倾听时，学生是否采用了一些辅助行为，如记录、查阅书本资料等。

③ 互动。学生在小组内是如何进行互动的？这对任务的达成有何帮

---

① 陈静静. 跟随佐藤学做教育：学习共同体的愿景与行动［M］. 上海：华东师范大学出版社，2015：41.

② 沈毅，崔允漷. 课堂观察：走向专业的听评课［M］. 上海：华东师范大学出版社，2008：180-191.

助？参与小组学习的人数、学习持续的时间、学习的过程是怎样的？不同的学生对于协同小组学习有什么不同的影响？

④ 自主。学优生和学困生在小组活动中自主学习的时间有多少？学生自主学习的方式和习惯有什么不同？

⑤ 达成。有哪些证据可以体现学习任务的完成？那些未完成小组任务的学生存在哪些问题？

教师通过课堂观察发现学生在小组学习过程中存在的问题，对学生的一些不恰当的课堂行为进行必要的引导和指正；教师也可以深入参与小组学习过程，了解学生在小组学习中的困惑，进行适当的引导。

（3）教师是引导者

建构主义学习理论突出了以学生为中心的课堂教学，教师的角色由知识的传授者变成了帮助学生主动建构知识的引导者。学生在课堂学习时，在协作中产生交互。教师也是学习的参与者，教师是学生拓展对知识的理解时的重要协作伙伴，在学生遇到棘手问题或是讨论处于焦灼状态时，教师要及时起到支架作用，扮演好"引导者"的角色。① 教师在小组协同学习的时候，要倾听学生的问题和求教，关注学生的表现。如果小组活动出现问题，如个别学生心不在焉、学生交流时激烈争执而无法统一意见、小组学习遇到了难题停滞不前等，教师可以在小组协作、学习任务完成等方面提供帮助，引导学生互相学习、互相鼓励。

2. 教师的课堂话语技巧

我们很多教师在平时的英语课堂中经常习惯性地、无意识地使用一些语气强硬的课堂指令性语言，例如，"You can't say like that./You should say like…""Please listen to me carefully！/You must pay attention to…""I think you should…"。这样的课堂用语容易挫伤学生参与课堂活动的积极性，留给学生非常狭小的思维空间，不利于学生成长型思维的培养。

在学生参与协同学习的过程中，教师可以多使用疑问句，因为疑问句体现说话者想要交流与协商的意图，容易引起学生的思考和发言，能够促进师生间的交流，可使用的疑问句如"Can we say… in this way？""What a-

---

① 裴新宁．"学习者共同体"的教学设计与研究：建构主义教学观在综合理科教学中的实践之一［J］．全球教育展望，2001（3）：10-15．

bout…?""Shall we…?"等。

此外，知识能力较差的学生因缺乏自信而不善表达或羞于表达，教师可以鼓励这些学生转述其他同学的发言，提问启发时，让这些学生也能参与到小组活动中去，如"×××says great about the task, what did he/she say just now？""×××, you've just listened carefully, so would you please say it in your own words？"。学生在体验到成功的快乐后，会更乐于参与小组活动，进而表达自己，达到培养自己的成长型思维的目的。

（四）学习任务的呈现方式

在英语课堂教学中，协同学习的成果的主要呈现可以是英语作文、英语海报、英语成长手账、调查问卷、英语课本剧等形式。

1. 英语海报

译林版英语六年级上册"Unit 7 Protect the Earth"教授的是有关保护地球的内容。为了让学生更好地理解为什么要保护地球、应该怎么保护地球、怎么让更多的人参与到保护地球的队伍中，教师给各个协同小组布置了如下任务。

Let's protect the Earth. Why should we protect the Earth? How to protect the Earth? How to make more people know that we should protect the Earth?

小组成员：陈同学、王同学、李同学、卞同学。

这个小组中，陈同学是班级的学优生，英语成绩较好，且美术功底很好；王同学和李同学的学业成绩处于班级中等；卞同学是班里的学困生，她的主动性较差，体现在无法独立完成课堂学习任务，又不善于向同学寻求帮助。

陈同学：我觉得我们可以做一张海报，海报是图文结合的，可以在上面写上我们在课文中学到的句子，也可以告诉更多的人。

李同学：我觉得可以，那我们就做海报。

王同学：这种海报要怎么画？

陈同学：我们在中间先画一个地球。卞同学你有什么想法吗？

卞同学：我觉得可以画一个工厂，污染环境的那种。

王同学：对哦！Unit 6里面有保护环境的图片和句子，我们可以结合保护地球的主题一起用上。

　　陈同学：有道理！现在我们都提倡垃圾分类，垃圾分类也有利于保护地球，我觉得也可以画上。

　　李同学：课文里还有 save water。我觉得可以画一个沙漠，提示人们不珍惜水资源，土地就会变成沙漠。

　　卞同学：那 save trees 那个部分就可以画一棵树，是不是？

　　陈同学：可以，那我们先分工一下。我来负责中间地球的部分，王同学你画画比较好，你把沙漠和工厂画一画，李同学你就画垃圾桶，卞同学你画树。我们开始吧！

　　这个协同小组最后呈现的保护地球的海报非常丰富，小组内的每个成员都有相应的任务，他们在讨论这个任务的时候，各抒己见，并结合"Unit 6　Keep our city clean"来完善这个任务。最后，呈现的海报（图3-4）既美观又丰富。陈同学也没有忽略掉成绩比较差的卞同学，主动询问她的想法，卞同学在听到同伴的询问后也大胆地提出了自己的想法。

图 3-4　英语成长海报

2. 英语成长手账

　　成长手账是记录学生成长的一种图文并茂的形式。以下这份成长手账，是六年级的学生记录的自己的一些学习感悟和对自己的期望。

　　当学习到译林版英语六年级上册 Unit 1 的 Checkout time 板块中《愚公移山》这个故事时，教师让学生在组内讨论以下问题。

　　　　What can you learn from Yu Gong? Please choose an idiom for Yu Gong.

A. No pain, no gain.

B. Where there is a will, there is a way.

C. A friend indeed is a friend in need.

小组成员：费同学、孙同学、张同学、徐同学。

在这个小组中，费同学的英语成绩优良，孙同学成绩中等，而张同学和徐同学的英语水平较为薄弱，他们这个协同小组是自由组合而成的，组内同伴间关系融洽。以下是他们在课堂上协同完成这份手账的过程。

张同学：我觉得愚公跟C项中的friend肯定没有关系。就是不知道A项中的pain、gain是什么意思。

费同学：pain是"痛苦"，gain是"收获"。

徐同学：愚公移山好像是挺痛苦的，最后又有很好的收获。

孙同学：我觉得不太对，这个B项是什么意思？

费同学：翻译成中文好像是"有志者事竟成"。我在哪里见到过。

孙同学：那应该选"B. Where there is a will, there is a way."。

张同学：对对对，那我们开始做手账吧。

在完成手账主要部分的时候，费同学还在手账上写上"do no（正确应用"not"）give up!"这句英文（图3-5）。在他们共同完成的过程中，他们对于"Where there is a will, there is a way."这句谚语，有了更深层次的理解，即"不管做什么事情都要有不抛弃、不放弃的精神，最后总归能有成功的一天"。

图3-5　英语成长手账

一张小小的手账凝聚的是一个小组 4 个人的智慧，他们不仅对"愚公移山"的故事有了更加深入的理解，更从愚公的身上学到了不放弃的精神。这种潜移默化的影响对于学生成长型思维的发展起正向作用是显而易见的。

3. 英语课本剧

译林版英语课本中的 Story time 板块和 Cartoon time 板块里都有非常好的故事材料，学生可以对这些故事进行丰富和改编，变成一个简单又有趣的课本剧。从剧本的改编到角色的分配再到剧本的演绎，在这个过程中，学生协作进取，锻炼了自己各方面的能力。

译林版英语四年级上册 Unit 8 的 Cartoon time 板块里有一个非常有趣的小故事，故事中 Sam 和 Bobby 去机器人博物馆参观，在博物馆遇到了很多有趣的机器人，尤其是一个会说话又能变高的机器人。教师在上完 Cartoon time 一课后给同学们布置了这样一个协同任务：小组合作，丰富或改编 Cartoon time 中的故事并进行表演呈现。

小组成员：张同学、李同学、郁同学、顾同学。

该小组中张同学和李同学都是英语成绩非常好的学生，其自主学习能力较强。郁同学和顾同学的英语成绩一般，其学习主动性也不够好。

张同学：Cartoon time 里面只有 3 个角色，我们小组有 4 个人，首先我们要想一想怎么新加一个角色。

李同学：是的。我觉得可以加一个旁白，帮助推进故事。

张同学：对的。那我来写旁白。你们商量一下该怎么丰富 Cartoon time 里的对话。

顾同学：我要演机器人，我可以唱歌，机器人不仅会说话还会唱歌。

郁同学：这个想法好！那我就演 Sam 吧。我来描述机器人的外貌。Cartoon time 里只描写了机器人的眼睛，我可以再描述它的嘴巴、耳朵和头。

李同学：你们都很棒！跟我想得差不多。那我就扮演 Bobby。Bobby 最后看到机器人变高后非常惊讶，我可以给他再加点台词。

就这样，小组内的同伴根据自己的能力和喜好，非常快速地把一个故事编写了出来，小组又经过协同演绎的形式呈现了完整的故事情节（图 3-6）。

图 3-6 英语课本剧创编

四、小组评价

传统的英语教学大多只关注学生的考试成绩，教师一般以学生的考试成绩来评价一个学生的好坏，这对于培养学生的成长型思维是不利的。而经过成长型思维模式指导的学生，更有可能相信评价是有用的。教师或同伴的评价可以给他们提供相应的信息，让学生相信他们可以使用这些评价信息，进而来更好地改变他们现有的知识、理解或技能水平。① 当教师试图在英语课堂上培养学生的成长型思维时，可以尝试做一件事：改变一些学生对评价的看法。教师希望学生能看到事物积极的一面，而不是消极的一面，改变思考的基本原则，接受和感知评价的价值与意义。

协同学习不等于简单地把学生分成若干小组进行讨论学习，如果教师缺乏指导协同学习小组学习的知识和技能，就不可能很好地指导协同学习小组进行学习，也不可能科学客观地给予适当的评价。教师必须精心设计多样化的协同学习活动，并综合考虑学生分析、目标设计、分组策略、任务选择和教学过程。在实际操作中，教师还必须进行及时、适度的组织和调控，以保证协同学习顺利进行。

---

① 麦克·格尔森. 如何在课堂中培养成长型思维［M］. 白洁，译. 北京：中国青年出版社，2019：1-5.

（一）影响协同学习小组评价的因素

1. 学生的自主学习能力

协同学习对于学生的自主学习能力提出了较高的要求，学生在对组内同伴进行评价时要对任务和组内同伴参与任务的情况有一个非常准确和清晰的认识，只有这样才能做出准确的评价。

2. 对协同集体所做的贡献

在协同学习过程中，由于组内每个学生的参与度不均衡，个别学生频频发言，占据协同学习的主导地位，组内其他学生则可能保持沉默。教师在对协同学习给予评价的时候往往只看到这些表现积极或最后做总结和呈现的学生，而没有关注其他为小组最终结果而做出努力的学生。因此，教师在评价时要细心观察每个成员对集体做出的贡献，给出科学合理的评价。

3. 教师评价的局限性

教师是协同学习小组评价机制的主要制定者和实施的引导者。建立合理的协同学习小组评价机制是为了不断调整小组成员的各种行为和活动规范，引导小组成员向达成学习目标奋进。但我们经常可以在实践中看到：教师对协同学习小组用的是"团体目标评价"，即根据预定的目标，对每个小组的总结发言或作业（调查报告、海报、手账等）打上一个团体分数。这样的评价方式造成了这样一些问题：一是教师是唯一的裁判者，评价主体单一；二是评价的内容缺乏人文关怀；三是评价只关注小组整体，没有关注到组内单个成员；四是评价重结果轻学生小组活动的过程。这样的评价方式对于学生成长型思维的培养是不利的。

（二）组内互评

让学生承担评价小组内同伴的责任也是体现成长型思维的一种有效方式，即在互相尊重、平等的前提下建立一个团结和谐的评价小组，使同伴之间开展积极的互动评价，引起学生的强烈兴趣，调动他们的积极性。在促进学生共同交流的同时，也能促使学生自我教育和反思，发展他们判断、交流、反思和评价的能力。同伴之间相互评价，还有助于解决学校班容量大，每个学生的身心发展、智力水平等有较大差异，教师的工作负担重而难以面面俱到地针对每个学生进行有效评价等问题。

学习者的反思是保证学习在协作活动的基础上有实质性收获的重要冬

件。学习者需要在协作活动之中及之后不断对自己的所做、所思和所得进行自我反思和整合。为了促进学习者的自我反思，可以设计反思评价表，以问题提示的形式督促学习者进行反思。另外，也可以让学习者在探究活动的各个阶段撰写反思日记，对协同活动进行小结和反思。

建立学习档案的过程须贯穿协同学习活动的始终，让学习者在活动过程中有意识地收集、选择和保留关于自己的活动资料，如活动计划、作品草稿及正式稿等。这些过程性资料可以反映出学生的努力程度、进展状况和成就水平，学生可以结合这些资料进行自我反思。

（三）组间互评

协同学习成功进行的一个重要条件是学习小组的积极互信。每个成员的成绩受制于小组的整体表现。对于合作的小组作业，应当侧重于对小组集体的评价，如小组分工是否合理、小组成员的合作程度如何、组员参与度如何、作业完成质量如何等。同时，为了防止个别成员"偷懒"，在评价上也要考虑每个成员的贡献度。对小组成员的个人评价不仅应注重其参与活动的态度、执行和完成任务的情况，还应注重其在小组集体活动中的具体表现、与学习伙伴的合作情况，以及对作业的完成有何贡献等。对于每个人的贡献，可以通过评价量表上的对应得分及小组活动的记录来进行评价。

学习小组要规定较固定的时间开展互评活动，可以互评作业、互相测验以获取反馈信息，也可以交流心得体会、协助理解消化学习信息。与此同时，定期对小组活动本身进行评价，是保持小组活动共同目标不变、提高小组活动效率的最好办法。

（四）教师评价

教师要适时组织各小组进行形成性评价，及时发现学习中存在的问题，对学习者解决问题的过程进行提问和启发，帮助学习者进行知识的整合；教师还要协调小组间和小组内各成员之间的关系以促进协同学习的开展。在这期间的形成性评价主要是对小组已取得的成果和存在的问题的评价，以促进更好地解决问题为宗旨。教师在使用课堂评价话语时应该注意学生的个体差异，对于课堂表现被动的学生可以用赞美其努力过程的评价语来肯定他的努力过程，如"You did a good job, because you are always making the effort.""I am glad to see that you try the other methods."等。在这样的评价语中用一个单词 because 来肯定学生的学习过程，可以让学生清楚地知道其好在哪里、问题在哪里，进而反思自己的学习情况以培养自身的成长型思维。

同时，在问题结束时，教师要组织学习者进行总结性评价。总结性评价以学习者个人为主要的评价对象，以促进学习者个人的发展为宗旨。由于协同学习的关注重点不在于掌握知识的多少，它更关注的是能力、态度等高层次的认知策略的学习。这些高层次的认知策略都是多维度的。因此，对协同学习的总结性评价宜采用多元评价的方式，如从每个学习者的自学情况、答疑情况、参与态度、对知识的意义建构，以及协同小组的整体合作情况、学习效果等多个维度做出综合评价。

每一个学习小组的学习水平都有一定的局限性，教师要定期组织更大范围的组间交流，让小组与小组之间知识互补、能力互补、互相促进。适当的组间评比和奖励可促进这一教学活动的进一步开展。

第三节　常用方式

协同学习是一种面向未来的全新的学习方式。在小学英语课堂学习中，教师引领学生组建小组，学生积极主动地选择小组，以协同性的学习任务为路径，深度加工知识，巩固旧知，建构新的认知体系。在协同学习过程中，学生能有效掌握英语语言技能与语言知识，较好地掌握学习策略。我们在小学英语课堂中常用的协同学习方式有五种：共读、对话、共绘、共演和共编。

一、共读

共读是指在英语课堂中，学生以小组为单位，以学习任务为导向，通过共同朗读、共读阅读等形式，共同完成学习任务，达到预设的学习效果。

（一）合作式共读与协同性共读

表3-1　合作式共读与协同性共读比对表

	合作式共读	协同性共读
小组构成	教师指定	同趣异质
学生角色	被动	主动
课堂中心	以教师为中心	以学生为中心
学习特点	组长主导	人人参与
学习结果	侧重共读结果	侧重共读过程和结果

由表3-1可知，合作式共读的分组形式多以教师为主导，学生完成学习任务的方式是教师指引或组内主要核心成员主导。协同性共读不同于合作式共读：其小组成员更具结构化，组内分工更加明确，学生能够主动参与学习过程；教师作为协调者引导学生进行共读，让学生"站"在课堂中央。在这样的共读活动中，小组成员沉浸在协同学习活动中，注重优化共读过程，形成主动合作的意识。

（二）协同性共读的定义

学生在同趣异质的小组内共同朗读或阅读以完成指定的学习任务，深度互动，共建共享，自由讨论，呈现进取、自信、活泼的课堂。活动具有集约性、群体性和激励性的特点。

（三）协同性共读的内涵

协同性共读是指小组内成员协同一致完成共读任务，打破合作共读的壁垒；小组成员在协同条件下，在朗读和阅读过程中，对任务进行有效整合、相互配合，认识到完成任务不再是一个人的事，每个成员形成发挥自己的优势，最终达成一致目标的意识。在协同性共读的过程中，学生在组内通过充分的沟通和异质合作，整体提升朗读技巧，掌握阅读技能；在处理问题的过程中，学生提升自信表达的能力。协同共读旨在激发学生的学习欲与积极性，以此提高成员们的口头表达能力和阅读能力。

（四）协同性共读的特征

协同性共读注重学生阅读的自主性，倡导阅读的有效性，培养学生自主学习、交际和探究的能力。协同性共读主要有以下两个特征。

1. 阅读能力可视化

在平时的教学中，教师经常会在课上或课外布置朗读或阅读的任务，通常形式为齐读、自读、小组合作读，但这些形式在检验阅读成果时往往不够全面。协同性共读的阅读主体是学生，将阅读任务具体分解至组内的每一个人，可以将学生的阅读能力量化，达到可视、可听的效果。

2. 阅读评价具体化

协同性共读可以使朗读或阅读任务具体化，因此，可以对每个学生进行有效的评价。依据小学生的学习特点，评价条目越细化，学生的阅读目的越明确，阅读能力的展现也越清晰。协同性共读的优势就是让朗读或阅读精细化，小组内成员在评价标准的指引下，学习主动性更强，在完成任务时协同的能力也会随之提升。

（五）协同共读的类型

基于对学生的日常阅读诉求、教学方式和阅读内容的选取，学生可进行的共读形式通常分为课内的和课外的，因此，协同共读的类型包括课堂上的和课堂外的。

1. 课堂文本共读

在英语课堂上，多数教师关注的教学重点往往是词汇、语法，以技能训练为主，同时由于课时紧张，在朗读上，对句子的重读、弱读，音调的升降等关注不够，学生朗读的机会较少。开展协同性共读，可以通过同伴互读、同伴共读、同伴助读等形式展开朗读，并伴随评价，能促使学生在教师的指导下有效关注朗读技巧，熟记文本词汇。例如，译林版英语一年级下册"Unit 4 Spring"中的 Story time 板块，描述的是春天公园的美景，主要句型为"Look at the... They're..."，要求学生在朗读时读好 look at 的连读，以及掌握名词和形容词的重读，同时模仿语文课堂，读出句中事物的特点。学生在进行协同性共读时采用了同伴互读和同伴助读两种方式并行的模式，并加入了量化的评价形式，对于一年级的学生来说，其课堂竞争意识和参与意识都很强烈，采取这样的共读策略可以很好地激发学生的学习热情，使其养成朗读的好习惯。

对于高年级的学生来说，除了能有效朗读文本外，掌握阅读策略也是一件非常重要的事情，可以为长篇幅的文本理解理清思路。如在学习译林版英语六年级下册"Unit 8 Our dreams"中的 Story time 板块时，文本中 6

位学生的梦想各不相同，原因也不同，句式较多、较长。因此，在理解和朗读几位学生梦想的过程中，教师采用了让学生协同整理的共读策略，教师将写有梦想和原因的纸条混合放在一起，组内同伴需要完成两个任务：① 进行协同整理，将人物、梦想和理由整理在一起；② 整理完毕后，每个组员选择一位人物的梦想进行朗读。这样的阅读不仅让学生掌握了整理语言链的方法，也让学生在共读的过程中关注好自己的任务，同时也照顾好组内的同伴，发挥出朗读的最好水平。

2. 课外绘本共读

课内的阅读是有限的，因此，课外阅读可以做一个很好的补充。课堂上教师的指导和辅助可以帮助学生形成一定的阅读能力，而做好协同共读能力的培养工作，还需要让学生利用好课余的碎片化时间充分阅读起来。小学阶段，绘本阅读是比较普遍的阅读形式之一，有些绘本也是对教材的补充。因此，在选择课外阅读材料时大多选择绘本，通过协同小组共看一本书、一起分享阅读感受，来丰富学生的阅读量。小组协同记录阅读成长展示成果（表3-2）。

表3-2 阅读成长记录表

第　　周		书名：	
组员姓名	时间	阅读章节	分享内容

协同性共读将学生阅读的积极性最大化地调动起来，组内同伴在彼此交流的过程中互相分享阅读经验，共同探究对书本感兴趣的地方，形成思维的共生共长。

二、对话

对话是英语课堂中常见的教学方式，也称为dialogue，是学生掌握和巩固新的语法、词汇、句型时进行的必要教学活动。

（一）合作式对话与协同性对话

不论是合作式对话还是协同性对话，对话教学都离不开师生、生生之间的相互配合。学生在教师的匹配下或者自我的选择下进行分组，互相之间没有明确的任务设定，大家自觉完成对话任务，可以同质或异质，这样的模式即为合作式对话模式。这样的形式能够激发学习积极性较高或基础较为扎实的学生的学习兴趣，对任务的完成效果有较高的要求；容易使学习能力较弱者失去学习和成长的机会。协同性对话，重点在"协"，学生在教师的指导下，明确任务，自愿自主地进行对话学习和练习，每个组员有既定的目标，将对话角色的语言、情感、思想领会到位，异质同趣，整个对话过程就是每一个组员将知识内化的过程。

（二）协同性对话的定义

协同性对话是指在英语课堂中，采用协同学习的方式，学生以教学文本为载体，教师与学生之间、组内成员之间或自己与自己用英语进行思想和情感上的交流互动的教学活动。

（三）协同性对话的内涵

在小学英语课堂中，对话教学的常用性是符合学生身心发展规律的，协同性对话的学习方式更能促进学生之间形成相互信赖与合作的关系，营造一个良性循环的学习氛围。巴西教育家保罗·弗莱雷（Paulo Freire）指出，对话是人与人之间的接触，对话自身是获取作为人的意义的途径，对话是人人都享有的途径，对话是人人都享有的权利。[1] 协同性对话正好构建了一个平等、有意义的对话氛围。保罗·弗莱雷还提出，"实施对话教学反映了教育上师生之间的一种双向的相互交流。这种交流是平等、民主、真实、积极的交流。在交流中，双方都是主体，为了共同的目的进行交流"[2]。协同性对话的主旨很好地体现了学习主体的明确性和目标的一致性。因此，在协同性方式的推动下，英语对话教学在一种平等、自由、向上的形态中，构建出一个学生积极领会和掌握语言技能的良性课堂教学生态环境，最终使学生在交流和思考中生成对对话表层和内涵的理解。

（四）协同性对话的特征

研究国内外专家学者对对话教学的阐述，大致可以得出一个他们共同

---

[1] 保罗·弗莱雷. 被压迫者教育学 [M]. 顾建新, 赵友华, 何曙荣, 译. 上海: 华东师范大学出版社, 2001: 38.

[2] 保罗·弗莱雷. 被压迫者教育学 [M]. 顾建新, 赵友华, 何曙荣, 译. 上海: 华东师范大学出版社, 2001: 41.

的主张：对话双方是一种平等的交往关系，任何一方都不能主宰对话，对话不是一方对另一方的"真理独白"，对话是双方合作创造真理的行为，是一种相互倾听、相互开放、相互融合、相互理解的过程。① 现阶段英语课堂中的对话教学多数以完成文本的交流为目的，对话教学只停留在表面，缺少深度学习，你来我往的简单互动模式也缺少思维的共建和资源的共享，难以达到整体的提升。在教学中展开协同性对话能够很好地填补这些缺陷，其特征表现为以下两个方面。

1. 语言知识的习得更具逻辑、更深入

英语对话学习是建立和感知语言体系的一个重要环节，协同性对话方式以学生为中心，使有着共同对话目的的小伙伴围坐在一起，进行平等的对话，共同努力，构建对话学习框架。对话交流讲究逻辑性，组内成员相互交流探讨，互助沟通，进行思维的交流与深度合作互动，将对话内容安排得更具合理性，符合日常交际的使用需求。同时，对于主题对话的探讨，在协同对话的过程中，组内成员也会不停地交换各自的信息和学习方法，在原有的对话基础上进行更有深度的构建。在一系列的学习过程中，学生感受到能够成功完成对话的可能性，体验成功的快乐。

2. 文化情感的理解更广泛化、深刻化

语言的学习也是文化的学习，语言学习不仅包括语言知识的学习，也包括对英语国家文化的认识和理解。在协同性对话学习中，对于文本提供的文化性知识，组内成员可以根据自身原有的知识储备和外部条件，进行互惠融合，将文化知识更多地汇集，并融汇进对话中，使对话内容更丰满、地道，依据更充分，让组内成员更有兴趣和信心进行对话练习。

（五）协同性对话的类型

佐藤学认为，对话性的实践就是学习，学习是建构客观世界意义的认知性、文化性实践，是建构人际关系的社会性、政治性实践，是实现自我修养的伦理性、存在性实践。可以说是"构筑世界""构筑伙伴""构筑自身"的实践。② 在协同性的环境下，哪怕是小学生，他们也会在学习过程中产生社会性现象，也需要随时进行"构筑"。依据指向成长、协同构建、

---

① 马露. 基于 ARCS 模型的初中英语对话教学个案研究［D］. 上海：华东师范大学，2015：5.
② 佐藤学. 学习的快乐：走向对话［M］. 钟启泉，译. 北京：高等教育出版社，2004：20.

项目优先的原则，协同性对话可以分为以下两种类型。

1. 基于精准任务的文本对话

文本对话的完成依托教学过程中对于语言练习任务的不断推进，是学生对文本中语言结构和文化内涵进行构筑的一个过程。有效达成文本对话的目标，是进行自主语言运用的起始步。协同性对话有助于学生加快语言构建，而精准的任务设定对于协同建构更具操作意义，学生主动学习的意愿会更强，相当于"构筑自身"。

例如，译林版英语五年级下册"Unit 8　Birthdays"中Story time板块的教学，在学习、感受完Su Hai、Su Yang和Mike的生日后，要对重点内容进行整合和延伸。教师将这一任务分为两个精准的小任务，组织学生进行协同性对话，并在此过程中进行如果出现语法错误就尝试改进的成长型思维的教学。

该环节教学过程如下：

教师出示Su Hai和Mike过生日的相关短语，并给出若干干扰项，让学生完成配对并进行完整语句表达。

play some games、eat some noodles、watch films、buy a birthday cake、play football、have a big dinner、have a party、eat the birthday cake、play with Kitty…

Su Hai：

Su Hai	Mike
eat some noodles	buy a birthday cake
…	…

Su Hai… on her birthday.　　　Mike… on his birthday.

精准任务一：你们能在小组协同互助之下准确找出Su Hai和Mike过生日的相关活动吗？请找出并放入相对应任务栏中，最后将完整的句子展示给大家。

协同性对话如下：

S1：Su Hai eats some noodles on her birthday.

S2：Su Hai and Su Yang play with Kitty on her birthday.

S3：Su Hai has a big dinner with her family on her birthday.

（在表达的时候，小组内关注动词第三人称单数的使用方法，如若把 eats 说成 eat，学生尝试互相纠正改进，共同进步。）

Mike 的生日操作过程同样进行。

精准任务二：在上一任务完成的情况下，通过比较可以发现，中西方的文化不同，过生日的形式也有所不同，你们能根据刚刚所表达的内容，将 Su Hai 和 Mike 的生日完整地描述出来吗？请小组内相互商讨，形成一篇短文。

协同性对话如下：

S1：Mike buys a birthday cake on his birthday.

S2：He eats the cake with his friends.

S3：He has a party and plays games with his friends.

S4：They have a lot of fun on his birthday.

（在对话过程中，学生之间相互关注语言和语法的准确性，教师呈现时其他学生也可以一并关注，互相纠正。）

两个任务顺势呈梯度上升行进，学生在这两轮任务下，由基本对话进展到形成文本，在学习过程中相互关注对话目标的达成，对于出现的问题及时互相纠正，在协同学习中共同提高。两项任务贯穿于协同学习中，且指向成长，既培养了学生抱团合作的能力，又帮助学生培养了不怕出错、努力纠正的成长型思维。

2. 基于文本基础的自由对话

学生熟练掌握文本对话后，对于语言的运用就有了自己发挥的余地。学生在原有基础上，联系实际进行交流是对话教学的目标之一。学生依据学习所得，在实际生活中使用相关语言，进行互动表达。不同于文本对话的精准指导，联系实际的表达模式更易于学生自由发挥，进行自主对话。

以译林版英语四年级上册"Unit 7　How much?"为例，学生通过第一课时的学习，对本单元的基本句型"—How much is it/are they? —It's/They are... *yuan.*"有了初步感知，基本学会了关于价格的问答方式。在第二课时中，教师设计了一个协同学习的超市购物对话环节，项目最终目标设置为：根据出示的商品任选一件，标注价格为原价，实际价格为原价的五折，请运用本单元的主要核心语言进行对话，要求切合实际、语言准确、语句说得越多越好。项目条件设置为：

Who	What	How much	How many
Billy	Football	58/个	1个
Bobby	Pencil	1/支	30支

教学过程如下：

① 学生在组内商讨选择哪一个商品进行购买。

② 学生最大化地将自己所知道的语言罗列出来，进行知识共享。

③ 学生将无用的对话剔除盘剥，将有用的对话组织排列。

选取某一组的对话如下：

Billy：Good afternoon, welcome to my supermarket!（根据平时对话的习惯进行问候）Can I help you?（本单元新知识点的运用）

Bobby：Yes, I'd like a football. It's for my brother.（三年级旧知识点的运用，符合逻辑）

Billy：OK, here you are.

Bobby：Thank you! How much is it?（本单元新知识点的运用）

Billy：It's only 29 *yuan*.

Bobby：Great! It's cheap and nice. Here you are.

（本单元歌曲中的句子，体现了知识的灵活运用）

Billy：Thanks.

Bobby：Goodbye.

Billy：Goodbye.

这段对话是学生在小组内深度互动获得的智慧成果。对话逻辑正确，符合日常实际表达，其中既包含新知识点的有效运用，也包含旧知识点的合理填充，使学生将浅层次的文本对话深入到知识的迁移和运用中。协同性对话将学生的思维充分调动起来，使学生在互动过程中也深度体验交际与学习的正向意义。

三、共编

共编指基于英语课堂故事语篇的学习，学生以小组为单位融合自己对故事语篇的理解和对生活的感悟共同续写或改编故事语篇的一种教学实践活动。这种常见的英语课堂活动形式通常用于语用输出环节，在提高学生语用能力的同时，锻炼学生的逻辑思维能力和合理联想能力。

（一）合作式共编与协同性共编

共编的"编"是一项自由的思想活动。"编"没有边际，只有本身思想的张力的限制。共编将他人与自我的思想进行编织，为思想加入边界。合作式共编是以任务为外在驱动力，简单合并小组成员的思想，缺少合理的挑选与逻辑性的梳理，组内容易出现以个人为中心的"个编"，远离合作学习的本意。合作式共编是以任务为中心的假合作、真个人的活动形式。协同性共编则是以逻辑为中心的活动形式，组内成员既有鲜明的个人意识，也有为全局考虑的集体意识。语篇编写时以逻辑为底色，有选择性和有条理性地编织组员个人想法，细化语篇的脉络，并有协同一致的故事编写方向。最终的作品是组员智慧与创意的有机结合。

（二）协同性共编的定义

协同性共编是指在英语课堂中，学生学习完语篇内容后，参照教师的具体指令，在小组中合理综合组员想法协同续写语篇结局或改编语篇情节，使之符合逻辑，以此实现语用能力的提升、思维的深度和广度的扩展、思维品质的提高。

（三）协同性共编的内涵

协同性共编指向故事性与趣味性。有协同性共编的课堂是属于学生的课堂。在这样的课堂上，学生积极参与课堂，认真阅读语篇，灵活运用所学进行交流。协同性共编不仅有助于培养学生实际运用语言的能力，提升其学习英语的兴趣，更有助于培养学生的英语学科素养，即文化意识、思维品质、学习能力和语言能力。协同性共编促进班级内学生对语篇的理解与感悟，加以协同创造和发展语篇的情节，使学生抒发自己独有的感悟，收获他人的思想，进一步加强对思维品质的培养。

（四）协同性共编的特征

协同性共编是一种再创造的输出性高级学习活动，它具有以下特征。

1. 课堂故事化

协同性共编通常用于故事类语篇教学的课堂，其中，以 Story time 和 Cartoon time 板块教学为主。教师营造故事氛围，学生沉浸在故事情境中，展开合理联想与想象，协同编写自己的故事。学生主导的故事化课堂趣味十足。

2. 思想交互化

协同性共编是个人思想的集体体现与表达。学生作为个体，拥有不同的生活体验，形成对生活独特的感悟和对事物独特的理解与看法。协同性共编提供给组内学生表达自我的机会与场所，学生通过倾听、理解、接受或批判，开启思想交互的旅程，协同共存，形成集体思想。

3. 思维品质化

协同性共编是锻炼学生综合语用能力的一种有效教学手段。在活动过程中，学生共编故事，输出语用，唤醒文化意识，增强思维的逻辑性，强化合作意识与自主学习意识，激发创新理念，不断强化各项思维能力，提升思维品质。

（五）协同性共编的类型

1. 结合情境展开的协同性共编

英语语言的习得具有情境性。情境是学生理解和运用语言知识的大环境。协同性共编同样离不开情境。学生的协同性共编不能远离原来课堂中的大情境，如若远离，则视为无效编写，小组的协同学习失败。协同性共编是在原有情境的基础上展开合理的、符合逻辑的联想，反向助推学生有效理解语言情境和掌握语用知识。例如，在译林版英语六年级上册"Unit 3 Holiday fun"的 Checkout time 板块的 think and write 课堂教学中，教师结合刚刚结束的国庆节话题，通过 look and say 让学生复习 Liu Tao 和 Mike 的国庆假期生活，再通过视频介绍北京的国庆节，为学生铺垫国庆节中北京的景点与活动，营造轻松愉悦的国庆节假期氛围，引领学生进入写作情境。协同小组共同完成 watch and circle，了解北京景点，通过 read and stick 掌握国庆节的活动短语，接着通过 discuss and say 分享与收集组内成员的假期活动短语与国庆感悟，最后协同小组分工完成写作任务"My holiday"。整个共编过程在情境中铺展开来，学生的注意力集中，兴趣盎然，在巩固本课重点语言知识的同时，拓展思维，丰富写作句式与结构，让学生在协同性共编中大胆进行语言的运用，有效提升语用能力。

2. 结合语言展开的协同性共编

语言输出环节不仅要注重活动的趣味性，让学生大胆参与实践活动，还要注重对语言知识的巩固，加深学生对所学知识的理解和记忆。协同性共编是语言输出的重要途径。一个出色的协同性共编活动必定与语言共生，与学生的语用能力共成长。教师带领学生梳理故事与语言信息，协同小组借助语言项目开展共编活动，这不仅充分运用语言知识，更调动生活经验展开交流合作，充分发展学生的合作交流能力。

以译林版英语六年级下册第一单元的 Story time 板块为例，本单元语篇中有许多副词修饰的句型，如"'How can I get out?' the lion said sadly."。这些句型推动故事的发展，帮助学生理解故事的情感色彩，同时又具有强烈的角色特点，激发学生的学习兴趣。本堂课中的协同性共编以副词句型为学习目标，鼓励学生以故事为背景依托，运用更多的副词使故事情节更加完整。学生在活动中呈现了精彩的协同共编场景一。

One day, a mouse walked by and woke the lion up. The lion was angry and wanted to eat the mouse.

在这里，协同小组成员 A 在陈述句中加入副词，改为对话：
"I wanted to eat you, little mouse." shouted the lion angry.

经过协同小组的内部讨论，成员 A 在修改为正确语句：
"I will eat you, little mouse." shouted the lion angrily.
"You are so small and weak. How can I help you?" laughed the lion loudly. Then he let the mouse go.

成员 B 补充 mouse 角色：
"Thank you, lion. You're so kind." said the mouse quietly/happily/...

经过活动，该组成员能正确运用副词编写对话，使故事完整、情感丰富，学生的表演也可圈可点。整个协同性共编活动整体上进展顺利，体现协同学习互帮互助、共同提升的优越性。

3. 结合情感展开的协同性共编

语篇中不仅包含目标语言知识，还蕴含丰富的情感元素。情感色彩是语篇的底色。学生只有在理解情感的情况下，正确运用目标语言知识，在合适的语境中正确表达出语言情感色彩，一堂英语课才算成功。学生能理解透语篇情感色彩，并结合生活经验合理想象和展开协同性共编是协同学习活动成功的标志。基于情感的协同性共编能帮助学生有效掌握语用知识，丰富学生的情感体验，激发学生的学习兴趣，触发学生的成长型思维，引发学生的深层次思考，让语言学习富有意义，让协同学习小组成员系紧情感纽带，完善学习体验。

例如，在译林版英语六年级上册"Unit 6 Keep our city clean"的Checkout time 板块中，学完 Story time 课文内容后，教师展示城市卫生的另外一面，messy and dirty 的图片直击学生的心灵，班级中出现叹息的声音。此时教师提出问题，如"In our life, What makes our city dirty?"，这引发学生热烈的讨论，教师自然引出问题"What can we do to keep our city clean?"，激励学生以协同小组为单位思考解决的办法。案例中教师激发学生的共情心理，调动学生的内在动机，让学生积极思考解决方案，共同编织城市的美好未来。这不仅引发学生在协同性共编中共情，加深其对城市发展的责任感，同时对学生的语言学习进行的直接反馈，可以帮助学生在运用中有效提升语用能力。

四、共演

共演是在英语学习中，学生以小组为单位，依据教材内容或生活实际情况，在相关情境下，通过语言、表情、肢体等元素将情节的内容和情感演绎出来的一种教学实践活动。

（一）合作式共演与协同性共演

合作式共演与协同性共演作为教学策略，都可以在教学活动中应用。合作式共演是两名或多名学生共同完成某一个文本或场景的演绎，学生根据教师的要求或角色的安排展开共演任务。在共演过程中，各成员之间侧重自身任务的完成度，在相互配合度上没有较多的限制条件，共演目标也不甚清晰，开放性比较大，对于小组成员的配合默契要求比较高。协同性共演中，学生要目标清晰，认识到表演任务中自己也有一份责任，每位成员在扮演自己的角色时务必要配合好其他成员，在练习中积极交流、互相信任、互帮互助，达到演绎成功的目标。在演绎过程中，成员们发挥各自的优势，并在共同目标的驱使下，使表演结果的效益达到最大化，形成"协同"。协同式共演是更加系统化、完善化的合作式共演。

（二）协同性共演的定义

协同性共演是指出于教学需要，进行教材文本或贴近生活实际素材的演绎，教师引导学生在自主自愿的原则下建立小组，进行主动学习，目标一致地将演绎内容内化为知识的一种表演形式。

（三）协同性共演的内涵

共演的"演"，即我们通常所说的角色扮演。斯顿（Paulston）和布鲁德尔（Bruder）认为，共演是指在角色扮演活动中给学生分配一个特定的虚拟角色，他们即兴创作并表演出与角色性格相符的行为。①

保罗·彭妮（Paul Penny）认为，角色扮演是通过一系列活动使学生感受到置身于某一特定的环境下扮演某个非己的角色，使用与新语境相符合的语言所进行的教学活动，尤其注重语言能力的运用。谢志良将角色扮演定义为教师在教学中为学生提供一定的语言环境并为学生进行相应角色分配的活动。② 通过专家学者们的阐释，我们认为，"演"既是对特定角色的模仿，也是在教师"分配"下进行的一种需要相互配合完成的活动。"共"即为协同，更是指向成长的协同。因此，协同性共演就是学生依托教材或生活实际，组成协同小组，在教师提供的语境之下，积极主动地对角色进行扮演，在"模仿—建构—生成"的集体学习方式中，综合运用语言的学习方式。

（四）协同性共演的特征

协同性共演作为一种科学性的教学形式，对于小学生的发展助益更大，教学形态与其他形式相比有着更鲜明的特征。

1. 深度调动综合语用能力

角色扮演是集听、说、读、译为一体的综合展现活动。在表演的过程中，学生将最大化地调动与表演有关的新知与旧知。而协同性共演汇聚了组内成员的观点、见解和想法。学生在协同模式下，面对共同的任务，将语言结构优化整合，努力呈现自己的最佳认知水平，齐心协力，使得扮演的语言结构更具深度和广度。每个成员在原有的语言水平上都有所提升，综合语用能力得到提高。

2. 教育性与交互性相结合

在英语教学中使用角色扮演的教学策略是为了达到教学目标，而教学

---

① 李晓燕. 角色扮演在我国英语课堂教学中的应用研究［D］. 河南：信阳师范学院，2012：4.
② 窦钰. 角色扮演在小学英语教学中的应用研究：以扬州市 S 小学四年级为例［D］. 扬州：扬州大学，2019：6.

目标的达成兼具人文性和工具性。学生在进行角色扮演时，势必要进行组内合作。通过协同模式，组员们进行交流沟通，毫无保留地将各自的想法呈现出来，在彼此商讨中加深理解；课堂的交互性激发学生自主学习的意识，其人际交往能力也逐渐得到提升；在大家相互沟通和学习的同时，学生能将所扮演角色的语言、情感、文化更细致地内化和吸收，在表演过程中最大化地建构知识和了解相关文化，在语言能力和文化提升上都有收获。

（五）协同性共演的类型

协同性共演有一个比较显著的特点，就是教师介入较少，学生自主发挥较多。国内外专家对角色演绎有很多科学详细的解说。我们围绕协同性学习，依据小学生的学习特点和学习规律，以及小学课堂实际，对罗永勤①提出的角色扮演类型中的半自由式角色扮演和自由式角色扮演模式稍加改进，非常契合协同性共演这一教学策略。

1. 依据既定语言知识的半开放协同性共演

在这一形式的共演中，学生会获得相应的语言知识，同时他们需要一定的自主空间对语言进行加工，既需要对既定语言知识烂熟于心，也要会适当加工语言，使得表演更加丰满。

例如，学生在表演译林版英语四年级上册 Unit 8 的 Cartoon time 板块时，主要的语言知识为：Look at these robots./They are very cool./Hello. Wow, you can talk./—Can you jump? —Yes, I can./You're great, but you are short./Look, now I'm tall. 。

学生在做共演准备的时候，积极协作，主动参与角色分配和语言操练。在达成一致决定的前提下，学生用最大的热情进行角色揣摩，丰富角色的语言。有不少学生在最开始和最后都增加了不少既有趣又符合对话情境的语言，如用"Nice to meet you. Welcome to robot museum."开头，用"Oh, I'm sorry, you are so tall."结尾。在协同性共演的过程中，学生的语言技能和非语言技能都得到了有效的提高，团队意识得到了加强。

2. 依据情境的自主协同性共演

这一形式给予学生的自主空间比较大，教师提供一定的情境给学生，

---

① 罗永勤. 英语角色扮演教学的类型及实例 [J]. 中小学英语教学与研究, 2006 (11): 35-40.

学生自己组织目标语言，根据情境自由发挥完成任务。这个对协同学习的要求也比较高，需要学生们自主形成统一目标。在表演形成的过程中，学生要有更深度的合作和共建共享的意识。

在教学译林版英语五年级下册"Unit 1 Cinderella"时，教师最后给学生两个情境，要求学生依据这些情境尽可能地将表演生动化，语言要充实，情节要饱满。

场景一：继母和几个妹妹最后会怎样？

场景二：灰姑娘和王子在一起了吗？

这是两个开放性的情境，教师希望学生不要拘泥于课本和读过的课外书，用自己组内的智慧创造性地进行演绎，同时采用有效的评价方式对其演绎进行评价（表3-3）。

表 3-3 协同演绎评价表

等级	语言使用	流利程度	配合度	创意性
A				
B				
C				

依据表3-3的评价要求，学生能够发挥主观能动性。在协同学习模式的作用下，学生显现的个体差异性会缩小，组内相互学习的氛围会十分浓烈，同时学生想要进行创造性表演和想要进步的意愿愈来愈明显，这也是成长型思维养成的过程。

五、共绘

共绘是在英语学习中，学生以小组为单位，依据教材内容和教师要求，把抽象的英语学习内容按照自己的理解和体会共同绘成具象的作品的一种教学实践活动，是一种常用于课前预习、课中输出和课后反馈的学习手段。

（一）合作式共绘与协同性共绘

合作式共绘与协同性共绘的共同点在于都是运用视觉想象学习策略。视觉想象强调学习者在绘画环境中体验语言学习的技巧，将视觉感官艺术和语言对话学习有机结合，达成视觉想象绘画激发学习兴趣的目的，将抽象的语言艺术平铺成具象的图像，刺激记忆生成。不同点在于合作式绘画是两名或多名学生在教师的课堂任务驱动下,共同完成绘画任务。在绘画过程中,学生之间缺少互动与交流,彼此之间的想法难以达成一致,甚至有可能因此产生矛盾,导致共绘任务的失败、课堂活动的中止。而协同性共绘是合作式共绘的高端版本,它解决了合作式共绘缺乏沟通的弊病。小组成员在开始共同绘画之前首先明确语言任务在绘图上具体体现的要素,"打底"绘画的蓝图,然后协商分工,发挥成员的优势,最终将语言元素、成员创意和构图框架协同呈现在画作上,小组成员依据小组画作逻辑清晰地达成语言输出的学习目标。

(二) 协同性共绘的定义

协同性共绘是指基于课堂语言学习基础,在面对具有挑战性和思辨性的学习任务时,教师引导学生自愿建立异质同组的学习小组进行共同绘画,成员主动表达,平等沟通对于绘画任务的理解和想法,分工合作,各显所长,将抽象的语言目标转换为具象的图像,再用准确、恰当的语言阐述小组画作。这是一种童画结合童趣的活动形式。

(三) 协同性共绘的内涵

英语课堂中的共绘即协同性共绘。教师有意识地创设融合绘画技艺的主题学习情境,协同小组成员手脑并用,围绕画面展开逻辑性想象,畅所欲言,既能掌握语言知识,又能借助联想学习和绘画过程达成学习目标。著名教育家汤姆林森(Tomlinson)提出,视觉想象理论是指围绕学习主题,先用视觉感官体验它的表层含义,再用绘图描述它的内部特征,最后在学习者脑海中形成对它的理性认知,达到由表及里、由感性上升到理性的学习目的。由此可知,绘画有助于学生深入理解英语语言知识。美国传播学学者德弗勒(DeFleur)提出个体差异论,即受传者对媒介信息做出的反应存在差异化。这种差异的存在形式或为显性或为隐性。经由上述理论可得,学生学习英语的能力存在或显性或隐性的差异。协同性共绘是解决英语课堂中学习能力存在差异的有效途径,学生在互动合作中共绘,在共绘中互相学习,达成组内成员共同成长的学习目标。

(四) 协同性共绘的特征

协同性共绘的特征鲜明,活动形式与其他协同性活动相区分,活动结果具象化,可以作为学生的成果被展示和存放,以使学生收获高度的学习成就感。

1. 活动项目化

协同性共绘是一种项目化活动：教师制定任务→协同小组分工完成共绘任务→共绘成果展示和交流→过程评价与成果评价。项目化的共绘活动在保证协同小组成员在活动中享受协同共绘乐趣的同时，又能在规定时间内进行有效评价，使学生在分享中深度地理解活动内容，促进英语学习的进步。

2. 成果可视化

协同性共绘将协同小组集体的智慧以绘画的形式呈现在集体面前，这样一种活动形式带给学生完成任务的满足感、对协同小组的认同感和自豪感。学生参与课堂活动期待收获成果，成果促使学生产生进一步学习的欲望，形成良性英语学习循环。

（五）协同性共绘的类型

从任务完成时间上看，协同性共绘被分为：① 课前预习型的协同共绘；② 课中输出型的协同共绘；③ 课后反馈型的协同共绘。

课前预习型的协同共绘是指小组以提前预习新知为学习目的，协同小组在预习课堂教学内容后以协同绘画的方式呈现各小组对课堂的理解，为课堂学习中的某一活动做好准备。例如，低年段学生在学习介词 in、on、under、behind 等时，教师提前安排协同小组按照学习任务要求，通过共绘的形式共同预习这些抽象的介词。低年段学生可通过模仿共绘把抽象的语言知识以具象的图画展示出来，提高对课堂重难点的学习效率。高年段学生则通过共绘呈现自己的预习成果。例如，译林版英语五年级下册"Unit 3 Asking the way"中，协同小组通过预习共绘 Yang Ling 去 Su Hai 新家的路线图，找出语篇中关于介绍路线的表达方式，为课堂中重难点的学习打牢基础，有助于学生紧跟课堂节奏，提高课堂效率。同时，共绘作品也有助于教师直观了解学生在组内的预习情况。

课中输出型的协同共绘是指在英语课堂中，教师就某一学习任务现场布置共绘任务，协同小组就任务要求在规定时间内完成协商讨论、任务分工、协同绘画和语言输出的活动。其任务一般小而精，绘画过程短而快，语言输出语轮扩张化。例如，在译林版英语五年级上册"Unit 6 My e-friends"第四课时 Writing 中，教师通过设计听、读等活动呈现 Wang Fang、Andy 和 Linda 这些 e-friends 的具体信息，学生在上一轮活动中反复操练和适当扩张语轮，借此打下扎实的语言基础。接着教师要求协同小组根据所给的语篇，模仿和设计新网友的信息网络图。其中一个协同小组完成共绘后，一人一句流利介绍新网友的信息，即"A.This is my e-friend.""B. Her name is Jessica.""C. She is from Canada.""D. She lives in China now.""A. She likes…""B. She is good at…"。这个协同小组合作默契，完美介绍了新网友的相关信息，并增加了一些细节，如"She lives in China now."，从而展示出协同小组的生命力与创造力。

课后反馈型的协同共绘一般作为小组的课后作业，其常见的形式有海报、关系图、事件脉络等。由形式可知，此种协同共绘对小组要求较高，注重学生对课堂学习内容的主旨理解、整体把控、脉络梳理等。如译林版英语六年级上册第一单元第四课时"Yu Gong moved mountains"中，教师布置学生共绘一份记录学习感悟的手账的任务。协同小组利用课余时间，集思广益共绘出一幅幅精美的手账。学生介绍自己组内的手账时，能正确运用一般过去时复述故事，再次复盘课堂学习。同时，"愚公移山"的精神，即"Where there is a will, there is a way."，通过协同共绘被烙印在学生的脑海里。

第四节 方案设计

一、三年级学习方案设计

【译林版英语三年级下册"Unit 6 What time is it?" Period 1 Story time 教学设计】 设计者：金小燕

（一）教材分析

译林版英语三年级下册"Unit 6 What time is it?"的话题是询问时间，词汇部分在第五单元数词表1—10的英语表达的基础上，引入了 eleven、twelve 及一日三餐的英语单词。第一课时 Story time 中的对话由四幅图组成，分别是主人公 Liu Tao 在早上7点和8点、晚上6点和9点四个时间点和不同人物之间的交流对话。本课时的主要功能是使学生学会询问时间，了解在不同时间应该做不同的事情，并能有意识地合理安排自己的时间。

（二）学情分析

经过一、二年级的英语学习，三年级的学生已经具备了一定的英语学习能力，积累了一定的语言知识。"时间"对于他们来说是熟悉的事物，本课表述整点时间的数字刚好是第五单元的教学内容，学生对数词表1—10的英语表达比较熟悉，渴望通过本课的学习获得更多的英语知识以丰富自己的交际内容，提高自身的交际能力。当前是我国防治新冠肺炎的关键时候，小学生更要了解相关的防疫知识，本课将课文内容与防疫主题相结合，帮助学生更好地了解一些防疫小知识。

（三）教学目标

1. 知识目标

① 学生能正确理解整篇对话的主旨与细节。

② 学生能在情境中理解并掌握词汇 time、clock、o'clock、breakfast、dinner、class、eleven、twelve、wake up、hurry up。

③ 学生能理解并学会在适当的情况下使用"—What time is it? —It's… o'clock. It's time for…"的句型。

2. 能力目标

① 通过课堂上不同活动的提问，学生能训练听的能力。

② 通过活动，学生能大胆说英语，在语境中培养开口说的能力。

③ 通过表演课文情境等活动，学生能训练综合语言运用能力。

④ 学生能用英语表达一些防疫小知识。

3. 情感目标

① 学生通过学习，愿意和别人交流自己的日常生活，并关注什么时间该做什么事。

② 在情境中学生能在合适的时间提醒对方该做些什么事情。

③ 学生能知道简单的防疫小知识并给别人提出建议。

（四）教学重难点

① 能理解整篇文章并准确、有感情地朗读。

② 能在情境中使用"—What time is it? —It's… o'clock. It's time for…"的句型。

③ 能将本课所学的语言用于谈论时间与所做的事情。

（五）教学准备

PPT、图片、视频。

（六）教学思路

本课例的设计螺旋上升为四层：导入、新授、操练和巩固。每一层都有任务，第一层主要培养学生听的能力；第二层、第三层通过语篇学习，学生能培养交际和综合语言运用的能力；第四层通过对疫情的了解和前期的学习，学生能够给出一些防疫小建议。完成每层任务的同时，学生也有相应的所得，到达课堂预设的最终目标。

（七）教学过程（T 即 Teacher，S 即 Student，下同）

1. Step 1：Pre-task preparation

（1）Sing the song：*Ten little Indians*

（2）Look and learn

T：Look，What's this?

S：It's a clock.

T：What time is it?

S：It's… o'clock.

（3）Say a chant

What time is it? What time is it?

Eleven, eleven. It's eleven o'clock.

What time is it? What time is it?

Twelve, twelve. It's twelve o'clock.

[设计意图]　通过歌曲复习数字并通过排列数字形成一个钟面来导入新课，学生能很好地调动学习积极性。教师拿出学生最熟悉不过的真实的时钟，并调整时间，让学生参与课堂提问，从而感知如何对时间进行谈论。再通过一个问答形式的 chant，来巩固本课的难点和活跃课堂气氛。

2. Step 2：While-task activities

（1）总览课文

Task 1：Guess and say（对课文进行整体预测）

T：It's a story about Taotao. Look，who are they? What are they talking about?

Task 2：Watch and choose（观看动画，了解大意，并将时钟与课文图片

配对)

T: What time do these pictures happen? Let's watch and choose the right time.

(2) 分图学习

Task 1(Picture 1)

① Listen and learn

T: Listen to the tape and try to tell us what does Mum say?

S: Wake up, Taotao. It's time for breakfast.

② Think and say

What else will Mum say?

Mum: Take your temperature, please.

Taotao: OK.

③ Get to know

≤37.2℃(healthy)   >37.2℃(have a fever)

[设计意图] 通过听 Picture 1 录音，教师帮助学生理解新知并尝试表达，联系新冠肺炎疫情下学生需要早晚测量体温的情况，对图片的对话内容进行适当的拓展，帮助学生了解防疫知识。

Task 2(Picture 2)

① Read and say

T: What time is it?

S: It's eight o'clock. It's time for class.

② Look and say

What does Miss Li say?

Miss Li: Put on your mask, please.

Taotao: I'm sorry.

③ Look and know

What should we do when we are wearing masks?

Don't touch the mask.

Don't touch your eyes.

Don't clean your ears.

Don't touch other things.

[设计意图] 学生通过自读 Picture 2 来完成练习，理解课文内容。联系新冠肺炎疫情，用出门须佩戴口罩来补充相关表达 put on your mask，同时用"I'm sorry!"来回答，进一步加入学科中的德育教育。本环节还设计了平时我们佩戴口罩时需要注意的事项（图 3-7），帮助学生预防病毒感染。

戴好口罩以后，我的小手要做到四不：不摸口罩、不揉眼睛、不掏耳朵、不摸任何其他东西。

At public places, I will keep my hands from touching the mask, touching my eyes, cleaning my ears, and touching other things.

图 3-7 防疫小知识

Task 3（Picture 3 & 4）

① Read and fill

It's six o'clock. It's time for _____. Wash your _____ before dinner.

It's nine o'clock. It's time for _____.

| lunch | dinner | hands | face | bed | TV |

② Watch and inform

How to wash our hands?

[设计意图] 通过阅读选词，学生理解课文内容并学习新知，通过观看如何洗手的视频来帮助学生了解预防新冠肺炎病毒的一些知识。

（3）操练巩固

Task 1：Read the whole story after the tape（要注意语音、语调、表情和动作）

Task 2：Read in roles

Task 3：Act in roles

[设计意图] 三年级的学生天真好动爱表演，所以在课文操练中，教师要特别关注学生的语音、语调、语气、动作和表情。邀请学生扮演课文角色并朗读表演，这不仅能激励学生主动参与文本的朗读与记忆，还能激发学生使用英语的兴趣。为了更好地完成表演，学生要锻炼自己的表达能力和表演能力。更重要的是，这个表演使学生在小组内学会互助合作，很好地培养了学生的成长型思维。

3. Step 3：Post-task activities

Task 1：Draw and say

T：Make a time schedule for yourselves and draw the time on the clocks, then talk about the time with your partners.

S1：What time is it?

S2：It's… o'clock.

Task 2：Choose and talk

T：Choose the activities and suggestions to make your schedule reasonable, then share the schedule with your groups.

S1：It's _____ o'clock. It's time for _____.

S2/S3/S4：_____, please. (take your temperature, wash your hands, put on your mask…)

S1：OK./I'm sorry.

[设计意图]　本课是对话教学，因此，课堂应该始终紧扣对话交流。最后环节设计了两个任务，并且这两个任务之间是螺旋上升递进的关系。这样的设计可以很好地锻炼学生的口语表达能力，以及检测学生对本堂课新知的一个掌握情况，同时把防疫知识加入其中，可以很好地帮助学生在生活中预防新冠肺炎。

4. Step 4：Homework

① 听、跟读并表演第六单元的 Story time 板块的内容。

② 请周围的同学和亲人提出一些生活中的防疫小建议。

③ 为自己设计一张合理的时间表。

[设计意图]　作为课堂的补充与延续，作业的设计考虑到以下几点：一是可以更好、更标准地进行英语发音练习；二是加深对文本的记忆；三是不断尝试对文本的语言材料进行合理的运用，以达到巩固效果。

（八）板书设计（表3-4）

表3-4　课例时间、情境设计表

—What time is it? —It's…o'clock	It's time for…	Suggestions
7:00	breakfast	Take your temperature
8:00	class	Put on your mask

续表

—What time is it? —It's...o'clock	It's time for...	Suggestions
6:00	dinner	Wash your hands
9:00	bed	…

二、四年级学习方案设计

【译林版英语四年级上册"Unit 7　How much?"Period 2　Fun time & Cartoon time 教学设计】　设计者：居静华

（一）教材分析

译林版英语四年级上册"Unit 7　How much?"的话题是询问价格，与本册"Unit 6　At the snack bar"的食品买卖承接。教师可以适当复现前面学过的饮料、食品、水果、家具类单词，鼓励学生综合运用以前学过的知识，围绕本单元的主题在日常生活场景中自然流利地运用所学语言。第一课时的文本紧紧围绕义卖主题，呈现爱心义卖的活动场景，让学生围绕真实情境，学会"几十"和"几十几"的英文数字表达，初步理解"How much is it?"和"How much are they?"的区别。第二课时基于第一课时的文本内容，对重点句型进行进一步学习、操练，使学习能够仿照课文中爱心义卖的场景，结合学校的扶贫活动，运用所学句型猜测价格、询问价格、购买商品。

（二）学情分析

① 学习基础：经过三年的英语学习，学生已经掌握了一定数量的英语语言知识，语用能力也得到了一定程度的提升。

② 学习态度：绝大部分学生能积极参与英语课堂学习，大部分学生能大胆参与角色表演，个别能在表演中加入自己的理解，如加入动作、关怀的语气、自创的一两句台词等。

③ 语言运用能力和逻辑思维能力：学生具有语言运用能力，能跟随教学正确模仿，能理解和操练语言知识；学生的逻辑思维能力向抽象思维发展，能运用语言知识正确表达。

④ 语音能力：学生已接触部分语音知识，如连读、重读、爆破、同化等。

⑤ 情感能力：学生懂得同情弱者，愿意给予他们帮助。

（三）教学目标

① 学生感知、模仿、操练并基本能运用日常交际用语，如 "—Can I help you? —Yes, I'd like… /—How much is it? —It's… *yuan*. /—How much are they? —They're… *yuan*." 等，询问物品价格，进行购物、爱心义卖。

② 学生感知、模仿、操练并运用单词 a fan、an umbrella、shoes、socks、twenty、thirty、forty、fifty 等，音义形基本识记正确。

③ 学生懂得同情弱者，愿意给予他们帮助。

（四）教学重难点

① 学生能运用相关句型进行问答，在不同的生活场景下进行询价、购买商品。

② 学生能通过协同学习，在小组内与他人合作完成学习任务，养成创造性思维。

③ 学生懂得同情弱者，愿意给予他们帮助。

（五）教学准备

课件、视频。

（六）教学思路

本节课从 Story time 的复习着手，由课文中的爱心义卖，联系到舟山实验小学（以下简称"我校"）与贵州德江的结对扶贫，创设为德江的孩子购买爱心物品的情境。通过去 Billy 的商店进行采购这一活动，学生仿照课文，在小组的协同学习中共编、共演，运用相关句型进行询价、购买商品。

（七）教学过程

1. Step 1：Pre-reading

（1）Lead in：About Story time

Look and feel

（2）Review Story time

Look and say

（3）About the money

Show the picture of the children from Dejiang. How much do they get?

Think and say

[设计意图] 学生重新感受进行义卖活动的缘由，复习 Story time，从

而进入为德江的孩子买东西的语境。

2. Step 2：While-reading

（1）Brainstorm

snacks，toys，clothes，stationary

Guess and say

[设计意图]　把各类东西分别放入四种不同类栏里，引出 Billy 的商店。

（2）Fun time

—How much is it? —It's… *yuan*.

—How much are they? —They are… *yuan*.

① Play and guess

② Pair work

[设计意图]　学生通过游戏，根据商品给出的不同提示，猜出价格，并进行对话练习。

（3）Question：What can you take to Dejiang?

Think and choose

Lily，Ben and Amy：We are at Billy's market. We want to buy something new.

[设计意图]　已知苏州到德江的距离及前往的时间，学生选出合适的物品。

（4）Some questions

Question 1：What would you like?

Question 2：Where's my skirt?

Question 3：Can I help you?

Question 4：What can you see?

Question 5：How many would you like?

[设计意图]　小组内进行讨论，总结购物时可以用到的语言。

① Choose the right questions

Dialogue：

A：Can I help you?

B：Yes, I'd like some bags of cookies.

A：How many would you like?

B：Five, please. How much are they?

A：They are forty *yuan*.

B：Here you are.

A：Thank you.

[设计意图] 根据教师给出的问句，学生选出适合在购物中使用的句子，并形成一段购物对话。

② Read together in groups

③ Read in roles in groups

[设计意图] 小组内协同合作，齐读和分角色朗读对话。这是一项共读活动。

④ Think and say

[设计意图] 仔细观察对话，小组内讨论，将对话补充完整。这一步是朗读对话的一个提升练习。

（5）Football and pencil（表3-5）

表3-5 课例情境设计表

	⚽	✏
原价/元	52	1
折扣	5折	5折
购买数量/个	1	30

① Guess the price in groups

[设计意图] 小组内的学生互助合作，将正确的价格算出来。

② Make the dialogue

[设计意图] 仿照上一环节的对话，根据算出的价格，小组共同商讨，编写对话，并上台完成表演。在共读的基础上将学习层次再次提升，这是一项共编活动。

3. Step 3：Post-reading

Make a dialogue：

A：Hello/ Good morning… Can I help you?

B：Yes, I'd like...

A：How many...?

B：..., please.

A：OK. Here you are.

B：How much is it/are they?

A：It's/ They are... *yuan*.

B：Here you are.

A：Thank you！

① Choose the products and set the price in groups

② Choose the roles in groups

③ Act out

[设计意图] 通过前面的学习，学生发起爱心活动，进行购物赠送。此环节依旧是协同学习环节，学生在前期操练的基础上，在小组内进行任务的自主分配，齐心协力完成教师布置的任务。

4. Step 4：Homework

① Write a letter to the children in you groups.

② Write down some dialogues about shopping.

（八）板书设计（图3-8）

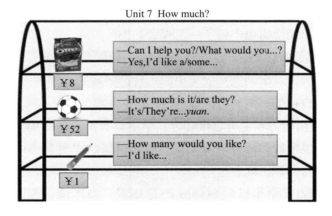

图3-8 "Unit 7 How much?" 板书设计图

三、五年级学习方案设计

【译林版英语五年级上册"Unit 6　My e-friend" Period 4　E-friend Club（Checkout time & writing）教学设计】　设计者：陈慧

（一）教材分析

译林版英语五年级上册"Unit 6　My e-friend"的话题是网友，包含年龄、学科、爱好等内容，相关内容学生均已在之前的英语学习中接触过，教师可以鼓励学生综合运用学过的知识，围绕本单元的主题全面介绍自己的网友。第一课时主要谈论了 Wang Bing 的英国网友 Peter 的相关信息：国籍、年龄、学校课程、兴趣爱好等。第二课时基于第一课时的文本内容，对重点句型进行进一步学习、操练，学生能运用句型、使用第三人称单数介绍他人和询问第三者的情况。经过前两个课时的学习，学生能较准确地通过提问了解他人的信息，对他人进行综合描述。第四课时以 E-friend Club 为话题，向学生展示俱乐部中的 3 名网友，让学生通过问答了解这 3 名网友，巩固了了解他人信息所需使用的句型，并形成思维导图。在此基础上，教师引导学生交流讨论自己理想中的网友，完成思维导图，并根据思维导图写一写自己理想中的网友。

（二）学情分析

① 学习基础：经过近四年的英语学习，学生已经掌握了一定数量的英语语言知识，语用能力也得到了一定程度的提升。

② 学习态度：绝大部分学生能积极参与英语课堂学习，大部分学生能大胆参与角色表演，个别能在表演中加入自己的理解，如加入拥抱的动作、关怀的语气、自创的一两句台词等。

③ 语言运用能力和逻辑思维能力：学生具有语言运用能力，能跟随教学正确模仿，能理解和操练语言知识；学生由逻辑思维能力向抽象思维发展，能运用语言知识正确表达。

④ 语音能力：学生已接触部分语音知识，如连读、重读、爆破、同化等。

⑤ 情感能力：学生能感受到交友的快乐，体会到友情的珍贵。

（三）教学目标

① 感知、模仿、操练并基本能运用日常交际用语，如"—How old is

she/he? —She/He is... /—Where does she/he live? —She/He lives... /—What subjects does she/he like? —She/He likes... /—What does she/he like doing? —She/He likes... /—Can he/she speak...? —Yes. She/He can speak..."等，掌握了解他人信息的问答。

② 感知、模仿、操练并运用相关的单词，音义形基本识记正确。

③ 能感受到交友的快乐，体会到友情的珍贵。

（四）教学重难点

① 学生能运用相关句型进行问答，了解 E-friend Club 中网友的信息，并形成思维导图。

② 学生能根据自己理想中的网友，绘制相关思维导图，并形成短文。

③ 学生能感受到交友的快乐，体会到友情的珍贵。

（五）教学准备

课件、视频。

（六）教学思路

本课时以"E-friend Club"为话题，教师首先介绍网友俱乐部，引起学生的好奇。学生通过问答了解网友俱乐部中的 3 名网友，形成思维导图，并能根据思维导图对他人进行综合介绍。在此基础上，学生交流讨论自己理想中的网友，完成思维导图，并根据思维导图，写一篇关于自己理想中的网友的短文。

（七）教学过程

1. Before class

Sing a song：*Friends song*

[设计意图] 运用与本课话题相关的歌曲，带领学生边唱边跳，吸引学生的注意力，烘托学习氛围。

2. Step 1：Pre-reading

（1）Greeting

T：I like dancing with you，my friends. Let's begin our class.

[设计意图] 互相问候，拉近师生间的距离，进入课堂。

（2）Know about me

T：I am your English teacher. What do you want to know about me?

[设计意图] 引导学生向教师提问，了解教师的年龄、爱好等信息。

Ss：What do you like doing?

T：I like singing and dancing. I also like making e-friends. Do you want to make e-friends? Let me show you about the E-friend Club.

[设计意图] 通过学生的提问，教师引入本课教学主题 E-friend Club。

（3）Look and enjoy（出示图片及文字介绍）

T：In the E-friend Club, we can make friends from different countries. We send e-mails to friends. We talk and chat on the Wechat. We write blogs on the Microblog. We are happy e-friends.

（4）Let's chant

We are e-friends in the club.

We live in different countries.

We send e-mails to each other.

We chat, we talk.

We are happy e-friends in the club.

[设计意图] 通过图片和文字介绍，教师带领学生了解 E-friend Club，奠定课堂学习的基调。通过诵读富有节奏的儿歌，营造轻松、有趣的学习氛围，为后续的学习做好铺垫。

3. Step 2：While-reading

（1）Introduce and greet

Teacher introduces three members in the E-friend Club：Wang Fang, Andy and Linda.

[设计意图] 介绍本课主线人物。

（2）E-friend：Wang Fang（Checkout time）

① Listen and tick（图 3-9）

Students listen to the tape, tick the right pictures and check answers.

文本内容：

Wang Fang is my e-friend. She is twelve years old. She lives in Shang Hai. Her mother is a teacher. Her father is a doctor. Wang Fang likes Music. She can sing very well. She likes playing table tennis too. She often plays table tennis after school.

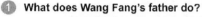

图 3-9 课文内容展示

[设计意图] 完成 Checkout time 板块内容，获取 Wang Fang 的部分信息。

② Scan and answer

Read the passage of Wang Fang and answer the questions quickly.

Question 1：How old is Wang Fang?

Question 2：Where does Wang Fang live?

Question 3：What subjects does Wang Fang like?

Question 4：What does Wang Fang like doing after school?

③ Fill and say

Use the information table to talk about Wang Fang（表 3-6）.

表 3-6　Wang Fang 信息表

Wang Fang	
Age	12
Country	China
Subjects	Music
Hobbies	playing table tennis

Wang Fang is my e-friend.

She's _____ years old.

She lives in _____.

She likes _____.

She can _____ very well.

She likes _____ after school.

④ Retell

Use the mind map to introduce Wang Fang（图 3-10）.

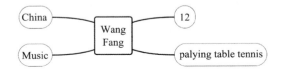

图 3-10　Wang Fang 信息思维导图

[设计意图]　学生阅读短文，迅速找到 Wang Fang 的信息，完成信息表内容填写，同时在教师的带领下，完成第一份思维导图，并根据 age、country、subjects、hobbies 进行复述，以第三人称介绍 Wang Fang。

（3）E-friend：Andy

① Think and ask

T：What do you want to know about Andy? Can you ask some questions?

Question 1：How old is Andy?

Question 2：Where does Andy live?

Question 3：What subjects does Andy like?

Question 4：What does Andy like doing?

Question 5：Can Andy speak Chinese?

[设计意图]　鼓励学生大胆提问，操练第二人称提问的用法，学生通过提问获取自己需要的信息。

② Listen and ask

Ask Andy some questions on the Wechat.

Question 1：How old are you?

Question 2：Where do you live?

Question 3：What subjects do you like?

Question 4：What do you like doing?

Question 5：Can you speak Chinese?

[设计意图]　通过模拟微信聊天情境，学生对 Andy 本人进行提问，区

分第三人称和第二人称提问的用法。

③ Read and fill

Read the dialogues on the Wechat and fill in their information tables.

文本内容：

Andy：Hello, my name is Andy. I am 12. Nice to meet you.

Andy's e-friend：Where do you live?

Andy：I live in the US.

Andy's e-friend：What subjects do you like?

Andy：I like Science and Maths. I'm really good at Maths.

Andy's e-friend：What do you like doing after school?

Andy：I like going swimming. I also like playing the piano.

Andy's e-friend：Can you speak Chinese?

Andy：Yes, I can. But a little. I study Chinese at school.

④ Ask and answer

Students work in pair, then ask and answer these questions to check the information table.

Question 1：How old is…?

Question 2：Where…?

Question 3：What subjects…?

Question 4：What does…?

Question 5：Can you speak…?

⑤ Fill and say

Use the information table to talk about Andy（表3-7）.

表3-7　Andy 信息表

Andy	
Age	12
Country	the US
Subjects	Art & Maths
Hobbies	going swimming & playing the piano
Language	English & Chinese

⑥ Retell

Use the mind map to introduce Andy（图 3-11）.

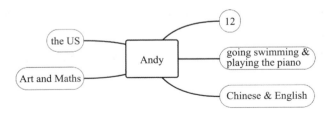

图 3-11　Andy 信息思维导图

[设计意图]　操练第三人称句型的问答，完成信息表，运用思维导图进行介绍。

（4）Watch and fill

① Show a video of Linda's self-introduction.

T：Linda post a video on the Microblog. Please watch the video twice and fill in the mind map about Linda.

视频文本内容：

Hello, I am Linda. I have big eyes. I'm sixteen years old. And I'm from Canada. It is a beautiful country. I can speak Chinese and English. I like Music and Art. I am good at drawing. I like reading and writing stories. Do you want to be my friend?

② Ask and fill

Complete the mind map.

③ Retell

Use the mind map to introduce Linda（图 3-12）.

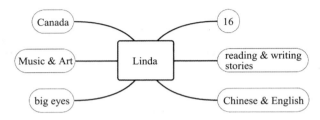

图 3-12　Linda 信息思维导图

… is my e-friend.

She has…

She is…

… lives in…

She likes…

… likes… after school.

… can speak…

④ Let's chant

She's my e-friend.

She has big eyes.

She is 16.

She lives in Canada.

She likes reading.

She likes writing stories.

She can speak Chinese.

She can speak English.

She likes Music and Art.

[设计意图]　通过视频，获取 Linda 的信息，学生自主完成思维导图，并进行介绍。

4. Step 3：Post-reading

（1）Think and write

T：Do you want an e-friend? Please talk about your ideal e-friend and write the sentences down.

① Students draw mind maps about their ideal e-friends.

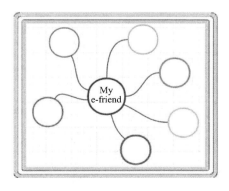

② Students write about their ideal e-friends.

My e-friend

This is my e-friend. He/She _____

_____

_____

_____

_____

③ Students share about their ideal e-friends.

[设计意图]　学生交流讨论自己理想中的网友，完成思维导图，并根据思维导图，写一写自己理想中的网友。

（2）Think and say

In the E-friend Club, we make friends from different countries. We may have different appearances. We speak differently. We have different hobbies. We all can be friends, because we live in one world.

5. Step 4: Homework

（1）Write about your ideal e-friends.

（2）Post your ideal e-friends on the Wechat, Microblog or other social media.

（八）板书设计（图3-9）

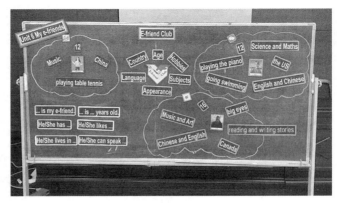

图 3-9　E-friend Club 板书设计图

四、六年级学习方案设计

【译林版英语六年级下册"Unit 4　Road Safety"Period 4　Rules in different places（Checkout time & writing）教学设计】　　设计者：俞蕾

（一）**教材分析**

译林版英语六年级下册"Unit 4　Road Safety"围绕"道路安全"这一话题，呈现了交通规则和安全知识，帮助学生树立正确过马路的安全意识。本单元的话题与学生的实际生活息息相关。本单元呈现了过马路的行为指南及车辆的行驶规则，重点呈现了情态动词 must 及其否定形式 mustn't 的用法，鼓励学生认识交通标识，掌握安全知识，遵守交通规则。

（二）**学情分析**

① 学习基础：经过五年多的英语学习，学生已经掌握了一定数量的英语语言知识，语用能力也得到了一定程度的提升。学生对交通规则、红绿灯的具体含义及车辆的行驶规则已有一定的知识经验基础。

② 学习态度：绝大部分学生能积极参与英语课堂学习，大部分学生能大胆参与角色表演，个别能在表演中加入自己的理解，如加入拥抱的动作、关怀的语气、自创的一两句台词等。

③ 语言运用能力和逻辑思维能力：学生具备语言运用能力，能跟随教学正确模仿，能理解和操练语言知识；学生由逻辑思维能力向抽象思维发展，能运用语言知识正确表达。

④ 语音能力：学生已接触部分语音知识，如连读、重读、爆破、同化等。

⑤ 情感能力：学生通过学习再构文本，能领会遵守规则的重要性。

（三）**教学目标**

1. 知识目标

① 学生能正确理解、朗读和使用词汇：get over the fence、hit and kick、use gentle voices、talk gently。

② 学生能正确使用句型"What must... do?""What must... not do?"，正确问答和描述自己和他人的行为。

③ 学生能正确使用情态动词 must 和 can。

2. 能力目标

① 学生能正确运用 must 特殊疑问句及问答句进行交流。

② 学生能正确使用情态动词 must 和 can 描述规则。

3. 情感目标

学生通过学习再构文本，能领会遵守规则的重要性。

（四）教学重难点

① 学生能使用情态动词 must 和 can 进行问答交流。

② 学生能使用情态动词 must 和 can 描述规则。

③ 学生能区分 must 和 can 在不同语境中的用法。

（五）教学准备

课件、视频。

（六）教学思路

本课时以规则为话题，通过交通规则复习 must、mustn't 和 can 的用法和区别，并引导学生正确使用情态动词完成关于交通规则的思维导图。学生通过对班级规则的文本学习，完成相关思维导图，并根据思维导图，写一篇关于班级规则的短文。

（七）教学过程

1. Step 1：Pre-reading

（1）Enjoy a rhyme

Enjoy and watch

[设计意图]　运用与本课话题相关的儿歌，吸引学生的注意力，烘托学习氛围，让学生快速进入课堂。

（2）Review

① Look and answer

You mustn't get over the fence.

traffic rules

② Ask and answer

classroom rules

[设计意图]　复习交通规则，由交通规则过渡到教室规则，由此引出本课时的话题 Rules in different places。

2. Step 2：While-reading

（1）Read and judge

① Teacher introduces the rules of this activity.

Students read the traffic rules loudly.

If it was right，please say "Yes".

If it was wrong，please say "No".

② Students read the sentences loudly and judge.

We must wait for the green man at a zebra crossing.（Yes！）

We can play ball games on the road.（No！）

You mustn't play ball games on the road.（Yes！）

We can cross the road with other people.（Yes！）

We can run or play on the road.（No！）

We mustn't run or play on the road.（Yes！）

We mustn't look out for cars on the road.（No！）

We must look out for cars on the road.（Yes！）

We must look at the traffic lights.（Yes！）

[设计意图]　通过对交通规则的判断，学生复习 must/can 等情态动词的意义和用法，活跃课堂气氛。

（2）Ask and answer

① Look and say

Teacher shows a picture：We must…

T：What must we do on the road?

S：We must wait for a green man.

Teacher shows a picture：We mustn't…

T：What must we not do on the road?

S：We mustn't get over the fence.

② Students read the dialogues.

A：What must we do on the road?

B：We must wait for a green man.

A：What must we not do on the road?

B：We mustn't get over the fence.

③ Work in pairs

A：What…?

B：We must…

A：What…?

B：We mustn't…

（3）Review（复习 must 和 can 的区别）

① You must look for a zebra crossing.

You must look at the traffic lights.

tip：important

② You mustn't play football on the road.

You mustn't run on the road.

tip：dangerous

③ You can wait on the pavement.

You can cross the road with other people.

You can't cross the road here.

You cannot cross the road here.

tip：alternative

④ Summary

must（必须），用于描述重要的事情或规则。

mustn't（禁止），用于描述危险的事情或规则。

can（能），can't/cannot（不能），用于描述具有可选择性的事情或规则，还可以用于描述能力或权利。

⑤ Read more

look at the traffic lights

wait for the green man

look out for cars

look for a zebra crossing

wait on the pavement

cross the road with other people

get over the fence

listen to music at a zebra crossing

run or play on the road

（4）Brainstorm

① Work in pairs

两人一组，开动脑筋，把写有交通规则词组的纸条贴在思维导图中合适的位置。

② Try to say

两人一组，轮流说一说自己的思维导图。

Traffic rules

To keep safe on the road, we must…

We mustn't…

We can…

Follow the rules and stay safe on the road.

（5）Read and circle

（6）Listen and tick：classroom rules

3. Step 3：Post-reading

（1）Brainstorm

两人一组，开动脑筋，把关于班级规则的词组写在思维导图中合适的位置（可以参考刚才的听力材料）。

（2）Think and write

T：We must follow the rules. Rules make the world in order（井然有序）.

根据班级规则的思维导图，写一写班级规则，注意选择合适的情态动词。

Classroom rules

In the classroom, there are many children learning there.

To keep the classroom nice, we must_____

_____

_____

Let's follow the rules and enjoy the learning time in the classroom.

4. Step 4：Homework

（1）Read Checkout time three times.

（2）Try to know more rules in the different places.

[设计意图] 作业的设计既要考虑其作为课后补充的巩固作用，又要发挥其拓展效用。本课中的规则同样适用于其他场所，学生们正好可以学以致用，进行操练，既有真实性也有实用性。

第五节　学习工具

从小学生英语核心素养培养角度出发，学习单可以帮助教师明确英语课堂的教学目标，为学生进行自主学习和合作探究提供方向和重点，也可以帮助学生在学习过程中集中注意力、积极投入各项学习活动中。教师可以通过课后收集学生使用后的学习单来了解学生探究知识的思维过程、明确学生对知识的掌握程度，学习单也可以成为教师进行教学反思和开展下一步教学工作的重要依据。

一、协同学习单的设计

（一）协同学习单的设计过程

协同学习单的设计过程也是教师之间协同备课的过程，基本的程序概括为"集体研讨—确定内容—个人初备—集体研讨—修订改正—正式确定"。学期初始，教研组长会组织本年级的英语教师针对本学期的教学内容进行整体分析，教师互相交流，明确每节课的教学目标和教学重难点，为协同学习单的设计做好准备，接着备课组长把教学内容分配给每个教师，安排每个教师完成自己负责的学习单，主备课的教师根据教学内容及其他教师的意见并结合自己的教学风格初步设计学习单。之后再次召开集体教研会，其他教师针对初稿提出建议，主备课的教师再结合意见进行修改与完善，最后形成比较正式的学习单发放给学生使用。

（二）协同学习单的设计要素

为了让协同学习有序开展，学生需要明确协同学习的任务、要求及完成任务的方法。因此，设计一份科学、合理的学习单是有效实施协同合作学习的前提。根据协同学习的课堂教学实践，协同学习单需要体现三个要素：内容要素、程序要素、评价要素。

1. 内容：聚焦主题，关注学情

协同学习单是把小组需要协同完成的学习任务通过文字和表格的形式表现出来，来弥补教师口头表达的随意性和不明确性，这样可以让学习任务更加清晰、明确，让学生的协同学习更加有序。协同学习单的设计要以学生为主体，考虑小学生的学习情况，难度要合适。教师可以在遇到以下教学任务时设计学习单：① 思维难度较大，大部分学生无法独立完成任务。② 学习容量过大，大部分学生无法按时独立完成任务。③ 需要运用发散性思维提出多种解决问题的对策。④ 开展学习难度低但参与率高的学习活动。

2. 程序：步骤明晰，分工合理

一张科学完善的协同学习单只有学习步骤清晰、成员分工明确，才能有助于协同学习的进行。学生拿到学习单以后，应清楚知道自己每一步该做什么、如何做。学习单上还应明确安排好详细的协同学习的任务，提前确定好人员分工，比如，写明组名、组长、组员、记录员、汇报员、管理员等信息，确保人员分工明确、各司其职。

3. 评价：关注发展，多元评价

评价在协同学习过程中同样重要，好的评价可以激发学生参与协同学习的热情和积极性。协同学习的评价不是关注小组结论的正确与否，而是从学生长远的能力发展的角度出发，着力评价学生协同学习过程中能否主动参与合作活动，能否各司其职、相互合作，能否聆听他人发言，积极发表自己的观点。评价的模式可以是多元的，表现在：一是教师评价，教师可以对小组的合作状况、合作态度、合作效果等做出评价，也可以对小组中个人参与的态度和能力表现进行正面的、激励性的评价，使每个学生在教师的赏识和鼓励中变得越来越自信、越来越优秀。二是小组自评，小组成员对本组的合作与交流情况进行反思，发现存在的问题与不足，总结经验。三是组际互评，小组之间相互找出对方在合作方面的优缺点，寻找彼此间的差距，自我调整，自我完善。四是组内互评，除了班级层面的组际评价外，我们还可以在学习单上体现小组内学员之间的评价，如根据小组合作讨论的情况，对组员的表现进行评价，评出"金点子组员""操作小能手"等。五是个人自评，学生根据自己在小组合作中的参与度与合作能力进行反思，对自己做出评价。

（三）协同学习单的种类

协同学习单主要分为三种：师生协同的学习单、生生协同的学习单、亲子协同的学习单。

1. 师生协同的学习单

学生是学习的主体，但是限于身心发展的特点，学生无法独立完成所有的学习任务。在学生实现个人成长蜕变的过程中，教师要引导学生看清方向、明确方法、提高效率。结合五种协同学习的呈现方式，师生协同的学习单亦分为五种不同的模式。

（1）共读

评价维度分为：学习兴趣、学习习惯、学业成果。评价内容分为：阅读兴趣、阅读策略、成果展示。其中，阅读兴趣的评价指标为：乐于接受教师的指导，认真聆听教师的指令，主动把教师协助与个人理解结合进行阅读。阅读策略的评价指标为：根据教师的指导，快速略读全文，体会主旨大意；根据教师的提醒，圈画关键语句，定位文中信息；听取教师的建议，检验答案正误，寻觅遗漏信息。成果展示的评价指标为：阅读过程中听取了教师的指导，并结合个人理解完成相应的阅读任务；阅读过程中留下了清晰可见的思考痕迹，尝试习得正确的阅读策略；读后能主动与小组成员交流，分享个人想法，尊重他人意见。评价等第方面：分为A、B、C、D，A对应"积极参与"，B对应"基本参与"，C对应"偶尔不参与"，D对应"被动参与"。评价主体方面：阅读兴趣的评价主体是学生本人，阅读策略的评价主体是小组成员，成果展示的评价主体是观摩教师（表3-8）。

表3-8 师生协同共读评价表

评价维度	评价内容	评价指标	评价等第				评价主体
			A	B	C	D	
学习兴趣	阅读兴趣	乐于接受阅读指导					个人
学习习惯	阅读策略	速读寻主旨，细读定细节					小组
学业成果	成果展示	听取指导，自主尝试					教师
		保留作答痕迹，记录阅读心得					
		组内交流分享，各抒己见					

续表

教师评价	
学生评价	

（2）共话

评价维度分为：学习兴趣、学习习惯、学业成果。评价内容分为：对话兴趣、对话过程、话后反思。其中，对话兴趣的评价指标为：乐于与教师展开师生对话，愿意在组内参与交流讨论，回忆教师指导及组内交流过程来丰富对话内容。对话过程的评价指标为：根据教师的提问，进行相应回答；回应教师的指引，组内互动交流；回忆教师的指导，丰富语轮语量。话后反思的指标为：对话过程中表现自然，不怯场，可以自由阐述个人观点与看法；与小组成员平等互动，不过度参与，也不保持安静，在倾听他人意见的同时，也能够发表自己看法；对话当堂展示自然流畅，并可以通过教师的评价内省个人不足。评价等第方面：分为A、B、C、D，A对应"表现积极"，B对应"表现较好"，C对应"表现一般"，D对应"表现被动"。评价主体方面：对话兴趣的评价主体是学生本人，对话过程的评价主体是小组成员，话后反思的评价主体是观摩教师（表3-9）。

表3-9 师生协同共话评价表

评价维度	评价内容	评价指标	评价等第				评价主体
			A	B	C	D	
学习兴趣	对话兴趣	乐于与教师共话，付诸组内实践					个人
学习习惯	对话过程	协助教师共话，组内练习实践					小组
学业成果	话后反思	自然流畅分享					教师
		询问教师意见					
		轮流表达想法，提出改进方向					
教师评价							
学生评价							

（3）共绘

评价维度分为：学习兴趣、学习习惯、学业成果。评价内容分为：绘画兴趣、绘画过程、画后展示。其中，绘画兴趣的评价指标为：乐于欣赏教师的示范作品；主动协助教师共同完成一幅绘画作品，愿意倾听教师的建议并在组内协同绘画。绘画过程的评价指标为：主动参与教师的示范绘画并加以修改；在与组内成员的交流中，合理分工，完成各自分配的绘画任务；绘画完成后知道应该如何用语言进行表达，丰富画作内容，展示画作精彩之处。画后展示的评价指标为：主动向其他同学展示小组画作，介绍组员分工；与教师和其他同学交流画作内容，分享绘画心得；接受他人的反馈与建议，在课后或者闲暇时间对画作进行更改和重述。评价等第方面：分为A、B、C、D，A对应"出色完成"，B对应"较好完成"，C对应"基本完成"，D对应"尚未完成"。评价主体方面：绘画兴趣的评价主体是学生本人，绘画过程的评价主体是小组成员，画后展示的评价主体是观摩教师（表3-10）。

表3-10 师生协同共绘评价表

评价维度	评价内容	评价指标	评价等第				评价主体
			A	B	C	D	
学习兴趣	绘画兴趣	乐于协助教师完成共绘，主动在组内尝试					个人
学习习惯	绘画过程	主动参与，合理分工，语言描绘					小组
学业成果	画后展示	展示画作，介绍分工					教师
		交流探讨，分享心得					
		结合反馈，反思改进					
教师评价							
学生评价							

（4）共演

评价维度分为：学习兴趣、学习习惯、学业成果。评价内容分为：表演意愿、表演过程、演后反思。其中，表演意愿的评价指标为：安静聆听教师指导，观察记忆示范表演，协助教师完成示演，组内积极练习。表演过程的评价指标为：主动协助教师完成示范表演，向组内成员分享表演要点；根据教师提示逐步分派角色，重复练习，查漏补缺；自主地由单纯的模仿跟读到脱稿表演，增加肢体语言、道具使用等细节，慢慢完善。演后反思的评价指标为：表演后能留在台上，自主发表演后感言，分析表演中本组的优势与劣势，然后根据教师和其他同学的反馈，回忆表演并表明尚可努力的方向。评价等第方面：分为A、B、C、D，A对应"表现积极"，B对应"表现较好"，C对应"表现一般"，D对应"表现失误较多"。评价主体方面：表演意愿的评价主体为学生个人，表演过程的评价主体为小组成员，演后反思的评价主体为观摩教师（表3-11）。

表3-11 师生协同共演评价表

评价维度	评价内容	评价指标	评价等第				评价主体
			A	B	C	D	
学习兴趣	表演意愿	乐于聆听教导，观察记忆，协助表演，组内合作					个人
学习习惯	表演过程	协助示演，组内分享要点，分派角色，反复练习，臻于完善					小组
学业成果	演后反思	分享组内实践过程					教师
		自述优势与劣势					
		结合反馈进一步修改					
教师评价							
学生评价							

（5）共编

评价维度分为：学习兴趣、学习习惯、学业成果。评价内容分为：创编意愿、创编内容、编后感言。其中，创编意愿的评价指标为：在学习完本节课内容后，愿意跟随教师的引导，回顾、总结、归纳所学知识点，并运用个人创造能力与小组协作，共同创编新对话或者新语段。创编内容的评价指标为：跟随教师的引导，总结、归纳知识点并加以吸收；在组内交流、梳理知识脉络，从中选取小组成员同趣之处，由此展开对话或者语轮的创编；在创编语轮或者语段的过程中，敢于创新，大胆尝试，结合旧知，创建情境。编后感言的评价指标为：表演新编对话后，能够独立自主、流畅清晰地阐释组内交流情况和练习过程；自主提出创编过程中产生的疑思，主动向他人或者教师寻求援助，协助成长，共同努力。评价等第方面：分为A、B、C、D，A对应"主动创新"，B对应"较为积极"，C对应"改动较少"，D对应"基本模仿"。评价主体方面：创编意愿的评价主体为学生个人，创编内容的评价主体为小组成员，编后感言的评价主体为观摩教师（表3-12）。

表3-12 师生协同共编评价表

评价维度	评价内容	评价指标	评价等第				评价主体
			A	B	C	D	
学习兴趣	创编意愿	乐于跟随教师的引领，归纳知识，创编新语段					个人
学习习惯	创编内容	梳理知识脉络，寻找组员同趣，大胆创新尝试					小组
学业成果	编后感言	自主阐释创编过程					教师
		提出疑思，寻求帮助					
		组内交流，激发想象					
教师评价							
学生评价							

2. 生生协同的学习单

（1）共读

评价维度分为：学习兴趣、学习习惯、学业成果。评价内容分为：阅读兴趣、阅读策略、成果展示。其中，阅读兴趣的评价指标为：乐于与小组内同伴合作，认真聆听同伴发言，同时能积极主动参与阅读。阅读策略的评价指标为：在小组内能寻找到自己的位置，与他人合作阅读全文，体会主旨大意；能与他人合作圈画出关键语句，找出关键信息；听取同伴建议，核对检验答案，寻觅遗漏信息。成果展示的评价指标为：阅读过程中能与同伴合作，并在小组内发挥自己的作用，能配合他人完成相应的阅读任务；在与同伴的合作中，尝试从同伴处习得正确的阅读策略；读后能主动与小组成员交流，分享个人想法，尊重他人意见。评价等第方面：分为A、B、C、D，A对应"积极参与"，B对应"基本参与"，C对应"偶尔不参与"，D对应"被动参与"。评价主体方面：阅读兴趣的评价主体是学生本人，阅读策略的评价主体是小组成员，成果展示的评价主体是观摩教师（表3-13）。

表3-13 生生协同共读评价表

评价维度	评价内容	评价指标	评价等第				评价主体
			A	B	C	D	
学习兴趣	阅读兴趣	乐于与同伴合作					个人
学习习惯	阅读策略	与同伴合作，习得阅读策略，找出关键信息，核对检验答案					小组
学业成果	成果展示	在组内发言					教师
		保留作答痕迹，记录阅读心得					
		组内交流分享，各抒己见					
教师评价							
学生评价							

（2）共话

评价维度分为：学习兴趣、学习习惯、学业成果。评价内容分为：对话兴趣、对话过程、话后反思。其中，对话兴趣的评价指标为：乐于与同伴对话，愿意在组内参与交流讨论，并能从同伴处习得正确对话。对话过程的评价指标为：根据组内同伴提问，进行相应回答；回应同伴的对话，组内互动交流；能根据教师的指导，丰富语轮与语量。话后反思的指标为：对话过程中可以根据提示，表达个人看法；在小组内倾听他人意见的同时，也能够发表自己的观点；对话当堂展示自然流畅，并可以通过同伴和教师的提示，及时意识到表达存在的问题并改正。评价等第方面：分为A、B、

C、D，A 对应"表现积极"，B 对应"表现较好"，C 对应"表现一般"，D 对应"表现被动"。评价主体方面：对话兴趣的评价主体是学生本人，对话过程的评价主体是小组成员，话后反思的评价主体是观摩教师（表3-14）。

表3-14　生生协同共话评价表

评价维度	评价内容	评价指标	评价等第				评价主体
			A	B	C	D	
学习兴趣	对话兴趣	乐于与同伴共话，付诸组内实践					个人
学习习惯	对话过程	协助同伴共话，组内练习实践					小组
学业成果	话后反思	自然流畅分享					教师
		询问同伴意见					
		轮流表达想法和提出改进方向					
教师评价							
学生评价							

（3）共绘

评价维度分为：学习兴趣、学习习惯、学业成果。评价内容分为：绘画兴趣、绘画过程、画后展示。其中，绘画兴趣的评价指标为：乐于欣赏教师的示范作品；主动协助教师共同完成一幅绘画作品，愿意倾听教师的建议在组内协同绘画。绘画过程的评价指标为：主动参与教师的示范绘画并加以修改；在与组内成员的交流中，合理分工，完成各自的绘画任务；绘画完成后知道应该如何用语言进行表达，丰富画作内容，展示画作精彩之处。画后展示的评价指标为：主动向其他同学展示小组画作，介绍组员分工；与教师和其他同学交流画作内容，分享绘画心得；接受他人的反馈与建议，在课后或者闲暇时间对画作进行更改和重述。评价等第方面：分为 A、B、C、D，A 对应"出色完成"，B 对应"较好完成"，C 对应"基本完成"，D 对应"尚未完成"。评价主体方面：绘画兴趣的评价主体是学生本人，绘画过程的评价主体是小组成员，画后展示的评价主体是观摩教师（表3-15）。

表 3-15 生生协同共绘评价表

评价维度	评价内容	评价指标	评价等第 A	B	C	D	评价主体
学习兴趣	绘画兴趣	乐于协助教师完成共绘，主动在组内尝试					个人
学习习惯	绘画过程	主动参与，合理分工，语言描绘					小组
学业成果	画后展示	展示画作，介绍分工					教师
		交流探讨，分享心得					
		结合反馈，反思改进					
教师评价							
学生评价							

（4）共演

评价维度分为：学习兴趣、学习习惯、学业成果。评价内容分为：表演意愿、表演过程、演后反思。其中，表演意愿的评价指标为：安静聆听组内同伴指导，观察记忆示范表演，协助同伴完成共演，在组内积极练习。表演过程的评价指标为：主动协助组内同伴完成表演，向组内成员分享表演要点；组内自发自觉逐步分配角色，积极主动重复练习；通过肢体语言、道具、台词等完善表演。演后反思的评价指标为：表演后能留在台上，自主发表演后感言，分析表演中本组的优势与劣势，然后根据教师和其他同学的反馈，回忆表演并表明尚可努力的方向。评价等第方面：分为 A、B、C、D，A 对应"表现积极"，B 对应"表现较好"，C 对应"表现一般"，D 对应"表现失误较多"。评价主体方面：表演意愿的评价主体为学生个人，表演过程的评价主体为小组成员，演后反思的评价主体为观摩教师（表 3-16）。

表3-16 生生协同共演评价表

评价维度	评价内容	评价指标	评价等第 A	B	C	D	评价主体
学习兴趣	表演意愿	乐于教导同伴，观察记忆，协助表演，组内合作					个人
学习习惯	表演过程	共同表演，组内自主分派角色，反复练习，完善表演					小组
学业成果	演后反思	分享组内实践过程					教师
		自述优势与劣势					
		结合反馈进一步修改					
教师评价							
学生评价							

（5）共编

评价维度分为：学习兴趣、学习习惯、学业成果。评价内容分为：创编意愿、创编内容、编后感言。其中，创编意愿的评价指标为：在学习完本节课内容后，愿意与组内同伴回顾、总结、归纳所学知识点，并运用个人创造能力与小组协作，共同编造新对话或者新语段。创编内容的评价指标为：组内能通过合作总结、归纳知识点并加以吸收；在组内交流，梳理知识脉络，从中选取小组成员同趣之处，由此展开对话或者语轮的编造；在编造语轮或者语段的过程中，敢于创新，大胆尝试，结合旧知，创建情境。编后感言的评价指标为：表演新编对话后，能够独立自主、流畅清晰地阐释组内交流情况和练习过程；自主提出编造过程中产生的疑思，主动向他人或者教师寻求援助，协助成长，共同努力。评价等第方面：分为A、B、C、D，A对应"主动创新"，B对应"较为积极"，C对应"改动较少"，D对应"基本模仿"。评价主体方面：创编意愿的评价主体为学生个人，创编内容的评价主体为小组成员，编后感言的评价主体为观摩教师（表3-17）。

表 3-17 生生协同共编评价表

评价维度	评价内容	评价指标	评价等第 A	B	C	D	评价主体
学习兴趣	创编意愿	乐于与组内同伴合作，归纳知识，创编新语段					个人
学习习惯	创编内容	梳理知识脉络，寻找组员同趣，大胆创新尝试					小组
学业成果	编后感言	自主阐释创编过程					教师
		提出疑思，寻求帮助					
		组内交流，激发想象					
教师评价							
学生评价							

3. 亲子协同的学习单

（1）共读

评价维度分为：学习兴趣、学习习惯、学业成果。评价内容分为：阅读兴趣、阅读策略、成果展示。其中，阅读兴趣的评价指标为：乐于接受家长的指导，认真聆听家长的意见，主动结合家长的协助与个人理解进行阅读。阅读策略的评价指标为：根据家长的指导，阅读全文，体会主旨大意。成果展示的评价指标为：阅读过程中遵从家长的指导，并结合个人理解完成相应阅读任务；阅读过程中，尝试习得正确的阅读策略，体会阅读的乐趣；读后能主动与家长进行交流，分享个人想法，尊重他人意见。评价等第方面：分为 A、B、C、D，A 对应"积极参与"，B 对应"基本参与"，C 对应"偶尔不参与"，D 对应"被动参与"。评价主体方面：阅读兴趣的评价主体是学生本人，阅读策略的评价主体是家长，成果展示的评价主体是观摩教师（表 3-18）。

表 3-18　亲子协同共读评价表

评价维度	评价内容	评价指标	评价等第 A	B	C	D	评价主体
学习兴趣	阅读兴趣	乐于接受阅读指导					个人
学习习惯	阅读策略	主动阅读，体会阅读乐趣					家长
学业成果	成果展示	遵从指导，自主尝试					教师
		与家长交流分享					
教师评价							
学生评价							

（2）共绘

评价维度分为：学习兴趣、学习习惯、学业成果。评价内容分为：绘画兴趣、绘画过程、画后展示。其中，绘画兴趣的评价指标为：乐于欣赏相关主题绘画的美并能与家长共绘；愿意倾听家长的建议，主动与家长共同完成主题绘画作品。绘画过程的评价指标为：主动与家长一起进行绘画活动；在与家长的合作中，合理分工，能完成各自的绘画任务；绘画完成后能与家长合作用语言对绘画作品进行介绍。画后展示的评价指标为：主动向他人展示画作，介绍家庭成员分工；与他人交流画作内容，分享绘画心得；接受他人的反馈与建议，在课后或者闲暇时间对画作进行更改和重述。评价等第方面：分为 A、B、C、D，A 对应"出色完成"，B 对应"较好完成"，C 对应"基本完成"，D 对应"尚未完成"。评价主体方面：绘画兴趣的评价主体是学生本人，绘画过程的评价主体是家长，画后展示的评价主体是观摩教师（表 3-19）。

表 3-19　亲子协同共绘评价表

评价维度	评价内容	评价指标	评价等第 A	B	C	D	评价主体
学习兴趣	绘画兴趣	乐于与家长合作完成共绘					个人
学习习惯	绘画过程	主动参与，合理分工，语言描绘					家长
学业成果	画后展示	展示画作，介绍分工					教师
		交流探讨，分享心得					
		结合反馈，反思改进					
教师评价							
学生评价							

二、协同学习单的开发

学习单的研发与使用是一个周期反复、螺旋上升的过程，需要教师团队的共同研讨、打磨，并根据师生的课堂反馈不断得到优化与完善。

1. 学习单的研发过程

学习单的研发来源于观察并记录协同学习的课堂教学实践。首先，任课教师在课题小组内研讨磨课，而学习单设计者同时参与其中，倾听并提出个人的修改意见，将研发的学习单自然融入已设计好的课堂之中，并综合考虑不同的参考因素，分教师与学生视角进行学习单的制作。学习单如同教学课件一样，会出现不同的版本，直到臻于完善。此时，教师组与学习单研发组需要共同讨论，互相磨合，预设学习单在课堂中使用的情境，以及预估可能出现的突发情况，比如，教师或者学生难以理解学习单的填写方法，判断标准不同，数据难以统计，等等。其次，实录课堂过程。使用录像的方法记录含有学习单的完整课堂内容，课后教师组、学习单研发组与观摩教师组研讨交流，互相分享教学过程中出现的问题、可改进之处及学习单的用后感受。同时，学习单研发组要做好反馈记录，并针对其中的问题与全组成员展开讨论，详细列出可执行的方案并备案，以供后期使用。最后，把学习单研发过程记录在案，登记使用过程中出现的问题，以及预想对应的解决方法，将每一次课堂时间的表格梳理整齐，以供参阅查询。

2. 团队的分工协同开发

学习单研发组内部的分工，主要以组内成员任教的年级和课业量为依据，以公平互助为原则，以集思广益为特点，集众人之力，共同攻克学习单研发过程中出现的难题。协同开发则指要统筹整个课题制作组的进度，内容和章节要注意整体的统一性、部分的特质性。开发过程离不开课堂实践与课后研讨，就如同文章需要实例才能言之有物。学习单作为协助学生进一步培养成长型思维、形成协同学习模式的重要媒介，只有建立在观察课堂实例的基础上，才能有所改动，不停蜕变，完成升华。以四年级组的共读、共话、共演协同学习教演片段为例，该课堂实例是课题组首次尝试将学习单融入课堂实践，初始尝试以观摩教师为评价主体，每位教师负责观察记录一个小组，根据课堂上学生小组的表现完成手中学习单表格的记录。在课后研讨阶段，部分教师反映学习单的填写方法不太明确，而且每人都有各自的评判标准，导致记录的结果不够科学。根据此次教演的结果，研发组成员对学习单进行了二次研制，将较为具体的次数描述改为比较客观的等第评分法，将过于细节的行为描述改为形容词类的行为判断，更加便于理解和执行操作。简明易懂、方便快捷是表格的特点，学习单作为协助学习的工具，切不可过于复杂，以免让学生学习的重点转移，让教师观察的重心偏移。

3. 团队的具体要求

团队的共性与个性需要得到充分考虑。共性即同质，目标都是指向成长型思维的协同学习模型的建立；个性即异构，充分发挥每位课题组成员的主观能动性和潜力，使课题组成员运用想象力、创新力，结合个人教学实践和思考让课题研发更进一层。而在研发学习单的过程中，教师也在培养自身的成长型思维，与学生共同成长。研发材料来源于各个年级所提供的成熟课例，按照年级与共性模式被划分为不同的层级，可从多种角度进行客观记录，结合个人主观反馈进行数据的梳理、返工与修改。

三、协同学习单的应用

协同学习单作为有效课堂的重要载体，可以更好地体现课堂多元评价及"目标—过程—评价"的基于课程标准的教学理念。协同学习单在小学英语教学中的编写与应用是提高课堂效率，促进学生自主、合作、探究学习的有效途径。协同学习单的编写和设计十分重要，但把协同学习单应用到实践中去才是重中之重。在运用时，从时间上看，教师应把握好课前预习、课堂教学、课后评价三个环节中协同学习单的使用，使三个环节环环相扣，成为一个联系紧密的整体。从空间上看，协同学习单可以被应用到学校、家庭及社会实践的学习过程中去。

1. 课堂场景的使用

课前，将学习单下发给观摩教师及学生，阐明学习单具体的使用及填写方法，做好示范，并且出示相应的范例学习单，让填写者明确个人的职责，掌握学习单填写的内容与方式，明了学习单的重要性。以四年级共读教演片段为例，学生按小组分布在教室内部，每个小组4人，并定好组名和发言顺序，提前设置好记录者等角色，安排每个人轮流担任。小组旁设观摩教师座位，每个教师负责观摩一个小组，他们在课堂中要注重观察师生互动、生生互动，并做好相应记录。上课教师在课前和学生与观摩教师讲明学习单填写方法，并明确本次课堂的主题：指向成长型思维的协同学习片段教学演练。在课后整理总结环节中，协同学习单可发挥使用成效，实现有效多元评价。"整理"是学生学习的收尾阶段，能及时提示学生梳理学习内容，总结学习的得失，从而进一步获得学习经验。

2. 不同领域的使用方法

学习单在不同领域的使用方法亦不同。在学校教学方面，首先，学习单主要由教师下发，供学生和观摩教师使用。其次，学习单下发后教师再统一收集，记录数据后再把学习单展示给参与教学过程的学生和观摩教师，进行数据分析与总结。最后，教师和学生分享个人感言和学习单的使用反馈。以上步骤结束后，教师再结合反馈信息进一步调整对学习单的使用并重新使用学习单。

在家庭教育方面，不同于学校教学所使用的师生协同、生生协同学习单，家庭内部使用的是课外教学的亲子协同学习单。亲子协同学习单的使用需要综合考虑学生家长和学生共同的使用时间，并且提供非常详细、有例可循的学习单使用指导，可通过语音、视频等线上沟通途径帮助学生与家长成功应用学习单，让亲子协同既具有挑战性又具有趣味性，让学习成为一项促进彼此成长的手段，而不是额外的课业负担。

在社会实践学习中，协同学习单可以帮助学习者直观了解实践的任务要求，帮助小组成员很快了解共同的任务目标，主动进行组内分工合作，扮演好自己在组内的角色和履行好自己的角色责任。与此同时，社会实践的学习评价者也可以掌握评价内容，了解评价方式并根据评价标准去进行有效反馈。

3. 学校接受反馈并进行管理的途径

学校通过任课教师的定时定期反馈，了解学习单制作及使用的具体情况，方法可分为专人负责、小组反馈、会议交流、线上分享。专人负责即由学习单研发组组员单独与学校负责人对接，谈论展示学习单研发过程与对应成果，并列出可能存在的问题与未来发展的方向。小组反馈即由学习单负责小组以整组为单位，向学校反馈组内学习单研发情况及研发组与其他课题组之间的协作情况，并向学校反映遇到的困难和取得的成果。会议交流即扩大规模，由小型的集会变为整体的进度交流，在学校会议室召开正式会议，记录会议过程和进度进程，系统科学地记录完整的项目研发过程。线上分享即通过线上媒体及时反映、传递学习单研发与使用过程中的细节与流程，更便捷，但是也有不够直观、随意性较强等不足之处。

学校接收到学习单研发组的反馈信息后，进行信息梳理及调整，并且根据相应的问题整合课题组人员进行会议探讨。

第六节　学习评价

课程改革的核心问题是教学与评价的变革。"教、学、评相一致"的教学思想和评价机制应该成为指向成长型思维的小学英语协同学习评价的指导方针。为了更好地服务于培育学生的英语学科核心素养的课程目标，协同学习的评价在评价内容方面不仅要有质性的要求，而且要有量化的标准，即要有评价量表。评价量表是一种用不同的数值来代表某种态度的量化表格，其目的是将非数量化的问题量化，以便更为清晰地了解和掌握教学的过程和结果。本书主要对协同学习的课堂综合评价量表、学生活动的表现性评价量表和协同学习的拓展性活动评价量表进行介绍。

一、确定评价维度的理论依据

协同学习的评价涉及五个方面：学科知识（从具体事实性知识到重要概念再到核心观念）、活动经验（从具体经验到程序性知识到策略再到经验图式）、学科认识方式（认识角度、认识思路、认识方式等）、学科能力（从学习理解到应用实践再到迁移创新）和外在表现（问题情境）。因此，确定协同学习评价维度的理论依据主要有强调知识建构、情境教学和探究教学的建构主义学习理论，主张全面参与和共同建构的后现代主义理论，强调过程而非结果的发展性评价理论，以学习为中心的教学思想和评价理论，以及《义务教育英语课程标准（2011年版）》。

1. 建构主义学习理论

建构主义不仅对学习的发生提出了新的见解，也为教学评价带来了新的参照依据。根据"知识是由学习者自主建构的"基本假设，美国学者戴维·乔纳森（David H. Jonassen）提出了五种建构主义的评价理念：一是目标游离评价，即注重评价学习者建构知识的过程，教育评价可以通过评价协商目标来评价学习的过程和结果；二是以真实任务为标准的评价，即注重评价解决真实问题的体验；三是以知识建构为标准的评价，即关注知识建构的智力过程；四是基于学习情境的评价，注重学习情境中的真实任务；五是以协商建构意义为标准的评价，关注协商建构的新意义及协商过程的评价。主动参与、自我反思及自我诊断是建构主义教学评价的重要组成部分。通过自我监控、自我测试、自我检查等活动促进学习者进行内在评价是建构主义评价观区别于传统教学评价的显著特征。建构主义评价观主张评价不仅要关注学生学习的结果，更要重视学生建构知识的过程，包括发现知识、认知策略与自我监控、认知卷入及知识建构中的探究与创新能力等。评价指标要由单纯重视对智力因素的评价转向智力因素与非智力因素相结合的评价，把非认知性的动机、兴趣、情感、意志、性格等作为评价学生发展的重要方面。建构主义认为，教学评价活动要组成评价小组，评价小组应该包括学习者、课程实施者、课程专家等。

2. 后现代主义理论

后现代主义提倡价值多元、全面参与和共同建构，其评价理论主要包括三个方面：其一，认为事实和价值观是相互依存的。事实除非在一些价值框架中否则毫无意义，它充满了价值观。在评价主体"全面参与"的基础上，坚持"价值多元化"的信念，主张充分听取不同评价主体的意见，协调各种价值标准之间的分歧，尽量减少不同意见的差异，最后形成各评价主体认可的一致看法。[①] 因此，在实施协同学习评价时，我们的量表不仅要求教师听取同行或专家的意见，还要求教师注重不同学生对协同学习的反应。其二，认为教学不能把学习者视为单纯的知识接受者，而应将他们看作知识的探索者和发现者。课堂教学不仅要注重结果，更要注重过程。教学本体论认为，活动是教学发生的基础。所以，协同学习评价引入了学生活动过程记录表（表3-24）和学生活动评价量表（表3-22），学生活动过程记录表是对学习的过程进行评估性的记录，采用定量而不是定性评价的方法以更醒目、直观的方式引起学生的注意，增强对学生的说服力。通过活动评价，学生能够清楚明白如何去学得更好，确切地知道与既定学习目标的差距，计划和采取下一步的学习决策，进行自我调节和改善。其三，认为教学评价的目的在于促进发展，而不在于选择和判断。1966年，斯塔弗尔比姆（D. L. Stufflebeam）对泰勒评价模式提出了异议，他认为，评价最重要的意图不是为了证明（prove），而是为了改进（improve）。[②] 评价包含促进学生发展和促进教师成长两个方面，因而协同学习课堂综合评价量表（表3-20）中不仅有对教师引领协同学习的结论性评价（百分制中的得分），还有一栏"教师反思与改进"，就是试图让教师能够反思，把实际效果与原有的教学意图进行比较，寻找原因，钻研思考，使评价成为下一堂课的起点而非本堂课的结束，以不断提高教师的专业素养。学生活动过程记录表是表现性评价，通过学生活动记录的时间、次数和完成质量来激发学生学习的责任感和主动意识。为了促进学生的发展，让学生正确冷静对待这些数据，教师也需要发挥指导者的作用，因而本评价量表中增加了一

---

① 卢立涛. 测量、描述、判断与建构：四代教育评价理论述评［J］. 教育测量与评价，2009（3）：4-7.

② MADAUS G. F.，SCRIVEN M.，STUFFLEBEAM D. L. Evaluation models：Viewpoints on educational and human services evaluation［M］. Boston：Kluwer-Nijhoff Publishing，1983：125.

栏"教师专业指导"。教师在现场，知道每位学生在课堂上的表现，根据学生活动过程记录表的数据，再结合学生的性格特点可以给出专业性的指导。

3. 发展性评价理论

发展性评价理论兴起于20世纪80年代，这种评价强调过程而非结果，重点不在于单一标准化测试而在于多种评价方法的综合利用，其最终目的是促进学生的全面发展。发展性评价是形成性评价的深化和发展，它强调对评价对象人格的尊重，体现以人为本的思想，是一种主体取向的评价，价值多元、尊重差异是发展性评价的基本特征。

发展性评价的根本目的在于促进评价对象成长和发展，它立足现在、考虑过去、面向未来，主张根据评价对象已有的基础、现在的状况，确定评价对象发展的可能目标，为评价对象提供"最近发展区"的目标前景。

发展性评价注重内容综合化，重视知识以外的综合素质的发展，尤其是创新、探究、合作与实践能力的发展，以适应社会对人才多样化发展的需求。

发展性评价强调方式的多样性，将量化评价方法与质性评价方法相结合，丰富评价与测评的方法，追求科学性、实效性和可操作性。

发展性评价关注主体的多元性，增强评价主体间的互动，强调被评者成为评价主体的一员，建立学生、教师、家长、管理者、社区与专家共同参与、相互作用的评价制度，以多渠道的反馈促进评价对象的发展。

发展性评价是一种过程性评价，将形成性评价与终结性评价有机结合起来，使评价者的发展过程和发展结果都成为评价需要考虑的因素。

协同学习中的评价主要是过程性评价，其目的在于通过评价来为学生的学科核心素养发展提供"风向标"。

4. 以学习为中心的教学思想和评价理论

1996年，多个国家跨学科的专家总结了学习科学的最新成果，形成了《人是如何学习的：大脑、心智、经验及学校》的研究报告。报告的关键发现有四个方面：① 要建立以学习者为中心的学习环境，使学习环境适合学习者学习；② 学习环境要建成知识中心，要便于知识的提取和运用；③ 评价要能支持学习，评价要鼓励理解和运用，而不支持简单记忆；④ 要建立共同体中心的学习环境，鼓励合作、互动、反馈、分享和提高。该报告不仅对美国也对世界其他国家的教学与评价理论和实践的发展，产生了重要的影响。以学习为中心的课堂评估主要是对学习者的学习需求、学习过程、学习情感、学习方式、学习结果等五个要素进行评估。[①] 协同学习课堂综合评价量表中"情境水平"下的"巧妙适切"、"活动设计"下的"活动方式"和协同学习情况反馈（附1）的调查是针对学习需求进行的诊断性评估。协同学习学生活动过程记录表和协同学习学生活动评价量表分别是针对学习过程和学习结果的评估。珍妮特·科菲（Janete Coffey）认为，学生参与评价反映了"评价"这个词的来源。我们通常认为，评价的内容是"学生做的一些事情（something done to student）"，而不是"与学生一起做（with them）"，协同学习中的发展性评价包含了"与学生一起做"的评价。学生参与评价的形式主要有自我评价、同伴评价、合作评价三种形式。学生活动过程记录表采用自己、同伴和教师一起参与的合作评价的方式，"自主学习"阶段的记录人是自己，同伴、教师不知道学生在课前或课上所花费的时间有多少，这是学生自己的事。而"合作学习"阶段的记录人由同组的同伴担任比较恰当，因为学生的注意力集中在自己的观点表达或小组合作成果的展示上，没有闲暇时间进行记录，这样合作进行的记录结果是真实的也是可靠的。还有一栏是"教师专业指导"，帮助学生进行课堂行为的调节和改善。

5. 《义务教育英语课程标准（2011年版）》

《义务教育英语课程标准（2011年版）》指出，英语课程的评价要尽可能做到评价主体的多元化，评价形式和内容的多样化，评价目标的多维化。评价应反映以人为本的教育理念，突出学生的主体地位，发挥学生在评价过程中的积极作用。评价应关注学生综合语言运用能力的发展过程以及学生在学习过程中情感态度、价值观念、学习策略等方面的发展和变化。评价应采用形成性评价与终结性评价相结合的方式，既关注过程，又关注结果，使对学生学习过程和学习结果的评价达到和谐统一。因此，本书在课堂评价建议中，提供了"目标明确、参与积极、配合主动、信息充分、善于倾听、判断正确、表达流利精当、认识深刻独到"等具体的评价维度；在社会实践活动评价建议中，主张以题目（问题和项目）为纽带，以活动任务为依托，评价有关学科内容的学习效果和学生在社会实践活动中表现

[①] 杨向东，崔允漷. 课堂评价：促进学生的学习和发展［M］. 上海：华东师范大学出版社，2017：206.

出来的情感、态度和能力，可以采用以学生的自我记录、自我小结为主的方法，兼顾同学、教师、家人、社区工作人员等的评价。

二、协同学习的三种评价量表

国外学者对处于基础教育阶段的课堂环境进行了深入的研究，形成了多种兼具效度与信度的课堂评价量表，其中，比较有影响力的包括"课堂环境量表"（CES）、"个性化课堂环境问卷"（ICEQ）、"这个教室中正发生着什么？"（WIHIC）等。在专家咨询、一线教师访谈、教学案例分析等的基础上，我们编制了协同学习的三种评价量表，即课堂综合评价量表、学生活动评价量表、社会实践活动自我评价量表，重点关注协同学习中情境的适切性、对话的民主性、观点的异质性、讨论的可视化、价值的协同性等问题。情境的适切性是指教学情境既要符合社会发展的需要，又要符合儿童身心发展的规律；对话的民主性是指师生对话和生生对话要避免"霸权"，应在平等的思维逻辑中营造"做中学"的氛围；观点的异质性是指学生的观点来自个体自由心灵世界的个性化表达，而不是被"绑"在教师预设或引导的轨道上；讨论的可视化是指在讨论过程中能将问题真正解决，并将最终结果有效呈现在大家面前；价值的协同性是指通过不同质的"碰撞"走向价值协同。

（一）协同学习课堂综合评价量表

课堂教学评价是课堂教学环节极为重要的组成部分，充分发挥课堂教学评价的应有功能对于教育教学的整体质量的提升、学生的成长及教师的专业发展都有重要意义。依据《义务教育英语课程标准（2011年版）》的评价要求，课堂综合评价量表以发展学生小学英语学科素养为目标，设置题目价值、情境水平、活动设计、任务完成等4个一级指标，并以百分制记分。4个一级指标分为10项评价内容，重点突出学生在课堂学习中的活动表现和通过活动获得的发展情况。

表3-20 协同学习课堂综合评价量表

评价维度（一级指标）	评价内容	标准	得分
题目价值（20分）	学科价值	体现教学目标、教学重点和难点。	
	育人价值	具有开放性、引领性，能够引导学生更好地处理现实问题。	

续表

评价维度 （一级指标）	评价内容	标准	得分
情境水平 （20分）	巧妙适切	贴近学生生活，切合学生心智。	
	层次结构	由简单到复杂或由良构到劣构。	
活动设计 （30分）	活动目标	指向知识建构、能力发展和学科核心素养的提高。	
	活动内容	围绕题目，具体真实，充分有序，层层推进。	
	活动方式	方式多样，适合学生，操作性强，具有建构性。	
任务完成 （30分）	知识建构	学生能够完成知识主干和知识体系的建构。	
	知识应用	学生能够在简单情境和良构情境中应用知识。	
	知识迁移	学生能够在复杂情境和劣构情境中迁移知识。	
总体评价			
教学反思与改进			

1. 题目价值

题目价值是指题目所具有的学科价值和育人价值。其学科价值是指问题或项目对教学目标、教学重点和教学难点的体现程度；其育人价值是指问题或项目所具有的思维的开放性和"立德树人"的引领性。协同学习是与活动型学科课程相适应的一种学习方式，既要体现学科逻辑与实践逻辑的结合，又要体现理论知识与生活关切的结合。与之相应，教学评价要注重题目两个方面的价值。一是题目的学科价值。题目的引入主要是为了更好地完成教学目标，突出教学重点，突破教学难点，让理论与生活相关，让教学与生动相联，使教学由抽象空洞走向生活有趣，从而完成学科教学的目标；题目聚焦可以改变教学内容零散无序的状态，使教学具有逻辑性和结构性。二是题目的育人价值。陶行知先生说过，给生活以教育，为生活的向前向上的需要而教育。教育不停留于教育本身，而是为了学生更好地走向社会，应对生活世界会出现的各种挑战。因此，一方面，题目需要面向社会，有一定的开放性；另一方面，题目需要有引领价值，体现主流性。社会生活是杂乱无章、混乱不堪的，尤其是自媒体发展迅速的今天，充斥着各种不良信息，正误、善恶、美丑杂糅在一起，题目的选择要服务于英语学科教学的目标，引领学生通过观察、思考和实践，确立正确的成长方向。

2. 情境水平

协同学习中的情境水平是指情境的结构化程度、情境与学生心智的适切程度。学生核心素养是个体在面对复杂、不确定的生活情境时表现出的关键能力、必备品格和价值观念。核心素养是内隐的，是不可测的。只有依据个体在具体情境中的行为，才能推断其核心素养的发展水平，因而协同学习中的评价需要与"以现实生活中发生了某一重要事件"相同步。情境水平是否能成为学生核心素养培育的评价维度，主要看学生能否运用学科内容应对各种社会生活情境中的问题和挑战。

不同学科的不同研究者对情境赋予的含义具有较大差异。本书采用的是情境认知理论下的情境，即学习资源。情境认知理论认为，情境是学生主动学习、协作式探索的认知工具或载体。协同学习的评价要看情境的适切性和结构性两个方面的内容。一是情境的适切性，即情境能够贴近学生生活，且契合学生的心智水平。与学生生活较远的情境，激发不了学生的认知兴趣，这样的情境创设没有意义；与学生心智太近的情境，无法使学生感到新鲜有趣，同样无法激起学生的兴趣，也不是好题材。只有贴近学生生活，且契合学生的原有认知和思维水平的情境，才会让学生对英语产生亲近感，才会激发学生的认知兴趣，学生才会愿说、能说、会说，从而达到同频共振的最佳效果。因此，不是所有的真实情境都可以拿来为协同学习所用，而是要结合教学目标和学生实际有所筛选。真实的情境往往具有不确定性和开放性，需要综合性知识。对儿童来说，解决复杂的真实性情境问题比较困难，因而需要对有些情境做处理，进行有针对性的建构，保留关键性的事实与特征，剔除无关紧要的细枝末节。二是情境的结构性，即情境的良构程度。良构程度越小，解决的难度越大。一般来说，情境涉及的行为主体越多，主体间的相互作用越强烈，决策要实现的相互竞争的目标越多，影响决策及其结果的因素越多，情境的复杂程度越高。课堂教学中的情境需要有一定的梯度和层次，一堂课不能所有的情境都是复杂的不良情境。可以从简单情境入手，慢慢升级为一般情境，再到复杂的不良情境。美国著名的教育心理学家奥苏伯尔（D. P. Ausubel）有一段经典的论述："假如让我把全部教育心理学仅仅归纳为一条原理的话，那么，我将一言以蔽之：影响学习的唯一最重要的因素就是学生已经知道了什么，要探明这一点，并应据此进行教学。"因此，创设的情境既要有一定的复杂度和劣构度，又要契合学生的心智。

3. 活动设计

协同学习的关键要素是活动，而活动需要设计。协同学习中的活动设计就是指教师对"做中学"活动的目标、内容和方式进行设计，通过一系列活动及其结构化设计，实现"知识内容依托活动""活动过程提升素养"的目标。因此，协同学习的活动设计在课堂教学评价中占据重要的地位，分值为30分，主要包括活动目标、活动内容和活动方式三个方面。第一，活动目标要明确合理，即通过怎样的活动完成什么学习目标或学科任务，而且这些活动在现有的教学环境和教学时间里都具有可行性，是可以实现的，不能脱离教学实际和教学条件。第二，围绕题目开展的活动内容具体而真实，包括有提示学生思考问题的情境、运用资料的方法、共同探究的策略，并提供表达和解释的机会。同时，活动具有一定的序列性，教师要组织得当，"放羊式"的活动只是在浪费学生的宝贵的学习时光，因此，要规定学生活动的时间。第三，活动方式是多种多样的，可以采用自主学习、合作讨论、成果展示、角色表演等课堂活动，也可以采用社会调查、参观访问、研学旅行等社会实践活动。但每一个活动方式的选择要综合各方面的因素，考虑可行性和可操作性，绝不能为了活动而活动。

4. 任务完成

协同学习的活动效应是指活动所达成的学科任务完成度，包括词汇识记、知识理解、语言应用的成功率。协同学习的课堂评价侧重于学生，贯彻"以学定教"思想；课堂不仅要评价学生的词汇掌握程度，而且要评价学生在活动中的行为表现和通过活动提升英语学科素养的情况。协同学习课堂综合评价量表主要评价三个方面的内容：知识建构、知识应用、知识迁移。知识建构是指在教学过程中学生通过自主学习和"做"的过程对学科知识体系和重难点进行理解和建构的情况，这是协同学习的基础任务；知识应用是指学生应用所学知识解决相似情境、简单情境或良构情境中的问题的情况，这是协同学习的主体任务；知识迁移是指学生应用所学知识解决新情境、劣构情境中的问题的情况，这是协同学习的高级任务，是学生素养提升的充分体现。

（二）协同学习学生活动评价量表

《义务教育英语课程标准（2011年版）》对学生的学习素养分为五级，其水平划分标准见表3-21。

表3-21　英语课标的学习素养划分表

维度	一级	二级	三级	四级	五级
语言知识	对英语有好奇心，喜欢听他人说英语。	对继续学习英语有兴趣。	对英语学习有积极性和初步的自信心。	对英语学习表现出较强的自信心。	有较明确的英语学习动机和自信心。
语言技能	能根据教师的简单指令做动作、做游戏、做事情。	能用简单的英语互致问候，交换简单信息；能在图片的帮助下听懂、读懂并讲述简单的故事；能在教师的帮助下表演。	能听懂有关熟悉话题的语段和简短故事；能与教师或同学就熟悉的话题交换信息；能用短语或句子描述图片；能简要描述事情，能参与简单表演。	能在日常情境中听懂对话和小故事；能用简单语言描述自己或他人的经历；能读懂常见文体的小短文；能合作起草和修改简短的叙述。	能听懂有关熟悉话题的陈述并表述自己的意见；能读懂相应水平的读物；能根据提示独立起草和修改小作文。
学习策略	乐于模仿，敢于表达；对英语具有一定的感知能力。	乐于参与，积极合作，主动请教。	能尝试使用适当的学习方法，克服学习中遇到的困难。	能在学习中相互帮助，克服困难；能合理计划和安排学习任务，积极探索适合自己的学习方法。	能与他人合作，解决问题并报告结果，共同完成学习任务；能对自己的学习进行评价，总结学习方法。
情感态度	对学习中接触的外国文化和习俗感兴趣。	乐于了解外国文化和习俗。	能意识到语言交际中存在的文化差异。	在学习和日常交际中能注意到中外文化的异同。	进一步增强对文化差异的理解和认识。

根据表3-21的水平划分，结合核心素养成长的要求，本书设计了协同学习学生活动评价量表（表3-22）。本量表不仅量化评价活动设计，而且量化评价活动效果。这一量化评价不是基数意义的评价，而是序数意义的评价，即不以分值论，而是以等第论。

表 3-22　协同学习学生活动评价量表

维度	一级	二级	三级	四级
表达	英语表达准确、流利、有条理。	英语表达流利，但缺乏逻辑性。	英语表达基本流利。	英语表达不流利。
应用	能将英语知识应用到情境中，完成任务。	能够将英语知识应用到情境中，基本完成任务。	能够将英语知识应用到情境中，与完成任务不一致。	难以将英语知识应用到情境中。
合作	能积极主动地与小组同学配合，耐心地倾听、吸纳他人的观点。	能与小组同学较好地配合，也能较好地倾听他人的观点。	与小组同学基本配合，基本倾听他人的观点。	不肯主动承担小组内的任务，不认真倾听他人观点。

（三）社会实践活动（拓展活动）自我评价量表

活动本身不是教学的最终目的，而是尊重学习的内在本质，让学生可以在活动中增强对学科知识的理解、体验和感悟，加深对社会的认识和理解，促进思维的成长。评价可以以学生的自我记录、自我小结为主。评价的关注点是学科能力能否得到提升，具体要看学习目标是否明确，活动设计是否合理，活动组织是否恰当，活动资源是否充分利用，学生的主体性、创造性是否得到充分发挥，学生的交往能力是否得到增强，学生是否有获得感、成就感。学生的社会实践活动自我评价量表（表 3-23）主要是看其在活动中承担了什么任务、是否完成任务、是否遵守活动规则等，获得感主要通过"交流收获"来进行描述性反映和体现。

表 3-23　社会实践活动自我评价量表

学生姓名		小组		日期	
活动主题		地点			
活动环节1	形式	承担任务	任务完成	遵守活动规则	
			□是　□否	□有　□无	
活动环节2	形式	承担任务	任务完成	遵守活动规则	
			□是　□否	□有　□无	
活动环节3	形式	承担任务	任务完成	遵守活动规则	
			□是　□否	□有　□无	

续表

交流收获 （不少于 200 字）	

注："任务完成"既包括完成任务，也包括在规定的时间内完成，两项皆做到则"完成"，在"是"前的□内打"√"，如果没有完成任何一项都属于"否"；"遵守活动规则"则根据不同的活动在活动前制定，遵守则在"有"前的□内打"√"，反之，则在"无"前的□内打"√"。

三、评价量表的操作策略

评价量表，最终要运用于教学的实践之中，因此，量表的制定必须从教学的实际出发。在设计过程中，设计者可以通过问卷调查、座谈等方式，了解施教者和学习者对量表的接受程度；在使用过程中，评价者要遵循自评与他评相结合、量评和质评相结合、过程评价和结果评价相结合的原则；在评价结束后，还要坚持评价与反馈相结合的原则，使量表的信度和效度保持可持续性发展的良好态势。

1. 自评与他评相结合的策略

课堂综合评价量表是针对施教者进行的评价，主要采用他评的方式，在教师上完课后进行评价和调查，而不是课前。该评价量表可以由教师同行进行评价打分，可以让同一备课组的教师负责分发和收交；附 1 在施教班级的学生中进行调查，由教师自己编印调查问卷，让课代表发放，最后交给任课教师。为减少工作量，教师可以让学生把选择的情况涂在标准答题卡上，最后用网上批阅软件统计出结果。协同学习课堂综合评价量表和附 1 的最终结果都被交给任课教师，任课教师结合两张表格所提供的反馈信息，进行课堂的重构或者写出教学心得，发挥评价促进教师发展的作用。

学生既是评价的对象，也是评价的主体。协同学习学生活动评价量表和学生活动过程记录表主要评价学生在教学中的活动情况，采用自评与他评相结合的方法。学生活动过程记录表中的"自主学习"部分让学生自我统计，"合作学习"部分则让同伴填写好评价后交回学生，让学生自己进行最后的统计。由于评价工作也比较烦琐，学生活动过程记录表中的"教师专业指导"则由教师根据学生的实际情况进行选择性面谈或者由学生自己决定是否来找教师指导。学生活动评价量表则采用学生自我评价和教师评价交叉结合进行。一堂课一半由学生自评，另一半由学生、教师评价；下一节课则交换一下，原来自评的由教师评分，原来由教师评分的则由学生自评，两相比较可以减少评价者主观因素带来的误差。

2. 量化评价与质性评价相结合的策略

量化评价与质性评价各有优点，又各有不足。量化评价可以通过数字较准确地评价出教学效果的优劣，这对于评价的客观性、科学性、精确性很有帮助；其缺点是重结果、轻过程，忽视评价者与被评价者之间的交流，灵活性不够。质性评价的优点是更加适合过程评价，重视评价中多种因素的交互作用及深层次的原因分析，强调评价过程中人与人的交流，方法灵活、针对性强；其缺点是对评价者个体依赖较大，主观性强，易受干扰。从辩证的角度看，两者实际上是一种优势互补的关系，应恰当地处理好两者的关系，使它们在课堂教学评价活动中发挥各自的作用，同时应使它们相互吸收对方的合理因素，做到具体地、有机地结合，从而充分发挥课堂教学评价的发展性功能。因此，尽管5张评价量表偏向于量化评价，但都做到了量化评价与质性评价的结合。

协同学习课堂综合评价量表主要是量化评价，总分为100分，4个一级指标分别是20分、20分、30分、30分，10项二级指标各为10分，评课教师在听课后要先打小项的分，再计算总分。授课教师收到同行的打分表后，也不能就看看了事，要认真对待，把同行打分的二级指标共10个小项的分数输入计算机进行统计，计算出平均值。依据数据转换成的曲线图，教师能很直观地发现哪项内容处理得比较好、哪项内容还有待改进，甚至可能每项内容都有不少问题，然后根据自己的实际情况找出可以先做改变的部分，在下一节课尝试进行改变。但本评价量表还包括"教师反思与改进"这一质性评价，让教师反思自己的教学有没有可以改变的部分，以实现可持续性发展。量化评价与质性评价的有机结合可以更好地发挥评价的诊断反馈和改进发展功能。

社会实践活动自我评价量表是比较典型的质性评价，要求学生用文字写出自己的收获或者是报告，但也有量化评价部分，即"任务完成"和"遵守活动规则"情况的统计。这两项可以从细微处反映学生的责任意识和纪律观念，那也是学生必备的品格。

3. 活动的表现性评价和活动的表现性统计相结合的策略

在协同学习中，学生活动的表现性评价还依赖于学生活动的表现性统计，因此，活动评价需要和过程记录相结合。学生活动过程记录表试图让学生或同伴记录自己的行为表现，用一种直观方式反馈给学生，学生从数据中可以得到自己在学习上表现出来的数量和质量，在学习的行为与学习的结果之间建立了一种关联，引发学生的反思，提高学生的元认知和责任感，从而促使他们进行自我改善和实现自我发展。

表 3-24　学生活动过程记录表

课题			姓名		日期	
记录内容			时间	次数	完成质量	记录人
自主学习	课前					
	课上					
合作学习	发言展示	小组内				
		小组间				
	倾听对话	小组内				
		小组间				
		师生间				
合计						
教师专业指导						

注：表格中的"时间"是以分、秒为单位进行统计的，"完成质量"按★★★★、★★★、★★、★四个等级进行打分，"合计"几颗★。

情境认知理论认为，知识与活动不可分，知识不是靠传授获得的，学生只有在自主学习、合作探究中才能获得。由于探究也贯穿于自主学习之中，无法割离出来，因而表 3-24 只列了"自主学习"和"合作学习"两种学习方式。自主学习是指学生通过独立分析、探索、实践、质疑、创造等方法来实现学习目标，可以在课上进行，也可以在课前进行，为协同学习顺利开展做前期的准备。建构主义认为，学习是学习者在一定的情境即社会文化背景下，借助其他人（包括教师和学习伙伴）的帮助，利用必要的学习资料，通过意义建构的方式而获得的过程。在合作中学习，在学习中合作。小组内的讨论是合作，小组或师生之间的倾听对话也是合作，让学习者懂得尊重他人的观点，并善于把他人合理的观点吸纳到自己的知识体系中，使自己的思想观点更完善、更深刻。

学生是千差万别的，有的学生善于表达，但不善于倾听；有的学生不喜欢发言，但能够虚心倾听；有的学生轻易不发表观点，一旦发表观点，准确流利而且富有逻辑性，质量很高。为了尊重教育对象的差异性和个别化，促进每一个学生的进步和发展，就需要从行为的数量和质量两个方面比较全面地评价学生的活动表现。学生活动过程记录表中的"时间""次数"两个指标主要从量的角度来评价学生的活动参与情况，"完成质量"的指标主要从质的角度来评价学生的活动收获，让协同学习课堂综合评价量表中第四个一级指标"任务完成"有了数据的支撑。

学生活动过程记录表是为学生活动评价量表提供补充性数据或依据的，其目的是提高学生活动评价的全面性和科学性，使评价能够充分反映学生活动的真实情况。

4. 评价和反馈相结合的策略

"学习发生的条件是学习者以学习主体的身份和角色介入学习过程。让学生以学习主体的身份和角色参与课堂评估过程，促进学习的发生。"① 教师的教学行为只有被学生感知、接受、配合，并通过学生表现出有效的学习行为时，其效果才能体现出来。因此，教师要让学生参与到课堂评估中来，要听取学生对协同学习实施后的意见和反馈，协同学习情况反馈调查问卷中的五个问题主要围绕题目的价值和合理性、活动的形式、活动的收获等展开，在进行协同学习的班级中做不记名的调查，学生虽然可能没有先进的教学理念武装，免不了从自身的情感出发，但往往比教师同行的评价更为直接、真实。协同学习情况反馈调查问卷与协同学习课堂综合评价量表两张表合起来可以让教师获取到的反馈信息更为全面、客观，思考改进自己的教学时更有针对性、合理性。

---

① 岳刚德. 课堂评估范式的演进和趋势［M］//杨向东，崔允漷. 课堂评价：促进学生的学习和发展. 上海：华东师范大学出版社，2017：207.

附1：协同学习情况反馈调查问卷

（注：本调查仅为获得教学反馈的信息而设计，答案没有对错，不记名，同学们只要本着实事求是的原则进行选择即可。）

1. 你喜欢课堂上的合作游戏、小组讨论、做项目等学习方式吗？

　A. 不喜欢　　B. 可以接受　　C. 还可以　　D. 喜欢　　E. 十分喜欢

2. 对你而言，课堂上个人学习有难度吗？是否需要小组讨论？

　A. 十分容易，没有讨论必要　　B. 比较容易，可以讨论

　C. 还可以，需要讨论　　　　　D. 比较有难度，需要事先做好功课

　E. 很难，感觉无从下手

3. 如果你觉得题目有难度，你认为是什么原因？（可以多选）

　A. 自己知识面狭窄，视野不开阔　B. 自己没有事先做准备

　C. 题目太新颖　　　　　　　　　D. 题目远离书本教材

4. 课上开展的活动带给你的收获程度？

　A. 没有收获，纯粹是浪费时间　　B. 有收获，但可以忽略不计

　C. 有一点收获　　　　　　　　　D. 有一些收获

　E. 收获很大

四、评价量表效度的影响因素

协同学习的评价量表在使用过程中受到许多因素的影响。与传统的教师评价、外部的测验考试评价相比，它更多地受学生的评价素养、教师的评价素养和评价的社会环境的制约，这种制约会加大评价量表的实际操作难度。随着新课程改革和新高考改革的深入发展，学科核心素养观念的进一步落实，以及协同学习的进一步开展，评价量表将呈现动态变化的态势。

1. 评价量表的效度受限于学生的评价素养

评价素养是1991年美国著名评价专家瑞克·斯蒂金斯（Rick Stiggins）首先提出的一个概念，他认为，具有评价素养的人能够辨识哪些为可靠评价，更能把握评价的过程及如何防止错误并能应对不准确评价带来的潜在后果。[①] 另外，帕泰尔诺（Joe Paterno）、韦伯（Webb, N.L.）等学者也纷纷提出自己对"评价素养"的理解，这些"评价素养"概念主要应用于教

---

① Stiggins, R. J. Assessment Literacy [J]. Phi Delta Kappan, 72 (7), 534-539.

师层面。由此,本书将评价素养界定为:个体或群体所拥有的评价知识、能力和理念。学生的评价素养是指学生对评价维度和目的的认同意识、内审观念和操作能力,是学生的评价权力转化为评价效率的决定因素。协同学习评价赋予了学生一定的评价权力,使学生在评价中由被动变为主动,但"评价具有一定的专业性,需要具备一定的评价技能和知识以及掌握完善的学科专业知识,才能做出专业的判断。因此,当让学生参与到评价中,学生可能由于其先前评价经验的不足,评价的可靠性、客观性可能会受到一些教师或研究者的质疑"①。在实际操作中,我们确实发现一些问题:一是学生在认知上存在偏差,认为评价应该是教师的职责,对评价有抵触情绪,甚至敷衍了事,抄写他人的评价,导致数据不真实;二是许多学生在自我评价时"手下留情",打的等第和完成质量分都比实际水平要高;三是由于没有使用先进的记录工具(秒表),记录时间不准确,导致学生加起来的用时远远超过一节课的时间等;四是一堂课只有40分钟,学生要参加各项活动,同时又要记录时间,难免顾此失彼。学生在课上"很忙",虽有了思维活跃度,但没有了思维深度。学生表现不一,有的同学表现过度,有的同学应付了事,也有的同学被"边缘化"。

2. 评价量表的效度受限于教师的评价素养

教师的评价素养是"教师所拥有的关于评价尤其是课堂层面评价活动诸领域的知识、技能、能力和相关的理念"②。参照国内外学者对"评价素养"的界定,本书将教师的评价素养界定为"教师所拥有的评价的知识、能力和理念",它是学生评价效应的主要影响因素。教师的评价素养制约着教师评价方案的制定、评价方法的择取、评价对象的参与和评价结果的解释。长期以来,对教师的教学进行评价的权力大多集中在专家、学者手里;教师对学生进行评价的手段则是考试,而正规的考试试题也不是由学科教师命制的,而是由有一定声望的权威教师命制的,因此,一般教师对教学评价缺少研究。再加上核心素养刚落地,教师无论在入职前还是在踏上工作岗位之后所获取的评价知识滞后于素养化的评价实践。从一项对2015年山东省临沂市282位中小学教师的调查结果看,当前教师的评价素养具有

---

① 李静. 学生参与式课堂评价的研究进展与反思[J]. 教育理论与实践,2017(26):11.
② 杨国海. 教师评价素养的内涵及框架[J]. 当代教育科学,2011(4):17.

如下不足之处：第一，教师的评价知识严重匮乏，所答问卷的平均正确率只有44%；第二，教师的评价能力普遍不高，教师对六项能力标准（评价方案、收集信息、运用反馈信息、评定与解释、交流与运用、评价与偏见）认知的平均正确率基本在40%~50%。这些现状制约着教师教学评价的实施。因此，对协同学习进行评价时，教师所制定的评价量表、掌握的评价理论和工具、评价内容的科学性和评价方法的合理性都值得进一步推敲、商榷。从评价手段发展的趋势看，评价需要技术性支撑，例如，掌握SPSS或者EpiData软件，就可以快速地获得数据分析的结果，可以大大减少工作量，但一般教师往往不会使用这些工具。此外，教师要进行课堂反思重构、发放问卷调查和数据汇总，还要进行学业指导等，这往往会大大增加教师的工作量，而有的教师就觉得太麻烦，不太愿意费力去操作。还有的教师在量化评价时受"你好、我好、大家好"的"和稀泥"式文化的影响，不能客观地评价。所有这些都影响了评价的实施和功效。

评价改革是一项系统工程，既需要政府政策层面的教育评价体制的改革，也需要教师层面的评价素养的提升。政府的责任在于规范各种规章制度，特别是有关学业评价的政策制度和教师的教育制度；学校的使命就是为教师创造良好的校园评价环境，为评价改革提供物质和精神的支持；教师自身要认真学习教育测量、评价理论方面的知识，树立发展性评价理念，积极进行教育评价研究，以立德树人为己任，大胆尝试，负重前行，以评价来引领课堂教学的变革，关注学生，加强反思，实现师生的共同成长。

第四章

指向成长型思维的英语协同学习的特色课程

本章主要阐述了三种指向成长型思维的小学英语协同学习特色课程：成长日课、双语涂鸦和香山物语。成长日课，以每日一课的形式让学生在模拟体验中发现、感悟和成长。双语涂鸦，即中文及英文创意绘画。这种课程的载体可以是作业本，也可以是文化墙，它能将学科性、趣味性和协同性融合在一起。香山物语，即校园植物语音实时传感器，传感器中有植物对自己的特色介绍，当有人经过某棵植物时，植物会自动传出英文的自我介绍，校园里的植物都"活"了起来。

第一节 成长日课

一、成长日课的概念

成长日课，即培养学生成长型思维的活动课。成长日课主要以活动为载体，使用开放式的教学方式，采用多种教学形式，如角色扮演、小组讨论、情境模拟等。学生通过此种模式可以让自己站在角色的角度了解角色的感受，从而激发自我的反省，促使自己在活动中有所思、有所感和有所想，让自己在模拟体验中发现，在发现过程中感悟，在感悟中获得成长。

二、成长日课的内容

成长日课包括读一读、演一演、做一做，特色作文纸，手抄报，等等。低年级学生由于学习英语时间较短，初期对英语学习很感兴趣，但遇到较难的内容时很容易产生畏难情绪，这时就需要教师做正面积极的引导，逐步培养他们的成长型思维，并通过小组协同学习的形式，主要采用读一读、演一演、做一做的方式，让他们在学习共同体内建构相信成长并悦纳他人的合作学习模式。中年级学生已有初步的英语基础，能够用简短的句子来表达自己的想法，教师可采用特色作文纸形式，逐步培养学生的成长型思维。高年级学生已经有了一定的英语基础，能够用更多的语句、更丰富的形式来表达自己的想法，教师可以采用特色作文纸和手抄报相结合的形式来逐步培养学生的成长型思维。

三、成长日课的特征

成长日课具有持续性、依附性、成长性的特征。

（一）持续性

以低年级为例，在译林版英语一年级上册"Unit 3 This is Miss Li"的单元练习中，学生需要画一画自己的老师，并用"This is..."句型来做介绍。一开始绝大多数学生都产生了畏难情绪，窃窃私语，都在说自己不会画，还偷偷询问怎么画。这时教师采用师生协同的方式，分别展示了一些其他小朋友的绘画，同时告诉学生"Take it easy！Just have a try！"，让学生放轻松，一起来尝试一下。随后教师让学生观察所画人物的特征。教师先举例说明："有的老师瘦瘦的，有一张尖尖的瓜子脸；有的老师胖胖的，有一张圆圆的脸；有的男老师有一张大大方方的脸。"同时，教师在黑板上边说边画，给学生做示范，然后用问题"那老师们的脸上又有哪些五官呢？又都是怎样的？谁来说一说？"来引导学生继续说一说五官特征。这时，思维活跃、积极主动的学生就很容易说出，如长长的头发、卷卷的头发、有刘海、大大的眼睛等。当这些学生说出来后，就能很快地带动其余学生，这时教师可以用一些鼓励性的语言去毫无痕迹地培养学生积极正面的成长型思维，如"噢，你们已经说出了头发和眼睛的特征，开动脑筋，一定还能说出更多的五官特征"。同时，可以引导学生从上往下一个个看着说。总结完五官特征后，学生分成4人一组，说一说自己想画的老师的特征和装饰，如戴眼镜、戴帽子等，再交流一下老师的表情，如是经常微笑还是经常生气，交流后完成各自的绘画。学生再4人一组用"This is..."相互介绍自己画的老师。最后，教师总结，并鼓励学生。有了第一次绘画交流的经验，在一年级上册"Unit 7 I can dance"单元的练习中，学生需要用画画，说一说自己和爸爸妈妈会做的事情。虽然刚开始很多学生还是有畏难情绪，表示自己不会画，但我们仍能够在讨论声中听到一两个学生在对别人说："我们可以画好的！"这说明上一次在师生、生生协同完成绘画和交流过程中培养的成长型思维是有效的，教师对学生的成长型思维的语言鼓励是有效果的，学生正在转变自己的想法。然后将学生按4人一组的协同方式，用学生带动学生、学生鼓励学生的方式，培养成长型思维。一年级上册 Project 2 板块中，要求学生将自己会做的事情制作成海报，经过前两次的绘画交流经验，虽然刚开始做时，学生仍会不知从何做起，但已经有一小部分学生能够明确说："虽然有点难，不知道怎么画，但是我想我一定可以画出来、画漂亮。"教师可以把这些学生安排到不同的小组中，担任小组长，让他们用自己的想法去感染其他组员，相互鼓励、督促、帮助，共同完成海报制作。回顾这三次的绘画过程，利用每一处难点，在师生和生生的协同学习中循序渐进地培养学生相信自己、悦纳他人的成长型思维。完成以后，教师带领学生一同回看自己的三次绘画作品，先自己思考，后小组讨论："通过这三次绘画交流，对自己、对同组成员有什么发现呢？"很多学生都会提出："发现自己和大家都会画画，而且越画越好。"回想起来，在第一次要求画自己老师时，很多学生都还表达出不会画、画不好的情绪。通过三次绘画的对比，学生或多或少都具有了一点成长型思维，他们能够发现自己的进步、自己的成长，相信自己面对困难能够克服，能够完成，而且能够越做越好，同时也相信同组的同学在进步、在成长，能够将事情做到更好。之后教师让学生将三次绘画作品装订成册，做成成长手账，并在旁边附上如"I can do better. I can try first."等一些具有成长型思维的语言。当学生以后遇到困难想到自己的这三次绘画时，能够试着转变自己的思维。

（二）依附性

成长日课不是单独存在的，它是融合在英语教学中的，是润物细无声的。以译林版英语四年级上册"Unit 4 I can play basketball"为例，Liu Tao 能够把足球踢得很好，但他不会打篮球，好朋友 Mike 鼓励他"Have a try！"。我们在教授这句句型时，可以用平时教室里、学习上、生活中常常遇到的困难作为背景，让学生试着对自己、对别人说一说；接着可以进行头脑风暴，思考除了说"Have a try！"之外，还能说什么鼓励自己和他人的话。同时用协同小组讨论的方式，让学生在协同小组中互动、互补、互惠，建构相信自己、悦纳他人的合作学习模式。在译林版英语二年级下册"Unit 5 Can you？"一单元中，Wang Bing 用"I can skate."表达自己能够做的事情，用"Can you…？"询问 Liu Tao，Liu Tao 回答"Yes！"。但是他才刚学，都是爸爸扶着溜冰的，这一次是独自溜冰，当 Liu Tao 摔了一跤后就说"I can't skate."。Liu Tao 在生活中面对一点点困难，就退缩了。在课堂教学中，教师可以通过角色扮演的形式，用续编对话的方法，让学生试着说一说：如果自己是 Wang Bing，会怎么鼓励 Liu Tao 站起来继续学习溜冰呢？再让学生以 4 人一组的形式，将这些鼓励性的语句送给同组的同学并说说理由。接着让学生扮演 Liu Tao 的角色："如果你是 Liu Tao，听到 Wang Bing 的鼓励，你会怎么想，会对自己说什么呢？"然后延伸到自己的实际情况中，思考：听到组内同学对自己的鼓励语言后，自己会说什么呢？通过小组协同学习的方式，学生逐步培养成长型思维，学会接纳他人、鼓励他人，同时相信自己的成长。

（三）成长性

成长日课不仅仅是口头的、思维的训练，也是有具体成果的。教师将学生每一次的作文都收集好，最后做成个人的作文册。学生回头看自己第一次完成的写作，再和最近的一次写作相比较，也能感觉出自己的进步，这种进步就是一次成长。在成长中，学生逐步相信自己是能够获得成功、做得更好的。教师可以让学生将自己的感悟写在作文册旁边，使它变成一本成长手账。将一次次的成果记录装订成册，让学生进行自我对比，在对比中培养学生相信自我成长、积极乐观的思维。

四、成长日课的具体实施策略

（一）制定成长日课内容

根据不同年级的学习内容及特点制定不同形式的成长日课内容。低年级结合日常教学，分组协同合作完成读一读、演一演、做一做的学习任务。中年级结合单元教学主题，设计特色作文纸，图文结合，完成写作。高年级结合单元教学主题，也设计特色作文纸，在图文结合完成写作的同时，穿插设计手抄报。

（二）各年段成长日课实施情况

1. 低年级

低年级的英语学习主要以读一读、做一做、演一演的形式呈现。教师在课堂上布置读一读任务时，遇到朗读困难的学生，可以多鼓励，渗透"I can do it.""I can learn.""Have a try！""Never give up."等相信自己、相信自我成长的成长型思维；同时，带动其余同学主动鼓励他人，培养学生相信自己和同伴可以共同成长与悦纳他人的成长型思维。在小组合作演一演时，每一组内常常都有朗读能力较弱的学生，遇到这样的情况，教师要示范引导协同学习小组中能力较强的，相信对方一定能演，并耐心地教读。在低年级课堂教学内容中，有很多需要学生动手画一画、做一做的环节，协同小组学习出现暂停现象时，教师要主动跟进，用"Keep trying！"等语句鼓励，并给予一点帮助，从而让他们逐渐适应协同学习小组的模式，同时让学生保存好制作的内容，等到下一次制作物品时，可以拿出来进行对比。教师肯定学生进步的同时，培养学生相信成长的成长型思维。

2. 中年级

中年级开始接触英文写作。一开始的写作很困难也枯燥，教师应根据教学主题设计出图画和文章相结合的特色作文，例如，三年级时，教师可布置主题为"This is my family""A puppet show"的英文写作任务。这样的形式降低了学生写作的难度，既有趣又丰富了作文内容，也提高了学生的学习兴趣。每学期教师将学生的每一次作文都收集好，将其做成个人的作文册，每到学期末让学生将自己的感悟写在作文册旁边。

3. 高年级

相较于中年级学生，高年级学生有了一定的作文基础，可以用更多的语句来表达自己的想法，而且他们的新鲜想法越来越多。为了不限制学生的想象力，作文纸的图文结合方式就是让学生根据主题自由绘画，再根据自己的绘画完成主题写作。同时，根据单元主题的特殊性，如六年级的环保主题单元，可以将作文以手抄报的形式展现。同样，教师要做好学生作文、手抄报的收集工作，每学期末装订成册，并让学生在欣赏自己的作文册时写下想对自己说的鼓励语句。

（三）成果汇总

每一学期，每一学年，学生都会有不同形式的学习成果，教师可以将小学阶段学生在各个年级的成果集合成册，最后形成学生的个人成长手账。

通过成长日课来培养学生在协同学习下的成长型思维并不能一蹴而就，它需要长时间的渗透，一步一步地对学生的成长型思维做正向引导，指导学生在遇到困难时，第一时间不是放弃，而是鼓励自己、肯定他人，相信自己、悦纳他人，并主动互动、互助、互补。

第二节 双语涂鸦

双语涂鸦，即中文及英文创意绘画，这是我们开发的指向成长型思维的英语协同学习的第二种特色课程。这种课程的载体可以是作业本，也可以是文化墙。

一、搭建双语涂鸦平台

学校结合"创客乐园"特色文化建设项目（创意美术墙），为全校每一个班级开辟了属于自己的创意美术绘画专区，打造属于学生的涂鸦天地。成长涂鸦是一种让学生的思维可视化的行动，让学生的思维由"黑箱"转为"灰箱"。通过异质分组，学生面对共同的任务，交流各自的观点、见解和想法，从而解决问题、建构对成长涂鸦系列化人文性的理解，培养志存高远、善于合作的成长型思维。

二、打造双语涂鸦墙

1. 确定特色主题

我校结合重大时事、学校课题、创客项目等，选定特色涂鸦主题。至今已开展了三期双语涂鸦活动。双语涂鸦墙改建完成后恰逢中华人民共和国成立70周年，结合这一重大时事，我们将第一期双语涂鸦墙的主题定为"丹青舞动，童梦飞扬——向祖国70周年大庆献礼"。对于第二期双语涂鸦墙的主题，主要结合了英语组"指向成长型思维的小学英语协同学习的实践研究"课题。通过教师们前期对成长日课的不断推进，无论是在学习过程中，还是在校园生活中，抑或是在家庭生活中，教师们给学生播下的成长型思维的种子，已经在泥土中悄悄发芽生根。为了继续培养学生自信、坚毅的成长型思维，同时也让学生能够展示出不同的成长型思维，我们将涂鸦墙的主题定为"培育成长型思维，塑造阳光少年"。第三期双语涂鸦墙与学校正在开展的创客项目相结合。黑格尔说过："最杰出的艺术本领就是想象。"而科技的创新是无限的想象,科学的探索是永无止境的,科技给我们的生活带来翻天覆地的变化。但在学生们的心中科技又是什么样子的呢?第三期涂鸦墙的主题就被定为"绘·科技,慧·学习,会·生活"。这些涂鸦墙的主题都与学生的生活、学习实际情况息息相关,让学生能够有话可说、有图可画、有所感想。

2. 制定详细的方案

根据不同的主题制定不同的详细方案,将方案分发至各班,以班级为单位,选派2—3人为班级代表,根据涂鸦主题在规定的时间内设计涂鸦、完成涂鸦。

3. 具体创作过程

以双语涂鸦第二期的"培育成长型思维,塑造阳光少年"主题为例,首先代表班级的学生组成一组,依据主题分工搜集有用的成长型思维语句,将搜集的内容整理合并,然后结合各自的生活实际情况,讲述在生活和学习中自己持有的成长型思维或讨论搜集的成长型思维语句适合在什么情况下使用。接着选择一个具体的情况,配上一两句成长型思维语句,结合小组内成员的想法,初步设计涂鸦手稿。在设计涂鸦手稿时,小组内成员也会遇到各种小问题,遇到问题不可怕,可怕的是遇到困难就退缩。学生们已经具备了一些成长型思维,所以遇到困难时,他们会在组内一起讨论,肯定他人,肯定自己,直到商量出解决的办法。然后,涂鸦设计稿经英语教师和美术教师共同指导修改,如果没有问题就定稿。之后学生们会利用中午、课间、放学后的时间,拿着稿子和手中的画笔,运用自己擅长的画法,在涂鸦墙上大胆想象、恣意挥洒,把五彩的颜色和英文相结合,把自信向上、积极乐观、勇于成长的思想呈现在大家面前,充分展示学生们成长型思维训练的阶段性成果,表现出学生们面对困难的积极态度和想法,也呈现出学生们的无限想象力和不断成长的能力。

4. 寻找技术支持

涂鸦墙不同于纸质绘画,是在玻璃墙上用水粉颜料涂画,展现方式完全不同,对于低年级学生来说更难掌握、更困难,所以就需要学校美术组教师用精湛的技术从旁指导。美术组教师们不辞辛苦,也充分利用课间和放学后的时间,与学生们一同大展身手,帮助学生们在绘画方面不断成长进步。这种师生之间的协同学习,让初具成长型思维的学生相信自己的绘画能力可以通过后天的培养得到提升,努力能够让自己变得更优秀。个体之间的能力存在差异,但都可以通过不断的努力去成长。

双语涂鸦的这面美术墙,不光给学生提供了创意绘画的舞台,也充分展示了学生的绘画风采。它将学生手中的彩笔与英语相结合,不光展现了成长型思维训练的成果,也让学生在完成涂鸦时,在不断的设计、交流和协同学习中,培养了成长型思维。

第三节 香山物语

香山物语,即校园植物语音实时传感器,传感器中有植物对自己的特色介绍,当有人经过某棵植物时,植物会自动传出英文的自我介绍,校园里的植物都"活"了起来。

一、分组准备,确认物语植物

每一种植物的特点都不相同,我们应该尽可能利用学校现有的植物资源,如常年葱绿但一到秋季就香气四溢的桂花树,金灿灿的会掉落果实的银杏树,树形不高但能够结出红彤彤的果实的石榴树……通过反复比对和研究,我校教师决定先从无患子树、垂丝海棠、枫香树、桂花树这四种别具特色的树木开始尝试。

首先,按照协同学习的原则,将学生和教师进行分组,一名教师与三名学生组成一组,每一组只分配一棵树木,进行针对性研究。

然后,教师给学生布置搜集树木资料的任务,让学生根据表 4-1 的内容进行资料收集。同时,教师还带领学生走访附近果农,进行实地考察,了解植物的特性、生长条件、养护等问题。

表 4-1 植物物语课程记录表

植物学名	形态特征	生态习性	生长环境	分布范围	主要价值	植物文化	其他

接着，每一组对资料内容进行挑选、删减、整合。学生从植物的名称、形态、叶子情况、生存条件、开花结果的时间、果实的形态与味道、药用价值及功能用途这些方面，以第一人称撰写植物的自我介绍。在写稿时，三个组员先各自完成一篇完整的介绍稿，然后再把自己的介绍稿给能力比自己稍强一点的同学修改，最终把写得较好的介绍稿交给指导老师。最后教师整合三篇介绍稿，将三篇稿子中优秀的部分理出来，重新组合，编辑成一篇新的介绍稿。

在准备过程中，资料收集、整合及撰写看似简单，但学生们也会遇到困难，他们相互肯定、相互鼓励，在协同学习小组中逐渐培养起成长的信心和积极乐观的心态。

二、翻译录制

在将植物自我介绍的内容翻译成英文时，仍然采用小组协同学习的方式，首先由翻译英语能力较弱的 A 同学翻译第一稿，再由 B 同学指出第一稿中值得肯定的地方，然后对第一稿提出自己的想法和建议并修改。接着由 C 同学指出第二稿中优秀的地方，再对第二稿提出建议并修改。在这一过程中，学生通过协同学习的方式构建了悦纳他人的合作学习模式。最后教师提出总的修改建议，小组学生再一同做修改。

录制物语也由每一组的三位同学相互协助完成，步骤如下：

① 分配段落。分配段落时，不是分配与学生能力相匹配的段落，而是将最简单的段落和整篇分配给能力最强的学生，将稍难的部分分配给能力较弱的学生，将最难的部分分配给能力稍强的学生。学生需要努力去够一够才能获得成功，因为有前期成长型思维的渗透，学生在协同学习小组里遇到有难度的段落时，能够相互引导、相互信任，不再遇到难的段落就退缩，而是愿意先尝试一下。

② 教师指导。教师指导时，要引导学生在学习新的、有难度的内容过程中，相信自己能够挑战大脑的舒适区极限。只要学生通过自己的努力成功地克服了困难，这种成就感、满足感就会激发学生进一步去努力，并且不断进行自我正向暗示。

③ 相互指导。由能力最强的同学在每一次练习时充当小老师，指导剩余两位。在这个过程中，能力较强的 A 同学偶尔也会出现问题，但能力较

弱的同学却能正确朗读并纠正,所以每个同学都能成功,只要肯花时间,肯下功夫,就可以在这个过程中实现共同进步。

④ 各自练习。前期师生和生生协同活动的不断指导,也在潜移默化地渗透、培养学生们的成长型思维。在各自反复练习的过程中,学生也在逐步地对自我进行感知,继续建立相信自我能够成长的信念,相信自己的能力是可以通过后天的努力去塑造的。

⑤ 录制音频。录制环节中,学生通过组内的互动、互补、互助的学习过程,提升承担责任、善于合作、不断成长的思维素养。

无患子树物语

My name is Sapindus. I'm very tall and big. My leaves are large. My flowering is from June to July. The flower is in cone shapes with light green color on top. My flower has stamens and pistils, but the stamens are very small. I bear fruit from September to October. The fruit is like a ball. At first, it's green. Then it becomes yellow or brownish yellow. My seeds are black.

When winter comes, the whole tree turns golden. It's quite bright. That's why it is as well known as "golden tree".

My peel has saponin. It's a natural cleaner. My roots, bark, young branches and leaves are all useful. I hope you will know more about me.

垂丝海棠物语

Hello. I'm Malus Halliana Korhne. I'm not tall but I have a good looking. I stretch my arms all around and my leaves are oval. I like sunshine and staying in somewhere warm and wet. I'm born with a strong body, so it's easy to plant me.

I begin to bloom from March to April. My flowers are beautiful, but they can't survive for a long time. I bear fruit from September to October. It looks like a small pear with a little purple. Likewise it's edible, sweet and a bit sour. I also can be made into sweetmeat.

I'm adored deeply by people. You may see me around Zhoushan Experimental Primary School. Perhaps in a yard, grass or with other trees.

枫香树物语

Hello, I'm Chinese sweet gum. I like warm and wet weather. I love sunshine, and I can tolerant drought. Look! I'm very tall. I can even reach the height of 30 meters. My skin is gray and brown. You can get a piece of my skin easily. My leaves look like a mountain with many peaks. In spring, my leaves are green. In autumn, my leaves turn red and yellow. I usually bloom in early April and bear fruit in late October. The color of my fruit is gray or brown. My fruit is light but stiff with many spines. It's hard to split, too.

Do you find me? I live near the gate of our school. A lot of green trees stand around me. In autumn, it's nice to see both red and green trees.

Welcome to our beautiful Zhoushan Experimental Primary School!

桂花树物语

Hello, I'm sweet-scented osmanthus. I'm green all year round. My trunk is rough and hard. My leaves are elliptical and their tips are pointed. I have a big family.

I'm one of the ten famous flowers in China. I have both esthetics value and practical value. You can see me everywhere in Zhoushan Experimental Primary School, especially at the Mid-Autumn Festival. At that time, I'm in full bloom, filling the air with my fragrance. Many teachers and students are attracted by me.

I'm often added to porridge, cakes and tea to enhance the taste. I hope you can find more about me. Welcome to Zhoushan Experimental Primary School!

最后，在进行多轮筛选与录制后，将最终选定的声音资料传送至香山物语传感器中，调试并测试正常后，学生经过树种时便可以亲身感受植物双语讲解的效果。

附 录

指向成长型思维的英语协同学习的课例研究

> 【课例研究一】
> 译林版英语四年级下册 Unit 4 Drawing in the park（Checkout time & Review），执教者：苏州太湖国家旅游度假区舟山实验小学金小燕

一、教学设计的基础分析

（一）学情分析

1. 学生理论情况分析

一方面，学生已经对"春游"这一主题有了较多的了解，并且在日常学习生活中掌握了较多与春游、公园等相关的主题信息。他们能够自主描述对"春游"的主观感知和客观认识，并且能够以"春游"为主题开展小组讨论，聆听同伴的意见，这些都为协同学习建立了良好的基础。另一方面，学生已经在近四年的英语学习生活中掌握了较多的基础语言知识，如不同种类的形容词、以第一人称视角展开的各类语句等。这些已知内容可以为新授短语提供具体的语境和句子结构，便于学生结合图片、视频等教学手段更好地习得新的语言知识。

本课将教授 5 个以"春游"为主题的新短语，这些短语，或是动词短语，或是名词短语，都是学生之前未曾学习过的。同时，本课的目标输出为一个完整的习作语篇。该语篇的开头、结尾、中间段内容、转折连接词、中心思想句等写作知识也是学生尚未接触过的，是需要通过课堂习得的新内容。教师需要对该主题进行难度适中的课外拓展，为学生提供协同学习的具体语境。

"春游"这个主题与学生的日常生活密切相关，学生对其抱有极为浓厚的兴趣。为了把与春游相关的主题作文完成得更加优秀，也为了在实际生活中即将到来的真实春游，学生会比较感兴趣，易于融入课堂活动中，积极参与，并分享自己独特的意见与想法，与组内成员互相交流、互相商讨如何让春游更加丰富多彩、趣味横生。

在本节课中，为了达成协同学习的目的，教师需要引导学生观察并发现协同学习的魅力、与他人合作完成任务的价值，并逐步培养学生的迎难而上、面对挑战的成长型思维模式。

2. 学生实际情况分析

（1）学生心智特征分析

参与课堂的学生整体成绩优异，学习习惯优秀，在学校乃至该年级都名列前茅，并且对学习内容保持着充分的热情与好奇。本节课的课件制作精美，活动丰富，音乐动听，非常符合该年级学生喜欢美、欣赏美、发现美的心智特征。

（2）学生已有知识经验分析

从学生课堂发言与小组互动的过程可以发现，本班学生语言积累丰厚，语库语料丰富，能充分发挥个人的想象力与主观能动性，联系之前所学语言知识，参与不同教学环节任务活动并展示自我。学生已具备了正确模仿发音、拼读单词、认读简单的词组和句型的能力，并渐渐拥有学习英语的兴趣。在学习本单元之前，学生已经积累并能运用许多的词汇，如 spring、kite、bike 等，学生已掌握句型"I can… /Can you…?"，如"I can play basketball."等。因此，本单元要对此句型做进一步的扩充。

（3）学生未知知识经验分析

学生对于课本以外的春游相关短语积累得不是特别多，对于如何有效安排习作中间段内容，巧用连接词，总结归纳优秀的开头、结尾、主旨句存在一定认知上的困难。

（4）学生可获取的知识经验分析

通过本节课，学生能够运用三个主题词 beautiful、fun、love，最后围绕主题 Parks in spring 输出一个完整丰富的语篇，并且掌握"总—分—总"的写作结构，用合理通顺的语言丰富文章的中心部分。

（5）学生有可能想获取的知识经验分析

学生可能想通过本节课明白如何用正确的语言表达个人对春游的看法，准确描述丰富多彩的春游活动，并观察、总结、归纳他人对于春游的设想与看法。

（6）学生期待获取知识经验的途径分析

四年级的学生比较喜欢歌唱朗朗上口的 chant 与歌谣，欣赏优美生动的图画，愿意参与趣味与挑战并存的游戏、竞赛等活动，乐于展示自我并与他人交流自己的看法，喜欢受到肯定与表扬，并通过活动实现个人价值。

(二) 教材分析

1. 理论分析

本单元的主要内容是用"I can see..."句型描述公园里的事物。教师可以利用图片、幻灯片、电脑课件或电影片段，引导学生在观察中理解所学语言。教师也可以在学完本单元之后，将学生带入实景中，看一看、说一说，以增加语言学习的真实性及趣味性。同时，教师也可以引导学生结合四年级上册第四单元的句型"I can.../Can you...?"来归纳总结情态动词can的用法，以便学生全面掌握和综合运用。此外，本单元还要求学生掌握字母e的发音规则。

2. 实际分析

本课时要求学生能熟练地运用本单元核心词汇，能熟练运用核心词汇和句型进行回答，并在交流中感知大自然的美，在小组协同的过程中逐渐发展出自信勇敢、大胆尝试、倾听他人、优势互补的成长型思维模式。

二、教学设计的主体介绍

（一）教学目标

1. 语言能力

① 在小组协同性学习的环境中，能听懂、会说、会读核心词汇和词组，如 a hill near the river、some boats on the river、a nest in the tree、row the boat、fly kites、ride bikes、play on the swing、play hide-and-seek、plant trees、have picnics 等，语音、语调准确。

② 在小组协同性学习的环境中，能听懂、会说、会读核心句型"—What can you see? —I/We can see..." "—What can we do? —We can..."，语音、语调准确，朗读流利，准确掌握以上句式结构。

③ 能够理解本节课所讲内容，并朗读文本，做到语音、语调准确，朗读流利。

2. 学习能力

在小组协同性学习的环境中，能够借助表格、板书等，尝试讲述公园里的景物和活动；能背诵儿歌并结合字母e、字母组合ee的发音规律来朗读新单词。

3. 思维品质

① 能在学习活动中积极尝试用英语描述一次春游活动。

② 能在学习活动中体验春游的乐趣，准确地描述春游的环节与对春游的感想。

4. 文化意识

在春游的语境中，感受公园的美，体会公园的趣，并发现公园里的爱，进而热爱公园和大自然。

（二）教学重难点

通过协同学习，小组内能够有效互助合作，有条理地讲述去公园春游的具体活动。

（三）教学整体思路

本课时围绕"春游"的三个关键词 beautiful、fun、love 展开。本课是复习加写作课型，因此，可以将本单元前几课时的核心知识融入本课教学语境中。通过话题 A spring outing day，学生可以在主线人物 Dan 和 Kitty 的带领下去感受公园的美景，体会公园的活动，发现公园的不同之处。本课时主要以拓展为主，组织引导学生逐步丰富完善春游的活动内容，并以中心句总结归纳；同时，引导学生以三个关键词为情境线，完成不同短语、句型的复习和拓展，在协同学习的方式下，最终输出一个完整的公园春游语篇。

三、教学设计的策略分析

（一）课堂教学实录

课题教材：译林版英语四年级下册。

授课地点：江苏省苏州市吴中区舟山实验小学未来教室。

授课时间：2021 年 3 月 18 日。

听课人员：苏州市小学英语教研员袁峥老师、舟山实验小学郑建英校长、舟山实验小学全体英语组成员，共 14 人。

授课过程：

1. Pre-task（2 min）

① Sing the song：*Look*，*look. What can you see*？

② Look and answer：play a game（Checkout time）

A：Look, Look. What can you see?

B：I can see... in/on/under/near...

③ Look and learn/Watch and inform

A：I can see two children in the park. Who are they? Why are they in the park?

B：Spring comes. Parks are beautiful. They are having a spring outing day.

[教学意图] 教师通过游戏展现 Checkout time 板块的图片，同时复习名词短语，用歌曲进一步调动学生的学习积极性。在游戏的最后引出本课时的两个主人公 Kitty 和 Dan。同时，通过欣赏春天和公园的美景来引出话题 A spring outing day。此环节可引导学生自主思考，培养成长型思维，并构建积极主动的协同学习式课堂情感氛围。

2. While-task（38 min）

① Sing a chant

Walk, walk. Walk in the park.

Look, look. What can you see?

② Listen and choose

A dialogue between Kitty and Dan：

Dan：What can you see over there, Kitty?

Kitty：I can see some flowers under the tree. Wow! They're so colourful and beautiful.

Dan：Can you draw them?

Kitty：Sure. It's easy. I like drawing. And I can draw well.

Dan：Let's draw some pictures here.

Kitty：Good idea. It's fun.

③ Let's practice：Talk about Kitty and Dan's pictures

A：Look at this picture. What can you see?

B：I can see a... /I can see some... /Look! This is... and these are...

④ Sing a chant

Walk, walk. Walk in the park.

Fun, fun. What can we do?

⑤ Look and say

We can see some boats on the river.

They can row the boat.

⑥ Let's ask Kitty and Dan.

…，can you row the boat?

Dan：Sure. It's easy.

Kitty：It's difficult，but I can try.

⑦ Sing the song：*Row，row，row your boat*

⑧ Brainstorm

We can… in the park.

Fly kites，ride bikes，play on the swing，play hide-and-seek…

⑨ Group work

Parks are fun. We can… and we can… /We can… too.

⑩ Sing a chant

Walk，walk. Walk in the park.

Find，find. What can we find?

⑪ Think and watch

Inform：a nest in the tree，three eggs in the nest.

e/e/—ee/iː/

A：How to help the bird?

B：We can help the bird by making the nests and putting them in the tree. Parks are full of love.

⑫ Look and learn

Inform：plant trees，have picnics…

Parks are full of love. We can…

[教学意图] 运用多种方式展开知识建构型课堂。复习感叹句"What/How…!"，通过谈论Kitty和Dan在公园所画的图片来复习本单元新句型"I can see… in/on/…""This is… and these are…"。学生在小组内说一说公园里的活动，再一起做一张公园图片，培养自己的合作能力和组内协同能力，培养团队精神，发展善于合作的成长型思维模式。

同时，教师用chant来带领学生一起去发现公园里的爱。用一只小鸟寻求 Kitty 和 Dan 的帮助来复习 Sound time 中 e 和 ee 的发音，以 chant 来巩固所学并吸引学生的注意力。学生通过思考如何帮助小鸟来锻炼自己的思维能力，并用鸟巢公益短片引出"Parks are full of love."来进一步表现公园里是充满爱的，从而进行口语练习，为后面的书写做好铺垫。这一环节体现了教师正在进行活动体验型课堂模式建构，引领学生深入思考与主题相关的情感态度与文化意识。

3. Post-task（4 min）

① Read and know：Kitty's passage

② Let's write a passage.

Parks in spring.

③ Share and discuss：Do a summary

［教学意图］ 通过呈现 Kitty 的美文，学生发现这篇文章的书写方法，再进行仿写，从而感受春天公园的美、趣和爱，进而去公园享受美景和快乐，体会人与自然的和谐共处。该小组活动运用了渐进探究学习的模式，着眼于知识的深度架构，通过"创建写作情境—设置研究问题—建构学习理论—搜索深度知识—组内共享"流程，借助小组办同完成一篇习作的方式引导学生进行组内的深度互动。通过互学、互助、互补的方式，共同完善作品，这样独立个体无法覆盖全面的内容可通过组内成员的交互共享得到进一步完善，也培养了学生勇于行动、善于合作的成长型思维。

4. Homework

① Share the passage with your friends.

② Go and enjoy the parks in spring.

［教学意图］ 复习巩固本课所学内容，感受身边不同风格的公园的美、趣和爱。

（二）课堂教学反馈

1. 学生反馈

［舟山实验小学四（1）班　朱家娴］

我喜欢 A spring outing day 这个话题。马上我们就要春游啦，没想到英语课正好讲到了这个！我有好多要说的话，不过有些我不知道怎么用英语说。正好金老师在这节课上教了，我可以用学到的新短语造句了！真有趣！

［舟山实验小学四（1）班　陶馨怡］

在看图说话的环节，我漏说了一个 too，是我同桌提醒我加上的，我自己都没注意。不过他在说另一张图的时候，忘记加 s 了，这次是我告诉他的！

［舟山实验小学四（1）班　王宇峰］

在写作这个环节，我和小组成员讨论了到底写什么活动，每个人都有自己想要写的，所以最后大家写了不同的活动。我觉得这样挺好的，不像以前写作文都是背背固定的内容，这样可以让我们写出更多好玩的东西，这也是金老师教我们的，原来去公园还有可能发现掉下来的鸟巢，帮助小鸟。到时候去公园会不会真的遇到这种事？

［舟山实验小学四（1）班　钟懿轩］

在最后完成作文互评的时候，我才知道原来大家有那么多不同的想法，我一直以为大家想的都差不多，就课文里教的那些，没想到最后听到的内容五花八门，什么都有。有的小组读的时候读错了，当时我想提醒一下的，不过没好意思，后来金老师鼓励我们说，我就很小声地说了，那个同学也没有不高兴，反而很开心我帮他指出了这个错误。

［舟山实验小学四（1）班　潘哲宇］

今天上了一节很特别的英语课！活动很多，我感觉我的嘴巴和脑子都没有停下来过，但是很开心，因为学的是我喜欢的东西，我可喜欢春游了。而且在小组活动中，还能和同学聊天，并且能互相帮助完成一份作文，这要比自己一个人写轻松多了。看来写英语作文也没我想象中的那么难。

2. 同行声音

［陈慧］

金老师的这堂课营造了强烈的春天的氛围感，情境感十足。以 A spring outing day 为主题，循序渐进地带领学生复习有关春天的景物、活动和感受，教学活动丰富多样，并且做到了把学生的学习放在课堂中央。学生置身于春日情境中，跟随主角一起春日冒险，重点词句操练得有趣高效。金老师汇编的 chant 朗朗上口，不断推进课堂进度，学生课堂反应热烈。在协同小组活动 brainstorm 中，学生 4 人一组，在 20 秒内挑战说一说"What can we do in the park?"。小组内学生乐于接受挑战，互相比拼说一说有关春天活动的词组，同时又能互相帮助，最后由一位同学呈现组内合作的成果。

这次活动体现出小组协同对组内成员的影响是潜移默化的，无形中激发了每个组员的学习兴趣与积极性，让课堂呈现出一派热闹的景象。课堂以 beautiful、fun、love 三段主旨串联出一个美丽、温馨、有趣、友爱的春天，带给学生的不仅是充实的语言知识，更是美的享受。

［周子良］

金老师执教的这节英语课思路非常清晰，从 Free talk 中自然导入本课的课题，由学生熟知的事物引入新的情境，通过两个好朋友在公园里的所见所闻所听所感，再引导学生学习不同种类的动词短语。金老师通过各式图片从视觉方面着手，刺激学生的感官，这样学生就能够灵活掌握地图的路线及其方位了。她还通过游戏让学生猜相关的动作，进一步巩固新学词句，游戏涉及的动词短语，也为接下来所教授的新句型提供了可说的材料。另外，学生到了高年级，学习英语的参与性和积极性明显低于中低年级学生，这就要求我们教师要想方设法多方位刺激学生的思维，让学生成为课堂真正的主人。很多学生都能说得很好，这主要与金老师夯实基础密不可分。金老师在整个教学过程中，都很注重学生的语音语调，让学生不断模仿文中的读音。学生整堂课听得也很认真，对于课堂小练笔，学生完成的情况还不错。金老师这节课的操练形式非常丰富多样，值得我好好学习。

［鲁芳］

金老师以"The park is beautiful.""The park is fun.""The park is full of love."，将本节课的教学重点巧妙串联在一起，带着学生一起去感受春天的魅力。她善于借助贴近学生生活实际的图片和视频，帮助学生搭建语言输出的素材背景，让学生在生活化语境中去操练本单元的重难点知识。此外，金老师在复习旧知的同时，还提供给学生学习踮踮脚就够得着的新知识的机会，保障每一位学生的英语学习权。她积极引导学生去相信自己拥有学好英语的潜力。学生们也在金老师的感染下，纷纷举手发言，进行同伴对话，学习自信心更足了。在小组任务活动过程中，学生们在金老师搭建的语言"脚手架"的基础上，积极参与到小组活动中，主动分工，互相请教，呈现出一种"抱团式"语言能力的成长。

［席墨］

金老师这节课结构非常清晰，教学环节层层递进，由浅入深，且教学活动丰富，整体课堂氛围积极活跃，无论是学生还是老师，脸上都洋溢着快乐的笑容。本节课的主题是"春游",这个话题非常贴近学生的实际生活,也很有趣味,而且非常凑巧的是,这个班的学生不久后就要进行社会实践活动,所以学生对这节课的兴趣非常高。金老师也用活泼的语言、亲切的教态拉近了与学生的距离,为学生娓娓道来春游的美与丰富。

金老师先用自由谈话和歌曲自然引入了 A spring outing day 这一主题,在构建新情境的同时还带领学生巧妙复习了之前所学内容。之后通过两个新人物,用朗朗上口的 chant、song、game 等多种教学活动,使学生习得拓展的新短语并将其运用于句型之中,图句结合,为学生提供了更强的真实感和语言运用的场合。在后半部分出现了关于鸟巢的公益环保知识,这里设计了文化态度与情感意识的教学,同时还鼓励学生培养独立思考的成长型思维意识。输出部分包含了共话、共演、共写,让学生在小组中进行协同学习,互相帮助,取长补短。在呈现最后结果的时候,金老师除了反馈与评价写作的内容之外,也不忘对语音进行纠正。

[李艳]

这四十分钟我们跟着金老师感受了春天的美丽及公园的生机勃勃。金老师从听、说、读、写等方面培养学生的综合语言运用能力。平时我们在书本的教学中都是采用一些毫无生气的文字,课堂上也多是机械的操练,也因此框死了学生思维,使学生不能主动去建构知识。但是金老师用综合实践课的情境带着学生进入公园,让学生从听觉、视觉、嗅觉、感觉等方面享受春天。与此同时,金老师教授的词汇、词组、句子逐渐变得丰富,学生的表达能力也得以提高。

金老师对这节课的预设很准确,不仅能对学生的已学知识巧妙地进行复习,而且适当地进行了拔高拓展。金老师还注重对学生成长型思维的培养,及时对学生的成长型思维进行评价。让我印象最深的是在金老师问"Can you row a boat?"时,学生有的说"No!",但是金老师说"Never mind, you can have a try."。在课堂中渗透成长型思维可以帮助学生积极地应对学习乃至生活中的挫折,很值得我们学习。

[陆朦]

本节课作为一节复习课,情境设计得非常巧妙,让学生在学习的过程中很有代入感。主要从"What can you hear?""What can you see?""What can you do?"这几个方面来感受春天。课堂上的 chant 朗朗上口,学生易学易懂，能够跟上老师的步伐，从简到难，有梯度地去学习。在复习课中，金老师对知识进行了拓展，且对一些低频词进行了复习，让学生能够学得到、学得精。整堂课的设计都是以学生为主体，让学生在听、说、读、写四个方面都得到了充分的锻炼，是一节适合学生且高效的复习课。

［罗俊晓］

金老师的这节课是一节复习课，教学设计精心，内容主线从简单逐步过渡到困难，有层次、有梯度，让学生逐步接受、内化和反馈。句型从简单句到复杂句逐层深入，给学生搭建了良好的文本支架，让学生能更好地掌握、运用。在这节复习课中，金老师不仅重视常用词、句，而且还多次提及了一些低频词，让学生掌握、运用得更加全面。

［孙洁莹］

"教师要有教学智慧，要做一个会上课的老师。"是啊，如果一个老师上不出一节学生喜欢的好课，那么这个老师是不被尊重与认可的。在我看来，金老师的课堂总能给学生创设一种安定又愉快的学习氛围。我想，这与她多年来对英语课堂的研究和思考分不开。在这一节复习课中，我们能深刻感受到金老师对于复习课教学的独到见解，她不拘泥于板块与知识点，基于教材又略高于教材，对于学生已掌握的知识，她会用巧妙又灵动的语境去带动整个故事链，将知识点渗透在故事的每个小细节中，在学生被故事吸引着想要往下学的时候，不经意地进行语言操练，寓教于乐且毫无违和感。

如何让学生能力的训练能层层递进、逐步提升，又不会让任务设置显得重复枯燥，是需要教师的智慧的。在本节课中，金老师将整个大语境生发出三个境中境：things in the park、fun in the park、love in the park。在三个部分的学习中，学生能够逐步操练核心语句，逐步形成自己的语言框架和表达思路，成长型思维的点拨与形成在金老师的带动下一点点达成。学生的自信是在老师设置的分层问题中建立起来的，不同层次的学生可以选择难易度不同的任务，这样的设计能更周全地考虑不同学生的"最近发展区"，让他们跳一跳就可以够得到。在这样良性积极的互动中，教师给出更具鼓励性的评价，使学生更乐意接受挑战。

最妙的是，在公园中设置帮助建立爱心鸟巢的设计，让整节课的情感教育有了最真实的触发，没有什么比公园里的真实语境更能激发学生内心的爱了。同时，金老师抓住教授时机，让学生协同起来，去思考、去研究、去比较，在不断的对话、调整、补充和验证过程中巩固所学并思考：如何帮助小鸟找回安全的家园。学生的心是温暖的，思维是富有创造性的，每个学生都有自己思考问题的角度与优点，我们要做的就是让他们有这样的实践机会与讨论空间，让每一个思考的火花能交织出成长的光影。

金老师做到了，也在这个过程中感受到了协同学习在"指向成长"的课堂上的魅力与实效。希望可以认真总结这样的操作与课堂经验，并分享给更多的一线教师，以帮助他们更好地提升课堂效率。

[居静华]

金小燕老师用温馨的情感元素生动地展现了以公园为主题的一堂复习课，并将协同学习的教学形式有效地穿插在教学中。

首先，金老师的课堂设计缜密，逻辑清晰。通过游戏导入听、看、对话等活动，学生能体会公园的美，巧妙地复习并整合了"Look at the… / It's… /They're… /We can…"句型，在练习句型中让学生进行两两协同，谈谈公园的美景。学生在图片和词汇的帮助下，在两两讨论互助的过程中，能够用4句话或5句话有逻辑地描述公园的景色。

其次，金老师的课堂流畅无痕，活泼有趣。在"美丽的公园"中，金老师充分挖掘了里面各种活动元素，如静态的和动态的，让学生切实感受到公园的趣味性，在贴合学生实际的设计中不断将知识点扩大、挖深，符合复习课的探究过程。同时，金老师用一个介绍公园游乐活动的游戏进行协同学习，调动了学生竞争的积极性，学生从说一个短语变成说一个句子，再变成说一段话，在有限的时间里通过协同学习将自身的学习能力无限放大。

最后，金老师的课堂细腻别致，语用到位。通过拯救鸟儿的环节深刻挖掘公园中的人文内涵，向学生展示了人与自然和谐相处的美好景象，呼吁学生热爱自然、保护自然，并给学生提供了苏州地区各种不同类型的公园，有效提升层次感，让学生4人协同，完成对一个公园的介绍，做到知识学习与实践运用相结合。

（点评同行：舟山实验小学英语组老师们）

3. 专家点评

① 做听力练习的时候要引导学生先观察题干和选项，等到全部完成，

核对答案时，需要再次核对听力内容，可以二听、三听，定位文中细节，找出听力题目在原文中的答案，可以让学生复述或者自己讲讲解题方法，这样使学生的印象更加深刻，也能使其进一步掌握听力技巧。但是要确定何种练习锻炼何种能力，听力就是听力，阅读就是阅读，不要把听力练习变成阅读理解，要掌握好度。

② 课件呈现的阅读量要少，一张PPT上不能放过多的字，要把握并平衡好图与字的量。可以先呈现图片，再根据图片内容和学生反应呈现单词、短语乃至句型。课件要突出重点，清晰明了地呈现出本节课中重要的知识点。争取通过课件和教师本人的教授与引导，带领学生突破难点，化难为易、由浅入深。

③ 教学设计内容要贴近学生生活，就地取材，将要教授的拓展短语不宜太多，应适中且呈现在一页以内。通过看、听、做等多种方式呈现和总结拓展的知识点，并同步教学内容于板书。一定要复现低频词，让语料中的生词样态更加丰富自然。重难点标注可以使用多种颜色，比如，发音用红色统一突出，复数的s用黄色强调，等等。另外，教师要注意教态，说话声音应轻柔磁性，学生声音大，教师声音小，仿佛在与学生自然地聊天。

④ 三个关键词 beautiful、fun、love 用得很好，不过可以再具体、再细化。在 beautiful 中突出 see 的部分，将公园里的动植物拟人化，如可用"I see birds singing in the sky."来提升语言档次，同时综合使用了新旧知识，整堂课的层次一下子就上去了。Fun 部分突出 do，活动的趣味性及到底趣在哪里。Love 突出 find 和 feel，"我"见即"我"得，如"我"寻觅到了什么、感知到了什么，以及"我"可以反思什么。这节课质量很高，也有很多可以再深挖、打磨的地方。潜心思考，回溯过程，就能实现更多闪耀的发光点。

（点评专家：苏州市教育科学研究院袁峥老师）

4. 自我反思

本节课的成功之处在于：创设贴近学生生活实际的情境，在情境中复习、巩固并拓展新知，通过协同学习，进一步培养学生的综合语言素养和成长型思维。

（1）创设情境，设置主线，激活思维，促进表达的丰富

本课时是依托 Checkout time 的单元复习课，在单元话题 Drawing in the

park 的指引下，将本课时的话题定为 A spring outing day。学生们跟着主线人物 Dan 和 Kitty 一起去公园，一路上他们看到了公园里美丽的风景，体验了丰富有趣的公园活动，还发现公园处处充满了爱。在这个相对完整的情境中，学生的思维被激活了；在这样的场景搭建下，语言有了生命，变得更加立体。同时，这个情境也和书本的课文情境相关，这样可以保证学生能够用学过的内容进行表达，不会产生畏难的情绪。当然，我也没有将目光局限在书本的知识上，而是在课文原有的基础上进行了适当的拓展。学生通过协同学习，互帮互助，有挑战、有合作、有收获。这样既能促进学生丰富已有的表达，又培养了学生的成长型思维。

（2）融入情境，激活感受，增强情感的体验

语言与意识形态密不可分，作为信息载体的文本同时蕴含一定的思想内容。因此，在本课时的 While-task 的第三个任务中，我用一只小鸟寻求 Kitty 和 Dan 的帮助来复习 Sound time 中 e 和 ee 的发音，同时通过一个 chant 来巩固知识并吸引学生的注意力。学生通过思考如何帮助小鸟来锻炼自己的思维能力，并用鸟巢公益短片来引出"Parks are full of love."这一观点。在教授这一部分内容时，我紧扣本单元的核心语言，同时结合第三单元和第四单元中 Sound time 进行字母 e 发音的巩固、对比及强化。这一过程锻炼了学生的思维能力，增强了学生的情感体验，引导学生积极参与任务，触发情感共鸣，让他们在生活中做一个有心人，发现周围的美和爱。

（3）体验情境，协同学习，激发学习英语的兴趣

本课时中有多个协同学习环节，如在 Talk and do 这一环节中，学生在小组内分享对公园里适合学生参与的活动的想法，既根据已有的知识各抒己见，又互相补充。这种"互学"的氛围很好地激发了学生的学习兴趣，培养了学生的合作能力。在呈现的过程中，小组内的 4 个人你说一个活动，我补充一个活动，课堂气氛活跃，学生参与度非常高。

本节课的不足之处在于：没有给学生太多时间进行协同学习，协同学习的效率不是很高。

在本节课的最后一个环节 writing 部分，学生根据 Kitty 的文章提炼书写的三个要点，即"Parks are beautiful."、"Parks are fun."、"Parks are full of love."。由于课堂上时间有限，在这一环节，我直接带着学生一起提炼了这三个要素，这不利于培养学生的成长型思维。在进行写作时，小组内的学

生只是进行了简单的分工，然后分别进行了一个要素的写作。在这一环节中，协同学习的过程或者说协同学习的目的没有很好的达成。因此，在输出环节，还有很多语法错误出现。所以，该如何改进这一协同学习活动呢？我想首先，在写之前，学生可以先在小组内进行交流，分享各自的观点，其他成员可以提出意见和建议。其次，在分享习作前，学生也可以在小组内进行一个组内修改和评价，这样可以很好地达成协同学习的目的——形成互学关系。最后，分享完习作后，还可以进行小组间的互评。评价很好地帮助学生培养成长型思维。他们倾听其他学生的评价的过程，也是他们反思及改进的过程。

【课例研究二】

译林版英语四年级下册 Project 1　My school life，执教者：苏州太湖国家旅游度假区舟山实验小学　　居静华

一、复习课教学设计的基础分析

本基础分析主要是指对教学对象和教学内容的基本情况进行分析，由此找到教学的基础，选择适恰的话题情境，有的放矢，提高学生的课堂学习效率，它主要包括学情分析和教材分析两个方面。

（一）学情分析

1. 学生理论情况分析

学情分析是对学生的已有的认知水平和思维能力进行的分析，一般情况下我们可以从学生的"已知""未知""能知""想知""怎知"五个方面进行分析，并由此确定教学的深度、广度和高度。

学生的"已知"是指学生已经具备的与本节学习内容相关的知识经验和能力水平，它制约着教学起点的定位。例如，对学生已有知识经验进行分析，针对本节课或本单元的教学内容，确定学生需要掌握哪些知识、具备哪些学校生活经验、有过哪些学校生活体验的经历，然后分析学生描述学校生活的已有经验和能力水平，以及能否通过课堂学习达成预期的学习目标。了解"已知"情况的途径既可以是经验性的，也可以是调查性的。"已知"的内容比较复杂，包括与学生年龄特点相关联的个性和经验，与学

生英语学习能力相关联的表达能力和表达思维，等等，须根据教学需要进行有重点的观测分析。

学生的"未知"是指学生通过学习应该达到的目标中所包含的未知知识，它关系到教学目标的定位。例如，对新授内容的教学目标和学科核心素养进行分析，从而确定教学内容的范围、难度和情感色彩。确定"未知"的依据是社会发展对学生情感态度发展的要求、核心素养对学生综合语用能力的要求，以及学生自身语言发展的需要。对"未知"的定位决定着教学目标的再构方向和教材的二次开发程度，反映着学科教学任务和学科核心素养达成的水准。

学生的"能知"是指通过该节课教学能够达到的学习目标，它规定着学习结果的定位。学生的"能知"是对学生"未知"的因材施教式的开发与再构，确定"能知"的依据是学生的认知水平和"已知"基础。"能知"是"未知"的落脚点，是教学的"最近发展区"。就不同时代的学生、不同学校的学生、不同班级的学生而言，其"能知"的水平不同。对"能知"定位的精准性反映着一位教师的教学水准和育人水平，关系着教学预期与教学效果的吻合度。

学生的"想知"是指学生个体或群体想要知道的教学目标以外的现象或知识，是与学生的心智水平相对应的学习兴趣，是构成学生"我要学"的原动力。不同个体的"想知"不同，不同群体的"想知"也不同。聊天、座谈、问卷调查等都是教师获悉学生"想知"的途径，尤其以"随意闲谈"之类的非正规途径最为常用。获知学生"想知"的目的在于使教学活动走向师生的同理与共情，实现师生间的思维相接、情感相应和心灵相约。

学生的"怎知"是指学生愿意选择学习的路径和策略，它体现了学生的认知风格、学习方法、学习能力、学习习惯等。教学对象善言还是缄默、专注还是游离、合群还是孤僻、敏捷还是慢智、肤浅还是深刻等基本认知情况是教师在教学设计时进行方案补充和调整的参考因素。对学生"怎知"的关注程度反映了教师的教育柔性度，影响着教师的教学效率和学生的学习效果，也体现着教师的教学艺术和对教学效果的把握能力。

2. 学生实际情况分析

（1）学生心智特征分析

本课对象是本校四年级学生。该班学生平时上课较为活跃，再加上公开课赋予学生的兴奋效应，学生能够比较积极地参与课堂的活动。当然，教师的引导和教学活动的布设是让学生兴奋参与的重要外因。

（2）学生已有知识经验分析

从教师平时的带班和授课经验来看，学生的学校生活体验丰富多彩，学生能正确使用一两句英语描述学校生活，并表达对学校生活的情感态度，但语言表达整体缺乏系统性和逻辑完整性。

（3）学生未知知识经验分析

学生日常生活在 school life 中，对学校生活有话可讲、有话题可讲，但缺乏对这些话题的综合和整合，以及以作文的形式完整输出的语言输出意识与能力。

（4）学生可获取的知识经验分析

通过本节课的学习，学生能流利运用已知讨论话题：Subjects、Days of week、My day、Ability。并以 My school life 为总话题，串联四个小话题，有内容、有侧重地表述学校生活，情感色彩积极向上。

（5）学生有可能想获取的知识经验分析

学生的真实学校生活丰富多彩，英语书只能涉及主要内容，学生期待能表述自己的日常学校生活，因此，教师需要观察与预测，准备好其他相关的话题知识，如 Subjects 话题涉及真实的科目"至善课"的英语表达等。

（6）学生期待获取知识经验的途径分析

首先，小学四年级阶段的学生英语学习兴趣浓厚，乐于表达，敢于表达，偏好参与 chant、歌曲、游戏等活动；其次，学生的注意力水平较低年级阶段有所提升，抽象思维向逻辑思维发展，乐于思考，倾向于有挑战性的学习活动以获得学习成就感，将其内化为学习动力。

（二）**教材分析**

1. 理论分析

一方面，本节课具备复习课型的一般共性，如，需要考虑复习目标的设置、复习内容的组织与整合、教学设计的实施和语言输出反馈评价；另一方面，需要考虑本节课主题情境与学生实际学习生活的贴切度，以及核心素养指导下学生的语言能力素养和情感态度价值观的培养。

2. 实际分析

Project 1　My school life 复习课涵盖译林版英语四年级下册前四单元的

核心内容：

Unit 1 Our school subjects 主要知识内容为学校的学习课程表中的学科类词汇，及运用"—What subjects do you like? —I like…"讨论及表达自己喜爱的科目。

Unit 2 After school 主要知识内容为一个星期中每天的名称 days of weekends 类词汇，及运用"—What day is it? —It's…"进行问答，展开对话。

Unit 3 My day 主要知识内容为时间与活动词汇，包括一天中各个时间段及其活动的表达，及运用 When 和 What 引导的特殊疑问句进行问答，正确表述自己在一天各时间段的活动及生活。

Unit 4 Drawing in the park 主要知识内容为表述自己的能力，及运用"—What can you do? —I can…""—Can you…? —Yes，I can. /No，I can't. It's difficult，but I can try."进行问答，正确表达自己的"能与不能"，培养"I always try."的成长型思维品质。

二、复习课教学设计的主体介绍

（一）教学目标

1. 语言能力

① 在小组协同性学习的环境中，能听懂、会说、会读核心词汇和词组 art room、music room、playground、class meeting、computer studies 等，语音、语调准确。

② 在小组协同性学习的环境中，能听懂、会说、会读核心句型"We have a… in our school.""I can see…""I can… in the…""We learn a lot at school.""We have…""At… lesson，we…""We like…""We learn a lot at school.""I（usually）… at…"，语音、语调准确，朗读流利，准确掌握以上句式结构。

③ 能够理解本节课所讲内容，并朗读文本，做到语音、语调准确，朗读流利。

2. 学习能力

在小组协同性学习的环境中，能够借助表格、板书等，尝试讲述学校生活。

3. 思维品质

① 能在学习活动中积极尝试用英语描述学校的生活。

② 能在学习活动中体验学校生活的乐趣，准确地描述学校的生活。

4. 文化意识

通过对 Tom 的学校生活的了解，学生感知不同学校的不同学习安排，以及不同科目的学习乐趣。

（二）教学重难点

通过协同学习，小组内能够有效互助合作，有条理地讲述 Tom 的学校生活，小组成员在学习过程中都有所收获。

（三）教学整体思路

本课时以"We learn a lot at school."为中心句，围绕学校生活的三个关键词 nice、busy、happy 展开。本节课是复习课型，因此，可以将前四个单元的核心知识融入本节课教学语境中。通过 nice 这一环节进行学校场景的介绍，主要以拓展为主；通过 busy 这一环节进行学科类的复习；通过 happy 环节进行时间安排的复习。以这三个关键词为情境线，完成不同内容的复习和拓展，在协同学习的方式下，最终输出一个完整的有关学校生活的篇幅。

三、复习课教学设计的策略分析

（一）复习课堂教学实录

课题：译林版英语四年级下册 Project 1 　My school life。

授课地点：江苏省苏州市吴中区舟山实验小学未来教室。

授课时间：2021 年 4 月 9 日。

听课人员：北京师范大学程晓堂教授、舟山实验小学郑建英校长、舟山实验小学全体英语组成员，共 14 人。

授课过程：

1. Pre-task（2 min）

① Watch and think

Teacher presents a video about student's school life. Students watch and think about what's the video about.

T：Do you enjoy this video? What's the video about? School subjects or school life?

Ss：It's about our school life.

T：Yes, you're right. And we learn a lot at school.

2. While-task（38 min）

① Tom's school life

T：Boys and girls, this is Tom. Let's greet with him.

Ss：Hello, Tom.

Tom（tape）：My school life is nice. Come and see with me.

② Look and say

T：These are parts of pictures from Tom's school. Can you guess what are they?

S1：Music room.

S2：Playground.

S3：Classroom.

T：You're all right.

③ Think and say

T：Look, this is a music room/playground/classroom. What can you see in the…? What can you do in the…?

S：I can see… /I can…

Ss：We learn a lot at school.

④ Choose and say

Teacher presents some pictures about Tom's school. Students choose one to talk about.

My school life is nice.

We have a… in our school.

We can see… in the…

We can… in the…

We learn a lot at school.

Tom（tape）：We learn a lot at these rooms, so we are busy.

⑤ Review and say

Teacher presents a class timetable, Students review and fill in：Monday,

Tuesday, Wednesday, Thursday, Friday, Saturday, Sunday.

⑥ Sing a song: *Days of our week*

Saturday sing to review the song and heat the class up.

⑦ Look and say

T: Saturday and Sunday are…

Ss: Weekends.

T: From Monday to Friday are…

Ss: School days.

⑧ Guess and say

Teacher presents the capital letter, the picture or the sound of a subject. Students guess the subject according to its characteristic and fill in the timetable.

T: What subject is it?

S: (C _____ /M _____)

(picture) Music/PE/Science/…

(song) Class Meeting

(sound) Computer Studies

⑨ Think and say

T: What do you do at these lessons?

S: At _____ lesson, I _____ and _____

⑩ Choose and say

T: What subjects do you like? Why?

There are three expressions for Students to choose and say:

I like… It's …

I like… and… They're…

I like…,… and … They're …

⑪ Design and say

T: What is your dream Friday? Please work in groups of four and talk about it. Here is the rules:

Students works in groups of four. Two talk about the timetable in the morning. And two talk about the timetable in the afternoon. Introduce to each other.

My school life is busy.

On Friday morning/afternoon, we have...

At... lesson, we...

We like... It's/They're...

We learn a lot at school.

其他小组评价:We think your dream Friday is...

Tom(tape):My school life is busy but happy, because I do the things on time.

⑫ Ask and say

Teacher presents Tom's daily schedule. Students work in pairs, then ask and answer about Tom's activities.

S1:When do you..., Tom?

S2:I(usually)... at...

⑬ Try to say

S:In the morning, I(usually)... at... I do things on time. I learn a lot at school.

⑭ Listen, choose and fill

Students listen to the tape and fill in Tom's activities and time. Students work in pairs. One fills in the activities, and the other one fills in the time. Students cooperate and compelte the task on the same sheet.

⑮ Try to say

S:In the afternoon, at..., I(usually)...

I do things on time. I learn a lot at school.

⑯ Read and fill

Students read about Tom's school life and think about:How is it? Then give it a suitable title.

3. Post-task(4 min)

① Write and say

T:四人协同,分别由2人选择其中一部分完成,完成后组内交换修改,最后进行分享描述。

My wonderful school life

My school life is nice. We have a _____ in my school. We can see

_____ in the _____. We can _____. We learn a lot at school.

My school life is busy. I have _____ every _____. At _____ lesson, I _____. I like _____, _____. I learn a lot at school.

My school life is busy but happy. I _____ at _____. I _____ every day. At _____, I _____. I learn a lot at school. I do things on time.

My school life is wonderful.

4. Homework

Share your school life to your friends.

（二）复习课堂教学反馈

1. 学生反馈

[舟山实验小学四（3）班　沈轩]

我喜欢 My dream Friday 活动。我和我的同伴选择了 morning 部分课表的制作，当我写到最后一节课的时候，我的伙伴说写体育吧，因为上了很多节主课也要休息一下。我觉得他讲得有道理，就写了上去，最后我们一起完成了 My dream Friday。

[舟山实验小学四（3）班　郭静颖]

Tom 的下午的活动需要我和我的同伴一起听写完成，在听的时候，我和他一起商量，我有一个时间没有听出来，是他告诉我的；我也在他漏掉 do some sports 的时候告诉了他。

[舟山实验小学四（3）班　徐安翼]

我非常喜欢这节课，居老师带着我们讨论了很多问题，我和我的小组伙伴都能够互相交流意见。我们在选择完成 Tom 的学校生活时，一起合作，把三个部分都写完了。在写的时候，我的伙伴把 Maths 写成了 Muths，我及时提醒了他。就这样，我们互相提醒和帮助，把所有内容都完成了，我们非常高兴。

[舟山实验小学四（3）班　王佳欣]

我们在完成 Tom 的学校生活时，选择了第一个部分，因为它很有趣。我的伙伴写不出"We can see _____ in the _____."，我帮助他完成了这个内容，我们都很开心。

[舟山实验小学四（3）班　李逸轩]

我们小组完成 My dream Friday 的课表后，我在介绍时不太熟练，是我的同伴教会我读"My school life is busy.",他还带着我一起听我们组另外两名同学介绍他们的 My dream Friday,在我不明白的地方告诉我是什么意思,这样的小组活动让我把不会的学会了,我也喜欢上了这样的英语课。

2. 同行声音

[金小燕]

居老师执教的这一堂课是一节复习课,教师以 Tom 这个人物为主线,围绕 Tom's school、Tom's timetable、Tom's day 来谈论 Tom's school life,主要复习前四个单元的重点词汇和句型。教师以新课程理念为指导,充分考虑学生的年龄和认知特点,在本课时的教学设计和组织上注重了以下两个方面。

① 创设情境,充分调动学生的学习兴趣。在本节课一开始,教师用一位学生的学习生活视频来吸引学生的注意力并导入新课,贴近学生的学习生活。整堂课都是在这一情境中展开的,使学生乐说、会说英语。

② 贯彻以学生为中心的原则。教师能关注教学过程,尽可能发挥学生的主体作用,让学生真实地去体验、参与并努力实践,在活动中学会用英语表达交流。在 My dream Friday 这一环节中,教师让学生进行协同学习,学生们得以在小组中各抒己见,充分调动了学生的学习积极性。

[俞蕾]

让指向成长型思维的英语协同学习走进英语复习课。居老师呈现了一节主题为 My school life 的四年级复习课,通过创设人物 Tom 的学习生活,从学校的各类教室、学校的学习科目和学校的活动三方面对词汇、句型和语用进行了综合复习,呈现了"Tom is busy but happy."的积极向上的学校生活。在三个梯度的语用任务设置上,居老师巧妙地体现了成长型思维的协同学习。令人印象深刻的环节是在学习学校的课表和活动之后,居老师让学生2人一组设计自己理想中的课表和活动并且陈述原因。在进行协同小组活动任务的时候,我观察到小组内有明显的协同学习的现象。小组内原有发言不太活跃的成员,由于要一起合作完成任务,不得不和另一个组员频繁对话,语用能力得到了有效的提升。

[陈慧]

居老师这节课的教学设计成熟完整,教学活动形式丰富,符合四年级学生活泼好动、喜欢接受小挑战的学习心理。整堂课学习氛围融洽,教学节奏张弛有度，学生在课堂中的主体地位得到了体现。本课的话题为 My school life，通过合理整合前四单元核心语言知识点，呈现 Tom's school life，由此推进学生联系自身实际学校生活，look and say 学校环境，ask and answer 自身真实的课表与科目，并拓展相关的真实科目表述，解决学生的表达难点，使其对"I learn a lot at school."感同身受。在居老师设计的小组活动中，4 名小组成员能做到互帮互助、互相提醒，投入到学习活动中，学习氛围很好。居老师通过活动一步步推进语料的复现和增长，学生在明确的学习目标的指引下，有自信地表述自己的学校生活，语言完整，思维有张力。我们明显能感受到学生经过学习后语言的进步和思维的拓展。同时，协同小组活动的另一个优点是，学生在小组交流中，切实互相协助解决遇到的困难，让"It's difficult, but I can try."从口号落实到行动中。实际生活是学生最好的教材，学生也是最懂老师的。

[沈青]

居老师在"Project 1 My school life"一课中，以一段学生在校生活的视频引入 My school life 这一主题，设置主人公 Tom，引导学生先快速回答"We have… in our shool."，复习 music room、art room 等教室的名称，然后看图说一说各个教室里的物品及可做的事情，巩固句型"What can you see in the…?""What can you do in the…?"，再通过歌曲 Days of a week 自然过渡到学科的复习，充分操练"What subject is it?""How many subjects do you have?""What do you do at these lessons?""What subjects do you like?""Why?"等句型。最后，借助 Tom 的时间安排表操练句型"—When do you…? —I（usually）… at…"，并让学生自己写一写"My wonderful school life"，提升语言运用能力，引导学生 enjoy school life，达成情感目标。

整节课围绕 nice、busy、happy 三个关键词来展开 Tom 丰富多彩的学校生活，教学过程环环相扣，过渡巧妙自然，词汇句型操练到位，内容贴近学生生活实际。其中，学生在设计 My dream Friday 这一环节时，能够在小组内积极参与讨论，课堂氛围活跃。

在上课过程中，协同学习任务单的使用更好地帮助了学生以 2 人、4 人一组的形式进行协同学习，促进了学生成长型思维的养成。

[周子良]

从居老师的教学过程来看，从教学内容到教具都是精心准备的，从导入新课到布置作业、课后小结，每一句都很精练，每一个问题的设置都恰到好处，板书也充分体现了英语知识的结构体系。居教师能根据自己学生的知识水平、认知能力设计教学的各个环节，在知识深难度的把握上处理得很好，基本上都能做到突出重点、突破难点。

首先，居老师通过真实的或创设的情境使学生理解所学的新语言知识，再在理解的基础上通过技能训练和交际活动巩固所学语言知识，然后在小组活动中灵活运用所学语言知识，达到掌握听、说、读、写等运用英语进行交际的能力的目的。教师利用实物、图片、电脑、多媒体、自己编唱的音乐等创设新的语言情境，多渠道地给学生提供英语信息源，拓宽其视野，从而激发学生学习英语的强烈兴趣，使其积极主动参与各项学习活动，使课堂富有节奏感，大大提高了课堂教学效率。

［李艳］

居老师的这节课是复习前四个单元的内容，课的容量很大，但是本节课的知识点教授循序渐进，难度逐渐加大，安排合理。本节课设置了三个协同环节，小组成员们互相协作，分工明确。印象最深的是在 My dream Friday 协同环节，学生讨论自己的星期五课表时畅所欲言，讨论得很激烈，一些平时不爱参与活动的学困生也跃跃欲试，时不时地说上几句。

其中有一个学生说想要上一节游泳课，但是游泳池他不会说，其他成员立刻说出 swimming pool，这样互补互助的环节很珍贵，可以充分发挥同伴带动的作用。组织领导力比较好的学生把小组成员的观点罗列收集起来并分享给大家。每个小组分享后还会让其他组的成员进行评价，这个环节也是对自己组的内容进行反思和协同的环节，学生评价时可以进行自我反思和完善。协同学习在促进学困生的转变和发挥学生的自主学习能力上有很大帮助。

［鲁芳］

居老师这节课的教学内容是对前面四个单元的复习，教学主题是 My school life。教学内容量大，但是居老师设计巧妙，教学重点抓得扎实，难度上循序渐进、层层递进。教学设计的材料来源于生活，并服务于生活。居老师积极选取本校的实际素材，学生对知识理解和吸收得很快，其课堂参与度很高。居老师在处理教材教学内容时，将课堂的话语权最大可能地交给学生，让学生自主分组，共同完成学习任务。在协同分工的过程中，学生的主人翁意识得到了培养。我印象比较深的是在其中一个协同任务完成的过程中，学生积极在组内交流自己的 dream friday，互相分享了自己喜欢的科目，扩大了彼此科目类的英语词汇量。学生在协同学习的过程中进行了知识量上的互补，学习效果达到最优。

（点评同行：舟山实验小学英语组老师们）

3. 专家点评

我参加学校的活动倾向于听课研究，平时在北京听课的时候流程一般是这样的：备课—说课—听课—评课。评课可直接帮助教师成长，解决实际问题。这次的活动要感谢郑校长的重视与细致安排。下面我来谈谈对这节课的看法。

这是一节复习课，复习课更有挑战性，是教学水平的进一步提高，对自己有更高的要求。我们采用倒叙的方式来看看这一节课，通过仔细推敲分析，力求达到真正协同。

协同即互相协作、协助，不同优势之间进行互补。教师要思考在教学过程中控制和引导不要过强，要让学生真正各抒己见。本节课活动安排精彩纷呈，设计的校外活动有讨论空间。在教学中产生不同的声音、角色、责任才是协同，要鼓励学生自由创新。比如，对于 My dream Friday，如果学生提出 no class，应该怎么设计？

学习单 Listen 那个部分要二选一，不能同时写时间和事情，难度高了。协同的真正含义不是分工而是困难互补。引导矫正不合逻辑的地方，习惯成自然。图片要用真实的学校或者书中图片，提供确切的真实感，有不一样的更好。

让学生说自己，要注意课文逻辑，比如，最后一个活动 Writing 不全面，可改的地方有：We can see 变成 There's a…，We can 变成 We learn how to do，I like 变成 "In… lesson, I…"，I 后可加上 go to school 等。

希望老师们能认真研究课堂教学设计，多看书，将理论研究运用到实际教学中，认真思考今天所学，做好反思。

（点评专家：北京师范大学外国语言文学学院程晓堂教授）

4. 自我反思

本节课的成功之处在于：依托协同学习策略，激发学生"学"的激情。

（1）贴近生活的学习情境

本节课讨论的是学校生活，学生每天都在学校，对这个话题很熟悉。因此，本节课的语境设置十分贴近学生的生活实际，对于学生来讲，提供的讨论内容大家都能说上一些。在语言架构的支撑下，每个需要学生输出的环节都没有难住学生，他们都能依据已有知识进行简单描述，贴近生活的话题也勾起了他们讨论的兴致。

（2）开放性的问题情境

对于梦想中的星期五课表，学生应该有许多话想说。所谓"梦想"，就是做自己想要做的。学生可以依据自己的爱好设置自己喜欢的学科，不受任何条件约束；也可以科学设计课表，做到劳逸结合，使兴趣与知识相协调。这样开放式的讨论，让学生充分发挥自己的想象力，把脑海中能够使用的词句都调动起来，展开热烈的讨论。

（3）协同学习的有效激发

本节课有多个协同学习环节，包括两人协同和四人协同。学生在原有的学习基础上，通过协同学习，出于不甘落后的心态，在组内积极表达，相互帮助，为好好完成任务而努力。

在协同完成 My dream Friday 课表环节中，组与组之间需要互相评价，这样就促使各组之间倾听得更加仔细，学生更加专注，在评价时小组内的讨论也十分激烈，有一组通过讨论给出了"I think they are perfect."这样的评价，出乎人意料。

最后一个完整描述学校生活的任务，需要学生通过合作读写才能完成，使用知识点较多，因此，为了降低任务的难度，学生只需选一个部分完成即可。在学生讨论交流的时候，我发现优秀的学生会帮助能力稍弱的学生；而两个都比较优秀的同学商讨时会互相比较，看谁说的句子比较好。在这样的一个氛围中，大家你一言我一语，互相督促修正，学生将所学知识尽可能地用到了任务中，并产生了新的想法，激发了自身学习的内驱力，形成了一个良性的互动模式。

本课的不足之处在于：协同学习的活动品质不够高。

（1）小组讨论不够深刻

协同学习的活动模式是我们正在探索的新模式，希望通过协同学习，真正激发学生学习的原动力，帮助学生在课堂上有所生长，建构出新的认知。在本节课的活动中，学生有三处协同学习的环节：讨论理想中的课、Tom 的午后活动安排和描述 Tom 的学校生活。学生在完成任务时，能够按照所给内容进行完整的描述，但是不能很好地表达自己的感受，说出更深刻的认识。第一个原因是受自身词汇量的限制，第二个原因是我在设计协同学习单时所引导的问题任务方向有偏差。

（2）对于学生的预测不够

在理想化的预设中，学生能够在协同学习的过程中将困难化解，将不可能变成可能。但是这是一种误解。在采用听力任务完成 Tom 的午后活动时，需要学生边听边选边写。很多组的学生没有完成这个任务，因为他们一有疑问就会互相商讨，跟不上节奏，影响专注力。因此，听力题不适宜进行协同学习，这是我对学情的预设不足所导致的。

【课例研究三】

译林版英语五年级下册 Unit 3　Asking the way（Checkout time & Review），执教者：苏州太湖国家旅游度假区舟山实验小学　俞蕾

一、复习课教学设计的基础分析

译林版英语中 Checkout time 板块作为一个单元的最终板块，承担着一个单元的检测和综合语用任务。有教师总结道："Checkout time 作为综合检测板块，其学习重点为学生通过形式多样的语言实践活动来复习巩固本单元所学的语言知识，围绕话题将单元知识结构化，并将所学语言知识转化为语言技能，以检测对整个单元所学语言知识的掌握情况，弥补和校正单元学习中存在的问题，以及综合提升英语核心素养。"据此，本课时的设计将围绕"问路和指路"这一话题，展开形式多样的活动，以促进学生单元知识体系的构建、重难点的巩固和语言实践活动的拓展。下面将从学情和教材两方面进行分析。

（一）学情分析

复习课的主要目的是综合各个板块，帮助学生巩固梳理本单元的知识与技能，使知识系统化，提高学生的综合语用能力。结合这一教学目标，我们对这一单元的内容进行了分析与重构。本单元涉及的话题是"问路和

指路",对于学生来说,这是一个全新的话题,但问路时涉及的一些地点名称,学生在三、四年级已经接触过。学生已经学习了本单元的 Story time、Grammar time、Fun time、Sound time、Culture time、Cartoon time 共六个板块,能熟练运用一些问路和指路的基本句型,掌握"sh"字母组合的发音,并且了解英美对同一物品的称呼差异等。学生经过三个课时的学习,已经能够熟练地运用一些问路和指路的基本句型,因此,我们在设计本课时的语境时,侧重考虑了相关性、递进性、趣味性和综合性,避免和前面的板块重复,设计了去 Magic Town 历险的语境和 Magic Pumpkin 这一有趣的主线形象。这样的设计,为学生创设了一个完整的、连续的语境,有助于学生产生情感的共鸣,提高复习效率。

(二)教材分析

本单元共有七个板块,本课时为最后一个 Checkout time 复习和综合语用板块。这七个板块之间既有一定的相关性,也有一定的非连续性。我们结合话题,分析教材,整合板块,发现前面三个板块关于"问路和指路"的话题和后面 Sound time、Culture time 板块之间缺乏联系和连续性,因此,我们在教学设计中加入了参观博物馆和电影院的活动,巧妙地将 Sound time 和 Culture time 的内容融入其中。在前三个板块中,学生已经能够熟练掌握问路和指路的基础句型,因此,为了避免重复,同时又有一定的提升,又加入了"Where's...?""Can you tell me the way to...?"这两个问路的句型,在指路时,引入了 crossing 的概念和用法。在创设的去 Magic Town 历险的语境中,我们将碎片化、无连续性的单元板块重新整合、复现和提升。

二、复习课教学设计的主体介绍

(一)教学目标

1. 语言能力

① 在小组协同性学习的环境中,能听懂、会说、会读核心词汇和词组,包括 cinema、bookshop、library、zoo、hospital、park、school、forest、supermarket、museum、crossing、get on、get off、station、traffic light、turn left/right、excuse me 等,语音、语调准确。

② 在小组协同性学习的环境中,能听懂、会说、会读并正确使用句型"Where's...?""How do you get to...?""Can you tell me the way to...?""You can get on the… at …" "walk/go along…" "Excuse me,…" "I live on/in …" "It is near …" "I come to school…" 等,语音、语调准确,朗读流利,准确掌握以上句式结构。

③ 能正确、有礼貌地运用问路和指路的句型进行简单的询问和路线的回答,做到语音、语调准确,朗读流利。

④ 能正确朗读 sh 字母组合,并且能根据发音规律拼读包含 sh 字母组合的新授单词。

⑤ 能了解英美两国对同一物品的不同称呼。

2. 学习能力

① 能正确说出城市里重要的地标场所。

② 在小组协同性学习的环境中,能正确运用指路和问路的句型进行礼貌交流。

③ 在小组协同性学习的环境中,能根据不同的需求,设计不同路线并用简单的句型进行描述。

3. 思维品质

① 能在学习活动中积极思考,能按照不同场景和需求设计合适的路线。

② 能在学习活动中体验使用英语的乐趣,准确地描述路线。

4. 文化意识

通过在 Magic Town 中的问路和指路,掌握礼貌的问路和指路方式。

(二) 教学重难点

通过协同学习,小组内能够有效互助合作,能根据不同的需求,设计不同路线,并能用简单的句型进行描述。小组成员在学习过程中都有所收获。

(三) 教学整体思路

本课时以"问路和指路"为中心话题,设计了学生在 Magic Town 历险的语境。在语境初始,学生愉快地走在马路上,突然遇到 Magic Pumpkin 的直升飞机,坐上直升飞机前往 Magic Town 进行参观。但在飞行的路途中,直升飞机的三块电池分别掉落在 Magic Town 的三个不同地点,直升飞机被迫降落。学生由此在 Magic Pumpkin 的带领下,开始了寻找三块电池、修好直升飞机的历险。在历险活动的设计上,我们用三块电池掉落的地点串起了本课时的三个小组协同学习活动，最终培养学生根据不同情况设计不同路线的能力。

三、复习课教学设计的策略分析

（一）复习课堂教学实录

课题：译林版英语五年级下册 Unit 3　Asking the way（Checkout time & Review）。

授课地点：江苏省苏州市吴中区舟山实验小学未来教室。

授课时间：2021 年 3 月 18 日。

听课人员：苏州市小学英语教研员袁峥、舟山实验小学郑建英校长、舟山实验小学全体英语组成员，共 14 人。

授课过程：

1. Pre-task preparation（5 min）

① Game：Walk in the street

T：Let's walk around the city and guess some places. Let's go.

② Sing the chant

Walk along the street.

We can see the hospital on our left.

Turn left, walk along the street.

We can see the school on our left.

Turn left, walk along the street.

We can see the supermarket on our right.

Turn right, walk along the street.

We can see the library on our right.

Turn right, walk along the street.

We can see the cinema on our left.

Turn left, walk along the street.

We can see the zoo on our left.

Turn left, walk along the street.

We can see a helicopter on our left.

[**教学意图**]　学生一边说chant一边站起来做动作，复习地点词汇cinema、library、zoo、hospital、supermarket、museum和表达路径的关键句型"Turn left！""Turn right！""We can see… on our…"。

T：It's so strange to see a helicopter on the street. Whose helicopter?

2. While-task procedures（25 min）

地点一：Magic town

① Listen and answer

T：Whose helicopter?

听力文本：

Magic Pumpkin：Ha, ha… It's my helicopter. I'm Magic Pumpkin. I live in Magic Town. It's far from here. I come here by helicopter.

Ss：Magic Pumpkin's helicopter.

（Learn and show the picture of Magic Pumpkin.）

T：Where does he live ?

Ss：He lives in Magic Town.

（Learn and show the title "Magic Town".）

T：We know he comes here by helicopter. But why does he come here by helicopter?

Ss：Because he lives far from here.

T：We know about Magic Pumpkin, but Magic Pumpkin doesn't know us. Please try to introduce yourselves to Magic Pumpkin.

S：I'm… /I live in/on… /It's… /I come here…

T：Take the helicopter to Magic Town.

Magic Pumpkin：Let's go to my Magic Town.

② Watch and listen

对话文本：

（Three batteries fall into Magic Town.）

Ss：What's wrong, Magic Pumpkin?

Magic Pumpkin：Three batteries in the helicopter fell into Magic Town. We need to find them and fix the helicopter.

Students know the ways in Magic Town.

地点二：Museum

T：Find the way to the museum.

Teacher shows the first battery in the museum.

T：The first battery is in the museum. Let's go to the museum. But how do we get to the museum? Let's ask Magic Pumpkin.

Students ask Magic Pumpkin about the way to the museum.

Ss：How do we get to the museum?

T：Magic Pumpkin doesn't answer. Why?

Ss：Where's the museum?

T：Magic Pumpkin doesn't answer either. What's wrong?

Ss：Can you tell us the way to the museum?

T：Why doesn't Magic Pumpkin answer our questions? We forget a magic phrase…

Ss：Excuse me.

Students ask Magic Pumpkin again.

Ss：Excuse me, how do we get to the museum? /Excuse me, where's the museum? /Excuse me, can you tell me the way to the museum?

Magic Pumpkin tells the way.

Magic Pumpkin：First, walk along Sun street. Then, turn left at the first traffic lights. Finally, you can see the museum on your right.

Students read after the records. Answer and walk in the classroom.

T：Everyone, look at me. Now I'm in Magic Town. Excuse me, can you tell me the way to the museum?

Ss：First, walk along Sun street. Then, turn left at the first traffic lights. Finally, you can see the museum on your right.

对话文本：

Ss：Excuse me, how can I get to the museum? /Where's the museum? /Can you tell me the way to the museum?

Magic Pumpkin：First, walk along Sun street. Then, turn left at the first traffic lights. Finally, you can see the museum on your right.

T：Read Magic Pumpkin's route.

According to the route on the map, one student asks the way to the museum and the other student tries to retell the route and walk in the classroom.

（两人协同学习，根据地图路线和给出的句型结构，尝试复述出路线，并且在班级里面按照路线行走。）

Get into the museum.

① Look and say

Students look at the things in the museum and review words "the ground floor and the first floor" "soccer and football" "taxi and cab" "toilet and restroom".

Students get the first battery.

T：You did a good job by yourselves. The first battery is for you.

T：Solve the puzzle and find the next place.

The puzzle：Iti si nth eci ne ma. (It is in the cinema.)

地点三：Cinema

T：Find the way to the cinema.

Students ask Magic Pumpkin about the route to the cinema.

Ss：Excuse me, where's the cinema? /Can you tell me the way to the cinema? /How can I get to the cinema?

② Look at the map and fill in the blanks.

路线文本：

The cinema is far from here. You can take the bus. First, get on the bus at Museum Station and get off at Hospital Station. Next, walk along Moon Street. Then, turn right at the first crossing. Finally, you can see the cinema on your right.

③ Learn the new word "crossing" and the new phrases "the first crossing" "the second crossing" "the third crossing".

④ Say a rap

⑤ Retell the route

The teacher asks the way to the museum. According to the route on the map, the whole students try to retell the route and three students try to walk in the classroom.

Get into the cinema.

① Listen and fill in the blanks

听力文本：

Shake your hands. Shake your shirts.

Here comes Magic Pumpkin with a magic show.

Put on your shoes and make a wish.

He will show you a magic town.

Students listen and spell the words with "sh".

② Say the chant

Students find the second battery in the cinema.

地点四：Library

T：Find the way to the library.

① 小组协同学习

Students listen and draw the route on the map

听力文本：

First, walk along Brown Street. Next, turn right at the first crossing. Then, walk along Moon Street and turn left at the second crossing. Then, walk along White Street and turn right at the first traffic lights. Finally, you can see the library on your left.

（根据听力，两人协同完成，在地图上画出听力文本中的路线。两人共同尝试找出第三块电池的掉落地点。）

3. Post-task activity（10 min）

① Plan a new route to the library.

T：There is more than one way to the library. Please plan a different way to the library in your groups.

② 小组协同学习

Draw the new route on the map.

Write down the route.

First,… Next,… Then,… Finally,…

（根据地图上的电影院到图书馆的不同路线情况，小组协同合作选择一条合适的路线并在地图上画出来，最后合作尝试说出路线并把路线写下来。）

Students find the third battery.

Fix the helicopter and get back.

T：Boys and girls, actually there is no magic. But you can find the way by yourselves. Keep on going and never give up!

4. Homework

Try to tell the story of Magic Town to your friends.

（二）复习课堂教学反馈

1. 学生反馈

［舟山实验小学五（3）班　金奕涵］

It was a lively and interesting English class. Because Miss Yu took us to play some games, and we learned a lot from them. It makes us feel very easy to learn English.

（这是一节富有活力且有趣的英语课，因为俞老师带领我们在英语课上做了一些游戏。这让我们觉得学英语非常简单。）

［舟山实验小学五（3）班　孙梓桐］

通过这次俞老师给我们上课，我学到了问路的方法和为人指路的方法。这节课非常有趣，俞老师和我们也有很多的互动。我希望下次还能上这样有趣的课。

［舟山实验小学五（3）班　陈心怡］

这个主要讲了小朋友问路并帮忙找电池的故事，这故事教会了我很多问路的方法。我觉得俞老师不仅用标准的英语来完成了课程，也让我从中学到了很多知识。

［舟山实验小学五（3）班　严宇昊］

这节课让我印象最深刻的是它和以往的课都不太一样，改变了平时坐着听讲的方式，我们边玩游戏边学知识，这样的学习氛围让我感到轻松和愉悦。

2. 同行声音

［孙洁莹］

本学期的课题研讨课，在各位小伙伴的群策群力下如火如荼地开展着，紧张而又热烈的磨课过程让每个人都受益匪浅。在与俞老师共同磨课时，我们每一位小伙伴都献计献策,配合俞老师一同打磨课堂。我想,这应该就是团队协同的力量吧。同时,我们也在不断的研课、推翻、再打造、再润色的过程中一点点感受着英语协同学习的魅力。

(1) 主线贯穿,情境烘托

俞老师执教的是五年级下册"Unit 3 Asking the way"复习课内容。在整个研讨的过程中,我感受到了俞老师灵活的思维和较强的课堂设计能力,她用 Magic Town 为故事背景串联,同时又设置了主线人物寻找直升机电池的任务,帮助学生一步步进入真实而又有趣的语境中,并进行了有效的语用体验,可谓自然贯穿、水到渠成,毫无违和感。

(2) 任务驱动,协同配合

学生在俞老师的带动下,小组成员协同配合并一遍遍操练语句,一次次尝试问路与指路。组内的讨论及组员的配合,都让我们看到了一个课堂中学生协同配合共同进步的样态。尤其是在课上设置了现实版的奇妙小镇,让问路与指路在真实的课堂内发生。一个学生用英语指路,另一个学生现场演示行走路线,配合得极为默契,妙趣横生!

(3) 氛围轻松,快乐学习

在和俞老师一起磨课的过程中,我深深感受到了俞老师对于媒体支持、板书设计等方面的细节追求,即使是一个 PPT 的颜色搭配、一段 chant 的背景音乐,她都要反复推敲好多遍,我想也正是这样对细节的追求,让学生在课堂上能够真实地感受语境、操练语句,并能兴致高昂地参与课堂互动。这样精益求精的态度,让我感动和敬佩。

我想,一节好的课应该就是有一个好的老师以最热忱的态度来打造。和俞老师磨课的过程,让我对自己的英语教学有了新的认识,也让我有了新的目标。细节决定成败,我将努力在课堂情境的设置、板块的重组、活动的创设、协同任务的设计等方面下功夫,争取让学生在英语协同学习的课堂中逐步养成成长型思维,让学生终身受益!

[居静华]

这是一节充满设计新意的课,主题情境充满魔幻色彩,极大地吸引了学生,环节间的巩固与反馈扎实到位,学生在语境的帮助下做到了有效的交流。协同学习的教学策略在本节课的重要环节都得到了很好的实践。

首先,俞老师在回答问路的设计上,采用了两两协同的形式。同学们扮演"南瓜"和小朋友，讨论如何使用多种方式问路，两名同学之间相互提醒探讨，将三种问路方式自信地表达出来，两人协同能够很好地弥补一人单打独斗的缺陷。随后，完成问路的环节后，俞老师帮助学生初步形成了语言框架，完成寻找博物馆的任务，此时采用了四人协同的模式，引发学生在组内研讨如何更加有逻辑地进行路线的指引。学生在互相提供思路的过程中思考出使用序数词可以更加清楚地进行描述，协同学习的过程让学生的思路更加开阔。最后一个输出环节，也是本课的精华部分，学生通过前期的学习，自主设计路线。俞老师通过PPT、板书、教室中的真实路线同步三位一体，形成了一个三维立体的课堂教学空间。学生在这三个语境中有效加入了协同学习模式，四人协同商量路线、描述路线、根据描述行进，有效分工，使得知识生成内化，学生的语言学习效果更加明显。

［金小燕］

俞老师的这一节课是五年级下册"Unit 3 Asking the way"的第四课时复习课，也是一节指向成长型思维的英语协同学习的英语复习课。

（1）围绕话题展开教学

本课时围绕话题 A magic town 展开，俞老师创设了一个帮直升机寻找电池的语境，并将教室布置成小镇的地图，通过设置一个个任务来帮助学生复习并巩固本单元的重点词汇和句型，能够很好地调动学生的英语学习积极性，激发学生的英语学习兴趣。

（2）教学方法灵活多样

俞老师用一个游戏导入新课，学生跟着老师走一走、说一说，在课堂一开始就被吸引了。教学过程中还有演一演、说一说、唱一唱等多种教学方法，很好地帮助学生巩固新知。

（3）以学生为中心的协同学习

俞老师能关注教学过程，尽可能发挥学生的主体作用，让学生真实地去体验、参与并努力实践，在活动中学会用英语表达交流。在 Post-task 环节，俞老师让学生进行协同学习，寻找不同的到达图书馆的路线，同时学生在教室的地图中真实模拟，不仅使用了目标语言，而且充分调动了学习积极性。

［席墨］

俞老师的这节课情境完整，活动多样，结构清晰，教学环节层层递进，难度逐步上升。整体采用总分总的文章及信息处理方法，引领学生逐步分析并感知情境相关主题文章的写法。不同环节的教学活动设置合理且充分，多角度、深层次地分析了学生的情感和生活需求，结合实际生活让学生有话可说、有文可写，最后的生成自然流畅，且引发学生个人思考。在小组活动的协作过程中，学生在组内学会了取长补短，结合大家的力量共同完成写作任务，真正做到了协同共学、共同进步。同时，俞老师还运用实物，将设想的情境完美还原于现实世界，给予学生更真实的浸入式学习体验，将所学语言知识运用于实际语用中，发挥了学生的主观能动性，促进语言在实际情境中的真实使用。

［沈青］

俞老师在"Unit 3 Asking the way"的复习课上创设了 A magic town 的情境，极具趣味性，学生的上课积极性和参与度也非常高。在教学设计上，以寻找直升机上三块遗落下来的电池为线索，将学生引向 museum、cinema、library 三个主要建筑物，充分操练三种关于问路的句型"How do I get to…?""Where's…?""Can you tell me the way to…?"，以及回答"Get on/off… Walk along… Turn left/right at the traffic lights. You can see a… on your left/right."。同时，巧妙地提醒学生在问路之前应先说"Excuse me!"以表示礼貌，在回答路线时灵活运用 first、next、then、finally 等连接词，使语句更有条理性。

为了让学生对路线有更直观清晰的理解，俞老师在课件的制作、现场的布置等方面都进行了精心的设计。特别是在课堂输出环节，请几位学生在用教室所模拟出的小镇里走一走，与此同时，其余学生运用所学句型将该路线描述出来，全班齐心协力一起完成这项任务，氛围非常活跃。同时，在该过程中，学生协同学习的能力也得到了极大的提升。

［周子良］

俞老师执教的这节英语课思路非常清晰，从 Free talk 中自然导入本课的课题，由学生熟知的上学方式引入新的情境，通过熟悉的日常问路，引导学生学习不同种类的问路方式。俞老师从视觉方面着手，通过各式图片刺激学生的感官，这样学生对于路线及方位就能够灵活掌握了。她还通过游戏让学生猜相关的地点，进一步巩固新学词句，游戏中所提供的新地点，也为接下来所教授的新句型提供了可说的材料。另外，学生到了高年级，学习英语的积极性明显低于中低年级，这就要求我们老师要想方设法多方位刺激学生的思维，让学生成为课堂真正的主人。很多学生都能说得很好，这主要和老师夯实基础密不可分。俞老师在整个教学过程中，都很注重学生语音、语调的培养，让学生不断模仿文中的读音，学生整堂课听得也很认真。课堂小练笔，学生完成得还不错。俞老师这节课的操练形式丰富多样，值得我好好学习。

［罗俊晓］

本节课中俞老师创设了一个 Magic Town，并让学生去 Magic Town 中寻找丢失的三块电池来完成本课的内容。魔法小镇新奇有趣，学生充满了好奇，带着神秘感去探索、认识、熟悉小镇，整节课充满了任务性和神秘感，充分激发了学生的兴趣。在魔法小镇里，俞老师给学生提供了具体的环境、路线，让学生在特定的陌生环境中去学习句型、操练句型再运用句型，从而深有体会。在整个问路的环节中，俞老师条理清晰，由简到难，让学生更好地理解与运用。

［陈慧］

俞老师这节课给我的感觉正如她的主题 A magic town 一般，是一趟奇幻之旅。首先令人眼前一亮的是制作精美的课件，这份课件营造出一个魔力的世界，立即吸引学生的注意力，使他们学习兴趣高涨。俞老师平时就是一名注重培养学生基础知识素养的教师，此次教学活动亦能看出学生对前面学习的知识掌握得非常扎实，课堂习惯与礼貌都非常好。基于平时的功底，俞老师善于抓住学生学习的重难点，在这节复习课时的教学设计中，有意引导学生多运用核心词句描述不同的路线，并设计了精彩的活动。本节课的目的明确，以学生能输出一篇描述自己实际上学路线的作文为最终学习目的，教学设计以阶梯式的活动设计将学生安排在情境中，一步一步操练路线用语，且能做到与实际生活的路线用语进行衔接，做到在情境中不脱离实际。

（点评同行：舟山实验小学英语组老师们）

3. 专家点评

（1）环节设置巧妙，特别是 Excuse me 的教学和 Culture time 的融入

① 在询问 Magic Pumpkin 这一指路人时，学生分别正确回答了三种问路的方式，但都被 Magic Pumpkin 发出的表示错误的音效否决了，这时学生

便会积极思考到底是哪里出现了问题，然后教师自然地引出"Excuse me…"这一语句，提醒学生问路时保持礼貌的重要性，学生恍然大悟。

② 教师带领学生进入 museum 后，一起参观里面陈列的物品，通过句型"In the UK, we call it _____. In the US, we call it _____."来回顾这些事物在英国和美国的不同叫法，如 toilet 和 restroom，the ground floor 和 the first floor，自然而然地复习了 Culture time 板块。

（2）Chant 富有节奏

① 教师编唱的关于连接词 first、next、then、finally 的 rap，配上一段轻快有节奏的背景音乐，极大地带动了课堂的氛围。

② 在 cinema 的场景中，教师将一些包含 sh 的单词编成了一首朗朗上口的 chant，"Shake your hands, shake your shirts…"并将 sh 的部分挖去，让学生听完 chant 后填出来，在这一过程中，学生对 sh 这一字母组合的发音有了更明确的认知。

（3）部分环节再做修改

① 对课件中的部分场景进行精简，去除多余的图片、动画等。

② 删去 Read and order 中排序这一不必要的环节。

③ 在教授 at the traffic lights 时，明确是第几个 traffic lights，如 the first traffic lights、the second traffic lights，使所指的路更为清晰。

（点评专家：苏州市教育科学研究院袁峥老师）

4. 自我反思

复习课是一个单元中十分重要的课时，既要对一个单元的所学内容进行整合，又要组织学生进行形式多样又有真实交际作用的活动，以提升学生的综合语用能力。

我觉得本节课的较成功之处有：

（1）整体解读单元，确定中心话题

仔细分析本单元板块话题，发现共有五个板块话题是"问路和指路"，只有 Sound time 和 Culture time 两个板块的内容与"问路和指路"话题缺乏关联性。通过以上分析，我们确定以"问路和指路"为中心话题设计本课时的复习课，并且通过设计参观博物馆和电影院的活动，把 Sound time 和 Culture time 的相关内容巧妙融入中心话题的语言活动中，帮助学生系统复习，有助于唤醒他们的板块记忆，同时也有利于提升他们的思维能力。

（2）以中心话题为主线，提升综合语用能力

确定了本课时以"问路和指路"为中心话题后，以学生到 Magic Town 历险的语境，用 Magic Pumpkin 这一主线角色串联了整堂课。我们通过三个不同层级的小组协同语言任务，带领学生有梯度地复习与"问路和指路"有关的单词、句型等语言知识，然后再引领学生将知识内化成语言能力，迁移到实际生活中，培养学生根据不同需求和条件，设计合理路线并能够进行表达的综合语言运用能力。

（3）以协同学习为依托，创设低压力学习氛围

本课时的教学有三处创设了两人一组的协同学习任务。第一个协同任务的创设是在第一处寻找电影院的活动中。学生找到去电影院的路线之后，两人一组，一人问路，一人听路线，并且在教室里面按照路线行走，最终找到电影院。小学高年级的英语课堂以学生坐在座位上的活动居多，这就导致学习氛围相对没有很活跃，但是在此处协同任务的设计上，学生两人一组在班级里走动起来，既能问和答，同时也能按照实际的地图走动起来，学习氛围比较活泼，学习压力比较小。第二处协同学习任务是两人一组，听录音在地图上画出路线。在平常的学习中，听力一直是学生的弱项，再加上听力文本难度相对较大，因此，一个学生难以单独完成，但是让两人一组共同完成画路线的任务，就能明显地降低任务的难度，一些中低英语水平的学生也不会产生较大的畏难情绪，这就减少了学生的学习压力。第三处协同学习任务是两人一组，根据情况设计从电影院到图书馆的路线，要求在地图上先画出路线，再把路线的表达写下来。这样两人一组的协同学习，同样也能降低一些中低英语水平的学生的学习难度，减少他们的学习压力。依托协同学习，创设低压力学习氛围，帮助学生建立英语学习的自信心。

本课时的不足之处有：

（1）小组协同学习的人数过少

本课例的小组协同学习均为两人小组，但在佐藤学的协同学习中小组分组的人数为四人。在最后一个两人小组协同活动——设计一条从电影院到图书馆的新路线中，我们在进行活动反馈时发现有一个小组的两名成员均为中低英语水平学生，因此，在活动反馈中效果并不理想。经过反思，我认为如果以四人协同学习小组为单位，小组内均为中低英语水平学习者

的概率会降低很多。

（2）语用活动的设置缺乏激活思维的发展点

所谓发展点，是指教师在设计教学活动时，要具有思维含量，不能仅停留在知识点或者活动上，可以训练学生用英语去思考问题，更重要的是对学生的思维进行一定的拓展和发散。前两个综合语用的设计仅仅是训练了学生用英语"问路和指路"的能力，第三个语用活动的设计也没有对学生的思维进行一定的拓展，没有形成一定的递进性。我反思后认为，在最后设计从电影院到图书馆的新路线时，可以给学生提出一些要求，如路途较远可以坐公交车、步行走哪条路线是最近的等，再让学生进行路线的设计，这样才能对学生的思维有一定的拓展。

【课例研究四】

译林版英语六年级下册 Unit 7　Summer holiday plans（Checkout time & Review），执教者：苏州太湖国家旅游度假区舟山实验小学鲁芳

一、复习课教学设计的基础分析

吴美娜认为，教学设计即是运用系统方法来分析教学问题和确定教学目标，以此来寻找解决教学问题的方案和策略、初步使用解决方案、评价使用结果进而对解决方案进行修正的系统过程。何克抗则认为，教学设计即是使用系统的方法，运用学习理论与教学理论的原理，并将其转换成对教学目标、教学内容、教学策略、教学评价等环节的具体计划，从而创设教与学的系统"过程"或"程序"，而创设教与学系统的根本目的是促进学习者的学习的系统计划过程。[1] 根据国内外学者对教学设计的定义，我们可以总结出英语教学设计就是指以英语学习论、英语教学论等理论为基础，运用系统方法分析英语教学问题，确定教学目标，设计解决英语教学问题的目标方案、任务方案、策略方案，以及评价试行结果的过程。

"Unit 7　Summer holiday plans"第四课时 Checkout time & Review 主要

---

[1] 何克抗，林君芬，张文兰. 教学系统设计［M］. 北京：高等教育出版社，2006.

是为了检测学生前三课时的掌握情况。学生在前面的学习中已经有了许多关于暑假生活的知识储备。因此，本课时的教学目标是帮助学生正确运用本单元所学的单词、词组、句子完成一篇短文 "My summer holiday plans"。复习课的基础分析是指对教学对象和教学内容的基本情况进行分析，由此找到教学的基础，选择适恰的话题情境，有的放矢，提高学生的课堂学习效率，它主要包括学情分析和教材分析两个方面。

（一）学情分析

（1）学生性格情况分析

本课对象是本校六年级学生。六年级英语在小学英语教学中起着承上启下的作用，既是五年级的衍生又是初中一年级的铺垫。经过五年多的英语学习，大多数学生养成了良好的听说习惯，善于用直观形象思维思考问题，对游戏、竞赛、表演等活动特别感兴趣。六年级的学生相对来说不太愿意举手回答问题，缺乏一定的学习积极性。也有部分学生的学习兴趣不是很高，他们缺乏正确的学习方法，学习态度并不是很端正。因此，教师需要采取一些有效的措施来激发他们的学习兴趣和积极性，如引入游戏、奖励、竞争等机制，采用灵活多样的教学方法来吸引学生的注意力，努力营造玩中学、学中玩的教学情境，来提高推动学生学习的主动性和内驱力。学生对本单元的内容比较感兴趣，对一般将来时 will 的用法也不陌生，因此，教师可以多多地激励学生大胆去说、去展示自己。

（2）学生已有知识情况分析

学生具备一定的听、说、读、写能力，能用英语进行简单的会话，并能用英语描述相关的物品。从已有的五年的学习基础及学生丰富的暑假生活来看，学生已经具备正确使用五六句话来描述自己的假期生活的能力，并且能够表达对假期生活的情感态度。就本单元内容而言，学生已知一些有关城市和旅游景点的词句，以及一般将来时的陈述句，如 "I'll/He'll…"。本单元要围绕暑假计划，让学生学习更多有关城市的地点名词，并对一般将来时的一般/特殊疑问句进行进一步的巩固输出。但是学生的综合语言表达能力仍然需要提升，六年级学生的表达仍然缺乏逻辑性和整体性。

（3）学生未知知识情况分析

学生对自己的暑假生活有很多要表达的话题，但是无法将这些话题有逻辑地、系统地整合到一篇文章中，语言输出能力需要提高。

(4) 学生可达到的知识水平情况分析

通过本节课的学习，学生能流利运用已学知识讨论话题 summer holiday、make plans 等，并以 Making holiday plans 作为本课时的话题，串联 where、when、how、how long、what 五个问题，有重难点、有侧重点地表达如何描述暑假生活并制订计划，引导同学积极地对待生活。学生真实的暑假生活是多样丰富的，英语书上教给学生的只是一部分，教师要想让学生自如地描述自己的暑假生活，就需要对学生的学习能力、生活环境等进行观察与预测，为学生准备好相关的知识输入，如涉及去各个国家旅行时，为学生补充相关的知识。学生到了六年级有一定的表达能力，但是因为年龄阶段的特征，大多数学生不喜欢跟读或者重复说机械的答案，该学段的学生更加需要丰富多样的教学活动来培养学习兴趣。此外，六年级学生的抽象和逻辑思维能力都得到了一定的发展，他们更加倾向于回答一些难度大的问题来获得成就感。本课时的话题与学生密切相关，如果多让学生去说自己的暑假生活，分享自己的计划，学生还是很乐意参加的。六年级的学生喜欢得到别人的认可。

（二）教材分析

本单元的单元主题是 Summer holiday plans。以暑假计划为题，让学生学习更多关于城市和国家的地点名词，开拓学生的视野，引导学生热爱家园；用将来时谈论暑假计划，学会句型"When/Where/How/How long/What will you…?"，并用"I'll..."回答；学会一般将来时的一般疑问句的问答"—Will you…？—Yes, I will./No, I won't."。此外，本单元还要求学生掌握字母组合 oy 的发音。本课时作为本单元最后一课时，核心内容是通过课堂教学，学生能运用将来时讨论自己的假期计划和出行方式。在真实的语言环境中，激发学生学习语言的兴趣，拓展学生的语言交际面，并提高学生的口语水平和写作水平。

二、复习课教学设计的主体介绍

（一）教学目标

1. 语言能力

① 在小组协同性学习的环境中，能听懂、会说、会读核心词汇和词组 summer holiday plans、stay、sound、Disneyland、Ocean Park、Taipei、go back to、how long、travel around、photo 等，语音、语调准确。

② 在小组协同性学习的环境中，能听懂、会说、会读核心句型"Where /What/When will you go for the holiday?" "How long will you stay there?" "—Will you…? —Yes, I will. /No, I won't."，语音、语调准确，朗读流利，准确掌握以上句式结构。

③ 能够理解本课所讲内容，并朗读文本，做到语音、语调准确，朗读流利。

2. 学习能力

在小组协同性学习的环境中，能够借助表格、板书等，尝试讲述暑假生活。

3. 思维品质

① 能在学习活动中积极尝试用英语描述暑假的生活。

② 能在学习活动中体验暑假生活的乐趣，准确地描述暑假的不同生活。

4. 文化意识

通过对 Zoy 的暑假生活的了解，感知不同人的不同的暑假安排、不同的活动乐趣。

（二）教学重难点

通过协同学习，小组内能够有效互助合作，有条理地讲述 Zoy 的暑假生活计划，小组成员在学习过程中都有所收获。

（三）教学整体思路

本课时以 Making travel plans 为主题，围绕暑假生活的四个关键问题"Where /What/When will you go for the holiday? How long will you stay there?"展开。本课是复习课，因此，要将前几个课时的核心知识融入本课教学语境中。通过跟着 Zoy 制作旅行计划来了解制订旅行计划的过程，以这四个问题为主线设置情境，在学生协同学习的方式下，形成 Zoy 完整的暑假计划，并在此基础上制订自己的旅行计划。

三、复习课教学设计的策略分析

（一）复习课堂教学实录

课题：译林版英语六年级下册 Unit 7 Summer holiday plans。

授课地点：江苏省苏州市吴中区舟山实验小学未来教室。

授课时间：2021 年 6 月 18 日。

听课人员：舟山实验小学郑建英校长、舟山实验小学全体英语组成员，共 13 人。

授课过程：

1. Pre-task（2 min）

① Watch and think

Teacher presents a chant about a new friend. Students chant and find out his name.

② Lead-in

T：what's he enjoying?

Ss：Go travelling.

T：Before travelling, we should make travel plans. Let's learn about making travel plans.

2. While-task（34 min）

环节一：Zoy's travel intention card

T：Boys and girls, to make travel plan, we should help Zoy finish his travel intention card.

Zoy（tape）：I want to have an oversea travel. I have no idea. I will go in August. I will stay there about one week. I will go there with my family.

① Listen and choose

Students try to clear about some basic information about Zoy's travel intention.

T：These are some information about Zoy's travel plan. Can you ask Zoy?

S1：When/How/Where will you go?

S2：What will you do?

S3：How long will you stay there?

S4：Where will you go?

T：Let's listen and check.

② Look and retell

Ss：This summer, I will have a... I will go there by... with... I will go there in... I will stay there for...

③ Guess and chant

What are these country oversea?

Which country will Zoy go?

环节二：Know more about the UK

T：To make travel plan，let's know more about your travelling country.

① Brainstorm and answer

T：How will Zoy find out about the UK?

S：I think Zoy will...

② Look and say

The weather is _____ and sometimes _____.（weather）

People will find great cities like _____ in the UK.（cities）

People will find many interesting places，for example，_____.（interesting places）

In the UK，people will have _____. People will drink _____ and will eat _____.（food）

We will find many great universites（大学），such as _____.（universities）

环节三：Design your schedule

Part 1：Plan for Day 2

① Listen and tick

Where will Zoy visit?

How will Zoy travel around London?

What will Zoy do in London?

② Let's retell

First，you'll visit many places like _____，_____，and _____ to _____，because they are very _____. You'll go there by _____.

Part 2：Plan for Day 3

① Look and fill

You will go to _____ to _____. You will go to _____ to visit.

② Let's retell

Then, you'll go to _____ to _____. You'll also go to _____ to visit _____.

Part 3: Plan for Day 4

① Look and say

Then, You'll visit _____, because it's view is _____. We'll also have _____. For example, _____. It's yummy.

② Let's retell

Finally, you'll visit... It's view... You'll also have... It's...

环节四: Write about Zoy's travel plan

Teacher presents the information about Zoy's travel plan. Students work in groups to write about Zoy's travel plan. Each student write one part and give the travel ending together.

S1: This summer holiday, I will go to _____. I will go there by _____. I will go with _____. I will get there in _____. I will stay there for _____.

S2: First, I'll visit many places like _____, _____, and _____ to _____, because they are very _____. I'll go there by _____.

S3: Next, I'll go to _____ to _____. I'll also go to _____ to visit _____.

S4: Finally, I'll visit _____, because it's view is _____. I'll also have _____. It's _____.

Together: I will have a _____ summer holiday!

3. Post-task (4 min)

① Write and say

Students discuss about their own summer holiday plans and write them down.

② My travel plans

This summer, I will go to _____.

I will go there by _____.

I will go there in _____.

I will stay there for _____.

I will do many things there.

First, I will go to _____ to _____, because _____

_____

_____.

I will have a _____ summer holiday!

4. Homework

① Finish your travel plan and write it down.

② Share your summer holiday plan with your friends or family.

(二) 复习课堂教学反馈

1. 学生反馈

[舟山实验小学六（3）班 胡潇睿]

我喜欢"帮助 Zoy 完成他的暑假计划"这一活动。我和我的同伴选择了完成计划的不同部分，我选择了帮助 Zoy 完成他第三天的计划，因为同学们都觉得这部分难度比较大，而我喜欢挑战，这个部分很适合我。

[舟山实验小学六（3）班 王新贤]

Zoy 完整的暑假计划需要和我的同伴一起完成，我在写我负责的部分的时候遇到了一些难题，当时老师在教的时候我是可以说出句子的，但是现写下来我却忘记了。我和同桌一起商量，他帮助我完成了这个句子，我很开心。

[舟山实验小学六（3）班 金晨鑫]

我很喜欢和大家分享，更喜欢在讲台上读文章的感觉，鲁老师的课总能满足我，我大胆地代表我们小组站在讲台前分享我们一起协同合作的成果，别提有多开心了，我希望以后有更多的这种活动。

[舟山实验小学六（3）班 罗耀]

我们在完成 Zoy 的暑假计划时，选择了环节一，因为它难度不是很大。我平时英语成绩不是很好，但是我和组员商量后选择了这个环节并且很认真地完成了，这让我很开心。我觉得我也是可以很好地参与英语课的，也可以为我们的小组出一份力。

[舟山实验小学六（3）班 郭冰薇]

这节课鲁老师给我们拓展了很多课外的知识，对照着表格我可以把我自己的那部分写出来了，但是我读不出来 douber decker，我的同伴教我读了几遍，他很厉害，还教会了其他组员读 university。我们都把自己不会读的单词学会了，去讲台上分享的时候很流利。我很喜欢这样的英语课。

2. 同行声音

[居静华]

鲁芳老师作为一位在教三年的新老师，所呈现的教学设计已经展示出一个青年教师在教学上的不断成熟。她和六年级组的老师们细心打磨，潜心研究，通过几番尝试及修改，展示了一堂富有新意的课。

作为六年级的课，本课不失趣味性，对于高年级来说是不容易的。教学过程中用富有韵律的 chant 来巩固句型，引入下一环节，使课堂活跃和丰富了起来，学生都能很积极地参与；使用的教学素材也很丰富，包括介绍英国文化的视频和图片，如剑桥大学、特色交通工具等，让学生能直观地感受当地文化，做到了人文性和工具性的统一。

本课的教学目标清晰，流程顺畅。教师从整体推进教学，通过主线人物 Zoy 的旅行愿望整体展示出如何进行外出准备，激发学生积极探索的欲望。用听、说、读、写不同的手段，有序地谈论每一天的行程安排，既有本单元内容的有效复习，也有新知的无痕渗透，环环相扣，有效地引导学生展开描述。

本课设计与课题做了一个衔接，在最后写作部分进行了协同学习，4人一组分工制订好一份旅行计划，对协同学习在教学中的运用做了一个很好的尝试。

对于青年教师来说，如何将教学设计很好地内化在课堂教学过程中，是需要多揣摩、多磨炼的。在课堂上应体现协同学习的互学效果，在设计中应充分考虑如何进行实操。

[金小燕]

鲁芳老师执教的这节课是六年级"Unit 7　Summer holiday plans"的 Checkout time 复习课，鲁老师创设了主线人物 Zoy。首先，鲁老师从帮 Zoy 一家制订暑期计划入手，围绕话题 Making travel plans 的三个维度展开，基于教材又略高于教材，对于学生已掌握的知识进行了有效的反馈，使学生在课堂上能够用本单元的重点句型"Where will...? /How will...? /How long will...? /What will...?"进行提问，同时又进行了适当的拓展和提升，尤其是对英国的文化进行了着重介绍。这可以很好地拓展学生的知识面，培养学生的英语兴趣和跨文化交际意识。其次，从 Zoy 的暑期计划回到学生自己的暑期计划，鲁老师创设了协同学习的任务。一个协同学习小组进行任务的分工，每人选择制订暑期计划的一个方面进行设计，很好地培养了学生的协同意识和成长型思维。唯一不足的是，后面时间有点仓促，如果能给予学生更多的协同学习时间和反馈评价时间，协同学习的效果会更好。

［陈慧］

鲁老师的这节课的主题是 Making travel plans，是译林版英语六年级下册第七单元的复习课时。课时主题目标突出，导向学生的实际生活体验。通过了解 Zoy 的旅行计划，了解制定旅行攻略的要点元素：where、when、how、how long、with who、what。一张旅行意向书呈现给学生的不仅是核心句型的复习，更是做攻略的思路。这个意向书将做攻略需要考虑的思维要点以具体的文字信息呈现给学生。鲁老师的课件设计就是在带领学生一步步搜寻信息，手把手教学生制作攻略，呈现 Zoy 的目的地的相关信息，在情境中有效复习有关英国的语言知识。在 what 的环节中，鲁老师教学的活动和形式丰富，以微信界面中的聊天形式和视频呈现英国风土人情，在提升学习兴趣的同时，不断强化将来时的句型。最后设计的写作任务采用组内协同合作的形式，将写作任务分散再整合，减轻学生课堂长篇写作的压力，并给学生互相帮助、自由发挥的空间。

［沈青］

鲁老师在这节课上围绕 Zoy's travel plans 展开教学，先通过解决 where、when、who、how 等问题，引领学生了解 Zoy 出行的背景，然后从目的地、可进行的活动、出行的理由三方面入手，重点解决 what 部分。采用表格的形式一一罗列，详细描述了 Zoy 五天的英国旅行计划，让学生有更清晰直观的了解。各个教学环节精心设计，过渡自然。鲁老师还启发学生利用 first、next、then、finally 等连接词复述 Zoy 的计划，为学生仿写自己的旅行计划做铺垫。最后 4 人一小组进行协同合作，共同完成一篇计划，并在班级内积极分享。在这个生生协同的过程中，学生的成长型思维也得到了有效培养。

［席墨］

鲁老师的这节课整体活动非常丰富，教学环节环环相扣，学生反应热烈，主题贴近学生生活，协同活动设计也很好地体现出了协同的意义与特点。

首先,"暑假生活计划"这一主题非常具有生活气息,对于即将迎来暑假生活的学生来说,有话可写。同时,这节课的重点是国外的旅游计划,这也让很多没有出过国的学生产生了浓厚的兴趣。教学过程中,鲁老师巧妙地融文化知识与语言技能为一体,既教授了国外的旅游景点,也带领学生复习了语法等语言知识,使学生学会了一些新的拓展短语,同时尝试将心中所想化为有条理的内容,逐条呈现为结构清晰、布局合理的习作。

其次,在教学过程中,鲁老师精心设计了各种不同的教学活动,全方位、深层次、多角度地锻炼了学生的听、说、读、写各项语言技能,图文并茂,词不离句。鲁老师教授拓展短语时注重情境内语言知识的理解、感知与习得,整个活动过程的逻辑顺序也自然合理:了解旅游城市相关信息,定下目的地——前往旅行社查找攻略——梳理攻略并总结成文。这既体现了学生的自主能动性,又培养了学生的不断发展的成长型思维。

最后,在输出活动的小组协同部分,学生互相帮助,取长补短,共同完成一篇"My summer holiday plan"。一位学生负责完成一个部分,写作的方法、组内合作的要求都在协同学习单上有很好的体现,同时还鼓励学生培养团队精神和小组合作精神,在完成习作的过程中互相检查、评价能否呈现得更加完美,将选择权交给了学生。在写之前还可以让学生先在组内互相交流,补足彼此没有的经历或者想象。写后进行课堂展示时,也可以学生自评、小组互评,最后教师总结归纳反馈,更具有协同性。

[李艳]

鲁老师的这节课内容十分丰富,一步步由浅入深地帮助学生制订旅行计划。听完她的课,我也跃跃欲试地想为自己设计一个丰富有趣的暑假计划,这也许就是这节课的成功之处。让我记忆最深的是小组协同合作完成Zoy的旅行计划,教师把学习任务布置下去后,学生开始讨论分工,我听到有一个小组讨论说"Day 3 的设计好难啊,单词都不会读",另外一个同伴脱口读出了单词并且还帮助了其他同学,最后他们上台分享时每个人都读得流利通顺。我想这就是协同学习的好处:同伴互助,同伴协同,最终各尽其能,每个人都有所收获。

(点评同行:舟山实验小学英语组老师们)

3. 专家点评

什么是一节好课呢？我认为，一节好课应该是有意义、扎实的课；一节好课应该是有效、充实的课；一节好课应该是具有生成性、丰实的课；一节好课应该是具有常态性、平实的课；一节好课应该是有待完善、真实的课。是啊，我们上过的那一堂又一堂磨了一遍又一遍的公开课、展示课，真的是一节好课吗？我们在这些过程中，力求课堂效果的完美而忽略了多少学生生成性的提问？有多少次上完课后就不再进行反思与二次修改了？难道这节课真的如此完美吗？一个个问号萦绕心头。的确，很多时候，我们真的忽略了自然而又本真的课堂，我们应该设定简单而明确的目标，做好教学目标、内容、环节的整合，让课堂更贴近学生、更贴近不同层次的学生，用灵活、个性化的教学方法，以及协同的任务成就智慧课堂。这一次，很高兴看到三位六年级青年教师用自己的智慧和团队的力量，呈现了一节让我尤为感动的六年级复习课课堂。我感动她们对于这个学科、这个课堂的热情。上好复习课是不容易的，本身挑选这个课型就是一种挑战，就是一种成长型思维的体现。她们分工合作，收集材料，绘制地图，设计协同学习单，制作课件、板书，桩桩件件都体现了她们有效的协同合作，每一次的讨论碰撞与优化都体现了她们的成长。在课堂上，鲁老师为学生们搭建了各类语言操练任务，以及实实在在的关于做旅行计划的要素和途径指导，这一课时目标的定位就是相当准确的，那么问题是如此大分量的课堂教学任务如何让学生有信心也有较好的完成度呢？这就不得不谈到对于协同任务的设计。在保证人人参与且自愿参与的基础上，教师给予了学生较高的自由度，让他们自主选择，并找到自己最擅长或最有兴趣的任务，以便最终可以更有效地为团队贡献力量。而最主要的是，学生在听、说、读、写的过程中有了更多的思维交集。如在本课中，有较多文化的渗透，有些学生知识面广就会涉猎较多此方面内容，在小组活动中也会特别积极和活跃。我也发现很多学生在小组交流中又补充了很多有迁移的内容给小组成员，这是我之前并未预设到的，确实给了我很多启发。当然，在听课过程中，我也觉得如果在作文这部分可以有让学生互相检查和评价的环节，则可能有更意想不到的效果。

正如我在最开始说到的那样，一节好课应该是有待完善的、真实的课。所以本节课仍有很多可以提升的地方，例如，在三天旅行计划的设计上可以做一下梯度和分层。第一日的旅行计划设置较低难度的听说训练；第二日可适当提升难度，让学生在协同任务下共同完成计划；第三日则可将素材和语言框架给到小组，让学生进行选择和自主计划设计，帮助他们真正形成英语综合素养。这样层层递进，简化了原先的五日计划，让课堂操作时间更宽松，也能更好地让学生进行协同学习，给予其充分的时间与空间。

（点评专家：舟山实验小学英语学科分管 孙洁莹老师）

4. 自我反思

本课的成功之处在于：

（1）创设生活化的学习情境

本课时教学的主题是暑假生活，每个学生都有自己的暑假计划，所以学生对这个话题很熟悉，每个人都能说几句话，这就激发了他们参与课堂的积极性。英语是一门工具性的学科，学习的内容看似很枯燥却很具有生活特色。如果仅仅局限于文本的学习，学生很难做到真正的理解与运用。所以，教师要将生活情境放大，推动课本抽象枯燥的知识与多姿多彩的生活实践相结合。创设生活化的教学情境，不仅可以让师生关系更加亲近，也可以激发学生学习的积极性，提高学生学习英语的能力和效率，以及灵活性和高效性。教师通过细心研究发现本课与生活的衔接点，营造贴近生活的与教师交朋友的情境，从而使得课堂变得轻松愉快，更加生活化。生活化的教学情境帮助学生理解语言知识，并在英语文本的学习中感受生活。

（2）设计协同化的学习任务

以往的教学中很多教师运用灌输式的教学，这种教学方式对于活泼爱动的小学生来说是不可取的。教师要改革教学方式，适当地放手让学生自己完成学习任务，让学生协同起来，从而赋予课堂新的生命力。传统的课堂任务多是齐读、背诵、教师问学生回答等，这些教学任务过于机械死板，容易让学生产生厌倦感。通过设计协同教学任务，文本的教学变得有吸引力，让学生主动参与课堂。

（3）布置协同化的作业

作业是英语课堂的补充和拓展，能够检验知识的掌握情况，帮助学生灵活利用理论。传统的作业是要求学生抄写单词、词组、句型、默写重点语法等书面练习或者背诵课文，这些布置作业的方式容易让学生感到枯燥单一，并不能达到很好效果，甚至让学生对英语的学习产生厌倦感。教师需要进行大胆地改变和创新课后作业的形式，充分考虑儿童活泼爱动的特点，以及每个孩子自己的特色。布置多层次、别具特色的课后作业，可提高小学生的英语学习技能。协同化的课后作业能够激发学生的兴趣，并且如果学生能够通过自己的努力完成，就可以让学生积极主动地把所学的知识运用到生活实践中去，这样才能发挥课后作业的作用。这样需要和家人、朋友协同精心完成的作业才会受到更多学生的欢迎，才会成为学生愿意主动做的事情。

本课的不足之处在于：协同学习的活动设计不够完善。

（1）小组讨论的难度不够

协同学习是为了让学生的知识和能力能协同，本节课的协同表现为只需要把表格的内容用句子写下来，对六年级的学生来说可能自己就能够完成。因此，在协同环节，教室里不是很"热闹"，另外，也可能是因为教授的拓展知识较难，或者是协同的任务存在问题。教师要设计有一定难度的协同任务，激发学生探讨的动力，挖掘学生的潜力，这样的协同才是有意义的，学生才能有成就感。

（2）小组协同的任务数量不够

本节课采用的主要的教学形式仍然是传统的问答形式，教师问学生齐答或者学生单独思考举手回答。到了高年级，学生不再像在低中年级那样积极活跃，传统的问答形式导致只有成绩很好的学生反复举手回答问题，并没有照顾到班级里的所有学生。协同学习恰好可以解决这一问题。协同讨论时，学生会很兴奋，因此，教师还要适当地增加协同环节，变换问题的设计方式，让所有学生参与课堂，而不是流于形式。

后　记

2018年7月，我任苏州太湖国家旅游度假区舟山实验小学（以下简称"舟小"）的校长兼书记。初到舟小，我满心欢喜。不大的校园满眼青葱，一派生机，桂花树、无患子树，还有叫不出名字的绿树灌木，成荫成林；静怡的院落书香袭人，楹匾、对联、诗牌点缀其间，还有墙角处的藤椅圆桌，相映成趣。

对我来说，到舟小至少意味着面临两大挑战：第一次全面管理学校和相别八年须重返英语讲台。第一次独立面对学校的全面管理，我该用怎样的教育理念打造学校新的名片？重返相别八年的英语教学一线，如何以最快的速度重新站在英语讲台前？这些挑战和问题令我思绪万千。

走在舟小雅致的校园里，望着"青青园中葵，朝露待日晞"的景象，看着质朴而努力的教师、生动而活泼的孩子，我想，能否给他们营造一种氛围，引入一种模式，让他们能够敢于成长、敢于卓越呢？基于成长的管理和教学、指向成长的管理和教学，有关于成长的思考如星星之火慢慢燎原。

2019年年初，我第一次接触到"成长型思维"和"协同学习"的概念，细细咀嚼、品味其中的哲理，似乎发现了一丝教学目标和方向的光明。趁着几分因"心有灵犀一点通"而带来的兴奋，我喊来分管英语学科的孙洁莹老师，问她："你想要英语组有一个自己的课题吗？"她微笑点头："想是想，但没尝试过，感觉是件不容易的事。"我看见她眼里有光芒，也想得到她所说的难，毕竟课题的概念太新。一支年轻的英语教研团队，从未有过类似的教科研经历，她们是保守的，是惧怕挑战的，她们需要一点启发、一个契机。而我，正想用成长型思维去开启她们的心灵之门，去解封她们的灵感之翼。难不怕，怕不动，心动不如行动。于是，当下我拍定将"成长型思维"和"协同学习"融合起来，"指向成长型思维的小学英语协同学习"的课题研究就这样拉开了序幕。现在想来，我当时的想法是大胆的，做法是正确的。"成长型思维"和"协同学习"的融合，以及融合后产生的合力正符合舟小团队建设的需求，也符合舟小英语课堂改革的需要，可以成为舟小英语学科建设的"最近发展区"。

2019年秋，我带领着英语组的伙伴们正式展开江苏省"十三五"规划课题的申报工作。2020年，课题由省规划办正式立项，全队欢欣鼓舞。这不仅仅是对我们前期研究和准备的激励，也让课题组成员真切体会到了指向成长型思维的协同学习的成功之处。

"指向成长型思维的小学英语协同学习"课题组年轻而充满活力，敢于超越，大胆实践，认真总结，三年来形成了大量的实践成果。这些成果成为我完成《指向成长型思维的小学英语协同学习》的宝贵资源。现在，我坐在安静的书房内，注视着眼前的书稿，依旧感动不已。三年的时光里，十二个伙伴、四个章节、二十多万字符，见证了这一路的艰辛、欢笑与成长。

回想这一路上，多少次课堂设计的打磨与协同任务的反复推敲，最终用一个个鲜活的课堂实录和教学设计向我们自己证明：我们所有的选择都是正确的，我们已然成了愿意和敢于迎接现实挑战的英语教师。让我们与自己的学生、同伴一道，不断发现协同学习的有效途径和形式特点，与学生一起坚持共创具有成长型思维的课堂环境和学习生态。我坚信，舟小的师生定能在课题的引领下持续发力，协同发展，"向阳生长"。

课题研究期间，我们得到了董林伟主任、何锋书记、沈雪春书记、钱家荣主任、程晓堂教授、袁峥老师、沈红雨老师等的倾力指导，在此一并感谢。

郑建英